스포츠 사회학

스포츠사회학

저자 / 권순용 · 조욱연

초판 1쇄 인쇄 / 2015년 2월 23일
초판 3쇄 발행 / 2022년 8월 29일

발행인 / 이광호
발행처 / 도서출판 대한미디어
등록번호 / 제2-4035호
전화 / (02)2267-9731 팩스 / (02)2271-1469
홈페이지 / www.daehanmedia.com

ISBN 978-89-5654-347-5 93690
정가 16,000원

※ 이 책은 저작권법에 의하여 보호받는 저작물이므로 무단으로 전재하거나 복제하여 사용할 수 없습니다.
※ 교재 구성상 문헌이 인용되는 부분마다 각주를 달지 못하고, 책 말미에 참고문헌으로 일괄 게재하였습니다.
   참고문헌 편저자 여러분의 양해를 구합니다.
※ 잘못 만들어진 책은 구입처 및 대한미디어 본사에서 교환해 드립니다.

2급 스포츠지도사

스포츠 사회학

머리말

흔히들 스포츠를 사회의 축소판이라고 한다. 이는 스포츠가 단순히 신체적인 영역에만 국한된 것이 아니라 사회현상으로서의 의미와 가치를 지니고 있기 때문이다. 스포츠는 단순히 승패를 겨루는 경기의 기능을 초월하여 사회적 삶을 반영하고 구성하는 중요한 제도적 역할을 수행한다. 또한 스포츠는 정치, 경제, 문화, 교육, 가족, 미디어, 종교 등 다양한 제도적 현상과 밀접하게 상호작용할 뿐만 아니라 최근에는 다양한 융·복합적 현상의 매개체로 작동하고 있다. 따라서 스포츠 현상에 대한 사회학적 분석과 이해는 스포츠 현장에서 다양한 참여자들과 상호작용하는 스포츠지도사에게 관련 전문 시각과 성찰을 제공해 줄 수 있다.

본 교재는 2015년부터 시행되는 스포츠지도사 자격증 획득을 위한 교재로 기획되었다. 하지만 집필하면서 스포츠지도사 자격증뿐만 아니라 대학 강의교재로도 활용할 수 있는 '하이브리드 스포츠사회학'에 대한 현장의 요구를 반영하여 보다 상세한 설명을 추가하였다. 또한 각 장들은 그동안 스포츠사회학 분야에서 체계적으로 연구되어 온 주요 쟁점을 중심으로 새롭게 개정된 스포츠지도사 필기시험 출제기준을 적용하여 작성하였다.

기존의 스포츠 관련 자격증 교재는 지식 획득의 신속성과 편의를 강조한 나머지 스포츠현상에 대한 충분한 이해 과정을 생략하게 되는 경향이 있었다. 이로 인하여 단편적인 지식 습득 수준을 벗어나지 못하여 지식의 확장 및 적용 가능성에 제한적이었다. 따라서 본 교재는 기존 교재의 그와 같은 제한점을 보완하는 동시에 단시간 내에 자격증 취득을 위한 길라잡이가 되고자 출제기준의 틀 안에서 다양한 사례 및 보충설명을 제시하여 이해의 폭을 넓히는데 노력을 기울였다.

본 교재의 집필에 참여한 저자는 비록 2인에 불과하지만 다양한 학교 및 현장 전문가들로부터 청취한 고견을 최대한 반영하려고 노력하였다. 비록 지면 및 시간상의 제약으로 스포츠사회학의 모든 영역을 포괄하지 못하였지만, 매년 지속적인 보완과 업데이트를 약속하면서 아쉬움을 대신한다. 끝으로 이 책이 출간되면서 여러 가지 조언을 해주시고 지원을 아끼지 않은 대한미디어의 양원석 사장님 및 임직원 여러분께 깊은 감사를 전하며, 자료수집과 정리과정에서 많은 도움을 준 김종호, 김한범, 박찬우 선생에게도 감사를 표하는 바이다.

2015년 2월
권순용·조욱연

차례

| 머리말 5

I부. 스포츠사회학의 이해
1장 _ 스포츠 사회학의 의미 10
2장 _ 스포츠의 사회적 기능과 사회이론 26

II부. 스포츠와 정치
1장 _ 스포츠와 정치의 결합 34
2장 _ 스포츠와 국내정치 43
3장 _ 스포츠와 국제정치 49

III부. 스포츠와 경제
1장 _ 상업주의와 스포츠 64
2장 _ 스포츠 메가 이벤트의 경제 84

IV부. 스포츠와 교육
1장 _ 학교체육의 이해 94
2장 _ 스포츠의 교육적 기능 112

V부. 스포츠와 미디어
1장 _ 스포츠와 미디어의 이해 120
2장 _ 스포츠와 미디어의 상호관계 136

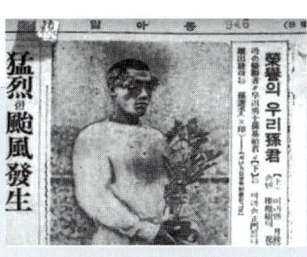

Ⅵ부. 사회계층의 이해
1장 _ 스포츠계층의 이해　148
2장 _ 스포츠와 사회이동　167

Ⅶ부. 스포츠와 사회화
1장 _ 스포츠 사회화의 의미와 과정　176
2장 _ 스포츠로의 사회화와 스포츠를 통한 사회화　182
3장 _ 스포츠 탈사회화와 재사회화　197

Ⅷ부. 스포츠와 일탈
1장 _ 스포츠 일탈의 이해　204
2장 _ 스포츠 일탈의 유형　215

Ⅸ부. 미래 사회와 스포츠
1장 _ 스포츠의 변화와 미래　234
2장 _ 스포츠와 세계화　243

❙참고문헌　251
❙찾아보기　258
❙저자소개　262

I 부
스포츠사회학의 이해

스포츠사회학은 스포츠 현상을 사회학적 연구 이론과 방법으로 설명하려는 학문이다. 스포츠 현상을 학문적으로 접근하기 위해서는 우선 스포츠와 사회학의 주요 개념을 파악해야 하며, 이를 스포츠 현상에 적용하는 방법을 적절히 숙지하고 있어야 한다.

스포츠사회학을 공부하기 위해서는 스포츠의 정의와 특성 그리고 스포츠의 범위 등에 대한 이해를 통해 스포츠사회학이 추구하고자 하는 학문적 방향성이 무엇인지 파악해야 한다. 스포츠사회학의 연구 영역과 연구방법 그리고 최근 스포츠사회학의 연구 동향과 관련된 내용은 스포츠 현상을 연구하기 위한 스포츠사회학의 역할을 파악하는 데 도움을 줄 수 있을 것이다.

스포츠의 사회적 기능에서는 스포츠가 가지고 있는 사회적 순기능과 역기능에 대한 내용을 다루고 있다. 스포츠가 가지고 있는 순기능으로는 사회 정서적 기능, 사회화 기능, 사회통합 기능 등을 들 수 있으며, 사회통제 기능, 신체 소외, 소비주의, 사회적 차별 등과 같은 내용은 스포츠의 사회적 역기능으로 논의되고 있는 주제들이다.

또한 스포츠 현상을 파악하기 위한 도구라고 할 수 있는 스포츠사회학 이론에 대해 제시하고 있다. 구조기능주의, 갈등주의, 비판이론 등에 대해 다루고 있으며, 이를 통해 스포츠사회학이 스포츠 현상을 바라보는 관점에 대해 이해할 수 있다.

1장 스포츠사회학의 의미

학습목표
- 놀이, 게임, 스포츠의 정의를 알아보고, 그 특징을 이해한다.
- 근대 스포츠의 특징을 알아본다.
- 스포츠사회학의 개념을 알아본다.

1. 스포츠의 이해

우리는 일상생활에서 스포츠라는 개념을 빈번히 사용하고 있지만, 스포츠의 의미와 정의에 대해서는 막연하게 이해하고 있는 경우가 대부분이다. 하지만 스포츠는 단순한 신체활동의 의미를 가지고 있을 뿐만 아니라 복잡하고 다양한 사회적인 가치와 의미들이 내재하고 있다. 따라서 사회학적 측면에서 스포츠 현상을 이해하기 위해서는 스포츠의 개념과 그 특성의 명확한 이해를 통해 스포츠사회학의 영역과 특성을 보다 면밀히 살펴보려는 노력이 필요하다.

가. 스포츠의 개념 및 정의

임번장(2010)은 스포츠를 "내적 또는 외적 요인의 결합에 의하여 참가자 동기 유발된 개인에 의해 이루어지는 활발한 신체 발현을 포함하거나 비교적 복합적인 신체기능을 구사하는 제도화된 경쟁적 활동"이라고 정의하고 있다. 임번장(2010)의 정의에 포함되어 있는 개념요소는 '내적/외적 동기', '신체활동', '제도화', '경쟁'이며 이를 통해 스포츠가 가지고 있어야 하는 기본적인 특성에 대해 설명하고 있다. '내적/외적 동기'는 물질적 보상, 지위의 획득 같은 외적 동기, 그리고 즐거움, 흥미 같은 내적 동기에 의해 스포츠 참여가 이루어진다는 것을 의미하며, '신체활동'은 신체적 움직임의 요소가 스포츠에 반드시 포함되어 있어야 함을 말한다. 그리고 '제도화'는 스포츠가 가지고 있는 체계가 규격화되고 하나의 제도로서 지위를 얻는다는 것을 뜻하며, '경쟁'은 스포츠가 자신의 한계를 극복하고 타인에 대한 우월성을 검증하고자 하는 특성을 가지고 있다는 것을 의미한다.

또한 놀이, 게임, 스포츠 순으로 이어지는 스포츠의 발전과정에 대한 설명은 스포츠 개념을 이해하는 데 도움을 줄 수 있다(그림 1-1 참조). 놀이는 자발적 놀이와 조직화된 놀이로 구분할 수

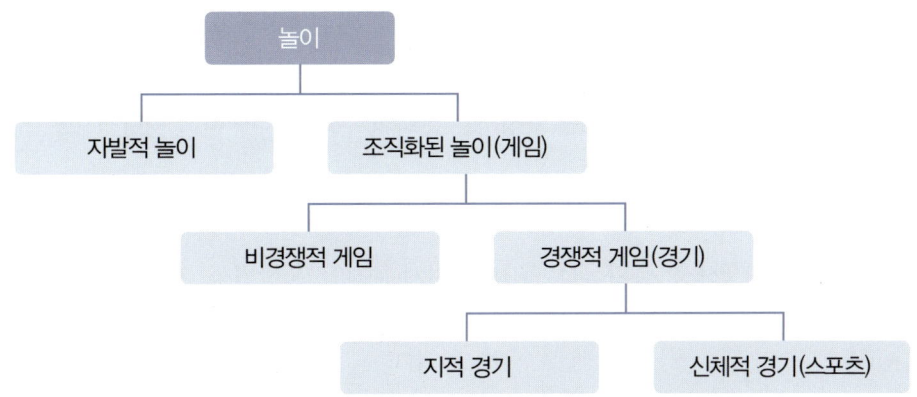

그림 1-1. 놀이, 게임, 스포츠의 발전단계(Guttmann, 1978)

있으며, 그중 조직화된 놀이를 '게임'이라고 한다. 게임은 다시 경쟁의 유무에 따라 비경쟁적 게임과 경쟁적 게임으로 나눌 수 있는데, 경쟁적 게임을 '경기'라고 한다. 마지막으로 스포츠는 경쟁적 게임(경기) 중 신체적 활동 요소를 포함하는 경기를 말한다. 즉, 스포츠는 조직화되고 경쟁적인 요소를 포함하는 신체적인 활동이라고 할 수 있다.

한편, 미국의 스포츠사회학자인 코클리(Coakley)는 스포츠의 개념에 대한 대안적 접근을 강조하였다. 코클리는 다양한 문화적 맥락 속에 존재하는 스포츠를 하나의 개념으로 정의하는 것은 쉽

> **참고자료 및 읽을거리**
>
> **매킨토시의 스포츠 분류**
>
> 영국의 사회학자 매킨토시는 기술스포츠(skill sports), 투쟁스포츠(combat sports), 극복스포츠(conquest sports), 율동적 무용체조(eurhythmics)의 4가지로 분류하여 제시하였다(Mcintoshi, 1963).
>
> 표 1-1. 매킨토시의 스포츠의 4가지 분류
>
> | 구분 | 설명 | 사례 |
> |---|---|---|
> | 기술스포츠
(skill sports) | 운동기능의 탁월성을 이용하여 자신의 우월성을 입증하는 스포츠 | 육상경기 및 축구, 농구, 배구 등과 같은 각종 구기스포츠 |
> | 투쟁스포츠
(combat sports) | 상대와 직접 또는 간접적인 투쟁을 통해 자신의 우월성을 입증하려는 스포츠 | 레슬링, 유도, 검도, 복싱 등과 같은 투기스포츠 |
> | 극복스포츠
(conquest sports) | 주어진 상황이나 환경을 극복하려는 스포츠 | 수영, 카누, 요트 등의 스포츠 |
> | 율동적 무용체조
(eurhythmics) | 신체활동을 통해 자신의 생각이나 감정을 표현하고 전달하는 스포츠 | 무용, 리듬체조, 피겨스케이팅, 싱크로나이즈 스위밍 등 |

지 않으며, 스포츠 개념에 대한 영속적이고 보편적인 합의는 존재하기 어렵다고 주장하였다. 대안적 접근에 의하면, 스포츠에 대한 정의는 스포츠를 정의하는 시점, 장소, 사람에 따라 달라질 수 있으며, 스포츠를 정의하는 주체, 스포츠를 구성하는 문화의 주요 가치에 따라 맥락적으로 결정된다.

나. 스포츠의 특성

스포츠는 허구성, 비생산성, 불확실성, 규칙성, 신체 움직임 및 탁월성, 제도화의 특성을 가지고 있으며, 이를 통해 스포츠사회학이 스포츠를 바라보는 관점에 대해 이해할 수 있다.

표 1-2. 스포츠의 특성(한태룡, 2009 재구성)

특성	내용
허구성	현실에서 경험할 수 없는 경험 제공
비생산성	재화나 상품을 생산하지 않음
불확실성	경기결과를 예측할 수 없음
제도화된 규칙성	공식적인 규칙
경쟁성	승부를 겨루는 것
신체 움직임 및 탁월성	신체를 사용하는 것
제도화	스포츠의 가치, 규범, 기술 등이 공식적화된 것

1) 허구성

스포츠는 현실세계와 직접적인 연관을 가지고 있지 않은 허구적 특성을 가지고 있다. 스포츠에서의 허구성은 현실에서 경험할 수 없는 다양한 경험을 가능하게 하다. 이를 통해 스포츠는 일상생활의 스트레스에서 벗어나 새로운 경험을 제공하고 스포츠에 참여하는 사람들에게 스트레스 해소, 즐거움, 해방감, 대리만족 등을 제공한다.

2) 비생산성

스포츠를 통한 신체활동은 재화나 상품을 목적으로 하지 않는 비생산적 특성을 가지고 있다. 일부 스포츠 영역에서는 프로선수처럼 금전적 보상을 받는 경우도 존재하지만, 일반적으로 대다수의 사람들이 참여하는 생활체육활동은 물질적 생산을 목적으로 하지 않는다.

3) 불확실성

스포츠에서 불확실성은 대중에게 승리에 대한 기대감, 긴장 등을 제공한다. 결말을 미리 알고

추리영화를 보는 것은 관객을 지루하게 만들 수 있는 것과 같이 스포츠경기의 결과를 확실하게 예측할 수 있다면 경기에 대한 흥미는 반감될 것이다. 따라서 프로스포츠 리그들은 관중의 더 많은 관심을 유도하기 위해 스포츠경기 결과의 불확실성을 높이기 위한 제도적 장치를 마련하기도 한다.

4) 제도화된 규칙성

대부분의 스포츠는 명문화된 규칙에 근거해서 이루어진다. 스포츠가 제도화된 규칙을 바탕으로 이루어지는 것은 놀이에서 스포츠로의 발전단계를 거치면서 나타난 특성으로, 놀이가 임의적인 형태의 규칙을 가지고 있는 데 반해, 스포츠는 사전에 합의된 명문화된 규칙을 가지고 있다.

5) 경쟁성

경쟁성이란 두 명 이상이 동일한 목표를 달성하기 위해 승부를 겨루는 것을 의미한다. 스포츠에서 경쟁성이란 스포츠의 결과가 승자와 패자로 명확하게 구별된다는 것을 의미하며, 경쟁성은 스포츠경기가 하나의 즐거움으로 여겨지는 동시에 승부에 대한 보상의 근거가 된다.

6) 신체 움직임 및 탁월성

신체 움직임 및 탁월성은 스포츠가 놀이, 게임과 가장 명확히 구별되는 특징이다. 스포츠에서 신체 움직임은 도구적 목적으로 사용되는 것이 아니라 하나의 목적으로 간주되며, 얼마나 더 높은 신체적 탁월성을 가지고 있느냐가 승리 여부를 판가름하는 주요 요소가 된다.

7) 제도화

스포츠가 놀이나 게임과 구분되는 또 다른 특성은 제도화가 이루어진다는 것이다. 제도화 과정을 통해 국제적인 스포츠조직이나 협회가 구성될 수 있으며, 대중은 일정한 규칙 속에서 진행되는

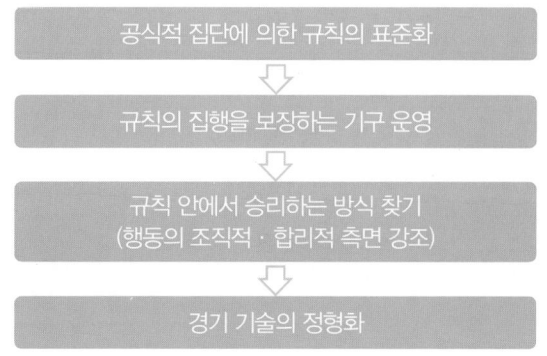

그림 1-2. 스포츠의 제도화 과정(Coakley, 2009)

스포츠경기를 관람할 수 있게 된다. 또한 스포츠가 가지고 있는 제도화 특성은 스포츠의 경제적 가치를 향상시키는 중요한 단초가 된다.

다. 놀이(play), 게임(game), 스포츠(sport)의 특성 비교

'스포츠란 무엇인가?'라는 물음에 명료하게 대답하는 것은 쉽지 않으며, 특히 스포츠의 개념을 명료하게 정의하여 스포츠 현상을 설명하는 것은 어려운 일이다. 그럼에도 불구하고 많은 학자들은 스포츠가 놀이(play)에서 기원하여 게임(game)을 거쳐 스포츠(sports)로 발전한다고 설명하는 진화론적인 관점에 대해서는 일반적으로 동의하고 있다. 따라서 놀이, 게임, 스포츠의 비교를 통해 스포츠가 가지고 있는 본질적인 특성을 보다 명확히 이해할 수 있다.

진화론적 관점에서 놀이는 게임과 스포츠의 바탕이 되는 자유로운 활동을 의미한다. 놀이의 특성은 허구적이고 비생산적인 활동이며, 자율성을 기반으로 재미를 추구하는 특성을 가진다. 예를 들어, 놀이터에서 어린아이들이 하는 공놀이를 보면 놀이의 특성을 쉽게 이해할 수 있다. 어린아이들의 공차기놀이에는 경쟁이나 규칙 같은 것들이 존재하지 않지만 아이들은 공놀이를 하면서 재미를 느낀다.

게임은 놀이와 스포츠의 중간단계에 해당하는 특징을 가지고 있으며, 스포츠의 기초 단위로 설명할 수 있다. 게임은 놀이가 가지고 있는 허구성, 비생산성, 자유성, 규칙성(임의) 등의 특성들을 포함하고 있으며, 그 이외에도 보다 관례화된 규칙성, 불확실성, 경쟁성을 포함하고 있다.

스포츠는 게임이 조직화되고 제도화된 활동이다. 스포츠에서는 주로 신체적 활동을 위주로 신체적 기량이 강조되고, 가치·규범·기술 등 제도화 수준이 높은 특성을 가지고 있다.

표 1-3. 놀이, 게임, 스포츠의 특성 비교(한태룡, 2009)

놀이	게임	스포츠
허구성	허구성	허구성
비생산성	비생산성	비생산성
자유성	불확실성	불확실성
규칙성(임의)	규칙성(관례화)	규칙성(제도화)
쾌락성	경쟁성	경쟁성
	신체기능, 전술, 확률	신체기능, 전술, 확률
		신체 움직임 및 탁월성
		제도화

라. 스포츠의 범위

놀이는 활동 그 자체를 위해 행해지는 표현적 활동을 말하며, 극적 스펙터클은 관중의 즐거움을 목적으로 하는 공연적 성격을 가지고 있는 신체활동을 말한다. 예를 들면 어린아이들이 놀이터에서 행하는 신체활동은 놀이라고 할 수 있으며, 관객의 즐거움을 위해 짜인 각본대로 움직이는 미국 프로레슬링(WWE)은 극적 스펙터클이 극단적으로 강조된 예라고 할 수 있다.

놀이의 경우 행위의 초점과 주된 가치는 참가자를 중심으로 형성되며, 참가하는 사람은 선수가 된다. 이에 따른 보상은 자기 자신의 만족, 즉 주로 내재적 측면의 보상을 받는다. 반면에 극적 스펙터클의 경우 관중 또는 시청자에게 초점을 둔다. 따라서 경기를 하는 선수는 등장인물이 되며, 선수들은 자신의 신체 움직임을 보여줌으로써 대중으로부터 즐거움, 명예, 돈 등 외재적 보상을 받는다.

스포츠는 놀이와 스펙터클의 특징을 모두 포함할 수 있으며, 놀이와 스펙터클을 연결하는 연속선상에 존재한다고 할 수 있다. 예를 들어 대중의 직접적인 참여가 이루어지는 생활스포츠는 스펙터클보다는 놀이적 요소가 강조된 스포츠의 형태라고 할 수 있으며, 프로스포츠의 경우에는 놀이적 요소보다는 관객이나 시청자 중심의 스펙터클이 강조된 형태의 스포츠라고 할 수 있다.

그림 1-3. 놀이와 스펙터클의 요소를 포함한 스포츠(Stone, 1973; Coakley, 2009 재인용)

마. 근대 스포츠의 특징

구트만(Guttmann, 1978)은 『제례에서 기록으로: 근대 스포츠의 특성(From Ritual to Record: The Nature of Modern Sports)』을 통해 근대 스포츠의 특성을 세속주의, 평등성, 전문화, 합리화, 관료화, 수량화, 기록 추구의 7가지로 설명하였다.

1) 세속주의(secularism)

고대에는 스포츠경기 등의 신체활동이 종교의식의 일환으로 행해졌으며, 종교적 신념과 종교적 제례의식의 성격이 강조되었다. 하지만 현대 스포츠는 과거에 행해지던 종교적 목적의 제례의식이나 관습, 전통, 종교적 의식에서 분리되었으며, 이는 스포츠가 신앙적 측면보다는 개인의 성취와 오락적 측면을 더 중요시하고 있다는 것을 뜻한다.

2) 평등성(equality)

근대 스포츠의 평등성은 두 가지 의미를 가지고 있다. 첫째, 스포츠 참여의 기회가 누구에게나 동일하다는 의미이다. 둘째, 스포츠의 모든 참가자가 동등한 조건에서 경기에 참가할 수 있음을 의미한다. 근대 스포츠에서도 모든 참가자가 동등한 조건하에 경기에 참가할 수 있는 의미의 기회 평등은 이미 실현되어 있었지만, 스포츠 참여 기회의 평등은 아직까지 완전히 실현되지 못하고 있었다.

과거 중세시대에는 테니스에 참여할 수 있는 계층은 귀족으로 한정되었으며, 일부 스포츠 종목에서는 여성들의 참여가 제한되기도 하였다. 하지만 근대사회로 넘어오면서 이와 같은 스포츠 참여 기회의 불평등은 상당 부분 개선되었다. 예를 들어, 1896년에 열린 최초의 근대올림픽에서는

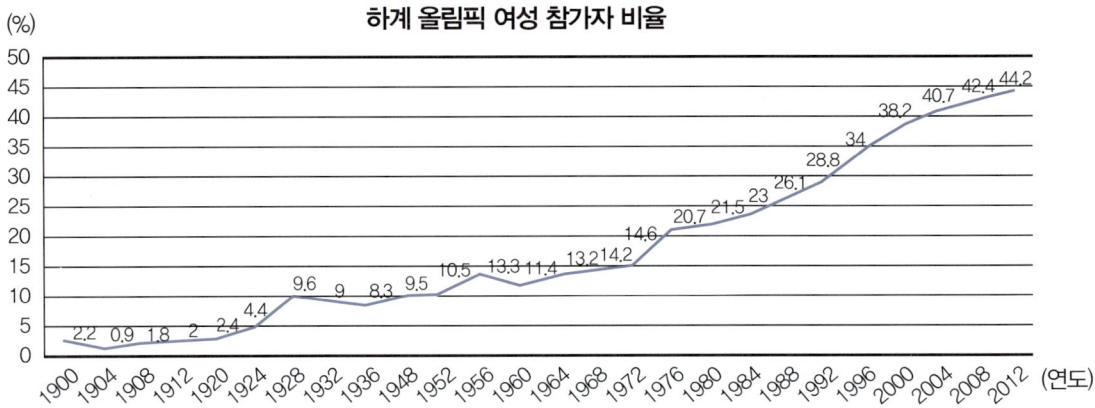

그림 1-4. 역대 하계올림픽 여성 참가자의 증가(출처: IOC 홈페이지)

여성들의 참여가 제한되었으나, 시간이 지나면서 올림픽에서 여성 참가자들이 참여하는 비중은 점차 증가하여 2012년 런던올림픽의 경우 여성 참가자는 전체 참가 인원의 44.2%를 차지하였다.

3) 전문화(specialization)

근대 스포츠에서의 전문화는 스포츠를 전문으로 하는 직업스포츠선수가 등장하였다는 것과 종목별 역할 분담에 따른 포지션별 전문선수가 등장했다는 것을 의미한다. 스포츠 종목의 기술이 다양해지고 복잡해지면서 각 역할별로 최고의 기량을 발휘할 수 있는 전문선수가 등장하였으며, 이로 인해 각 포지션별로 특화된 선수들의 전문성을 더욱 높게 평가하는 경향이 나타났다. 예를 들어, 초기 태동단계의 축구에는 출전 선수의 명확한 포지션 구분이 존재하지 않았으나, 근대 스포츠가 발전하면서 점차 수비수, 미드필더, 공격수 등의 포지션으로 분화되었으며, 이러한 포지션에 따른 역할 분담은 이전보다 세밀하게 이루어지고 있다.

4) 합리화(rationalization)

원시 스포츠의 규칙은 전통과 관습에 의해 제한되고 규제되었다. 하지만 근대 스포츠에 이르러서는 합리적인 과정을 통해 규칙이 제정되었고, 이는 스포츠 참가자의 목적과 전략을 달성하기 위한 수단으로 활용되었다. 즉, 고대 스포츠의 규칙은 전통이나 종교적 신념에 의해 수정 및 변경될 수 있었지만, 근대 스포츠의 규칙은 전통이나 종교적 신념보다는 합리적인 의사결정과정을 통해 결정된다는 것을 의미한다. 근대 스포츠에서 규칙은 경쟁을 주관하며, 장비, 경기 기술 그리고 참가의 제한 등을 명시화하는 역할을 한다.

5) 관료화(bureaucratization)

관료화는 스포츠를 관리하는 체계가 고도로 조직화된 것을 말하며, 분업, 직위에 따른 행동 규정과 절차, 효율성 등의 특징을 가지고 있다. 스포츠는 관료화된 조직을 통해 복잡하고 거대해진 스포츠를 효과적으로 조정하고 진행하며, 이러한 관료화 경향은 전 지구화의 영향으로 더욱 가속화되었다. 예를 들어, 대부분의 근대 스포츠 종목은 많은 나라들이 회원으로 참여하여 국제연맹을 조직하고 있으며, 조직된 국제연맹은 규칙의 제정, 기록의 공인, 대규모 국제대회의 운영 및 관리, 종목 진흥 등의 역할을 한다.

6) 수량화(quantification)

합리성이 강조되는 근대 스포츠에서는 기록을 통해 선수들을 평가하고자 하며, 모든 운동기술을 측정 가능한 형태로 변화시키려는 특징을 가지고 있다. 이러한 특성은 과거 고대의 스포츠경기

표 1-4. 2013 국제빙상경기연맹(ISU) 세계피겨선수권대회 김연아 쇼트프로그램 기술점수

연기 순서	트리플러프-트리플 토루프 콤비네이션	트리플 플립	프라잉 카멜스핀	더블 악셀	레이 백스핀	스텝 시퀀스	체인지 풋 콤비네이션 스핀	합계
배점	10.10	5.30	2.80	3.63	2.40	3.90	3.50	31.63
가산점	+1.40	−0.20	+0.43	+0.86	+0.71	+1.10	+0.86	5.16
득점	11.50	5.10	3.23	4.49	3.11	5.00	4.36	36.79

의 모습과 비교해보면 분명히 나타난다. 고대올림픽에서는 단순히 직접적인 경쟁에서 승리한 선수를 우수한 기량을 가진 선수로 인정하였지만, 근대 스포츠에서는 점수, 시간, 거리 등 표준화된 측정 장비와 방법을 활용하여 경기력을 수량화하기 위해 노력하고 있으며, 최근에 와서는 스포츠가 가지고 있는 예술적인 요소도 수량화하기 위해 노력하고 있다. 예를 들어, 피겨스케이팅의 경우 〈표 1-4〉와 같이 특정 기술 및 동작에 점수를 부여하고 일정한 기준에 따라 득점 및 감점 처리하여 선수들의 기량을 수치화하고 있는 모습을 볼 수 있다.

7) 기록 추구(records)

선수들의 기량을 수량화하는 것이 가능해지면서 직접적인 경기 참가자뿐만 아니라 기록도 참가 선수들의 경쟁상대가 되었다. 특히, 기록경기에 참여하는 선수들은 경기에 참여하고 있는 경쟁상대를 이기기 위한 노력을 기울일 뿐만 아니라 우수한 선수에 의해 작성된 기록을 넘어서기 위한 노력을 기울인다. 근대 스포츠가 표준화되고 제도화되면서 시간, 장소에 상관없이 동일한 요건에서

표 1-5. 근대 스포츠의 본질(체육과학연구원, 2003)

시대 구분 특징	선사시대	역사시대			
		고대		중세 스포츠	근대 스포츠
		그리스 스포츠	로마 스포츠		
세속성	O / X	O / X	O / X	O / X	O
평등성	X	O / X	O / X	X	O
전문화	X	O	O	X	O
합리화	X	O	O	X	O
관료화	X	O / X	O	X	O
계량화	X	X	O / X	X	O
기록 추구	X	X	X	X	O

경기에 참가할 수 있게 되면서 기록 추구를 통한 경쟁이 가능해졌으며, 이와 같은 특성은 살아 있는 사람과 죽은 사람과의 경쟁도 가능하게 하였다.

2. 스포츠사회학의 정의

가. 사회학의 이해

스포츠사회학은 스포츠 현상을 사회현상으로 규정하고 이를 연구하기 위한 학문으로, 이를 올바르게 이해하기 위해서는 사회학에 대한 이해와 주요 개념을 파악하는 것이 필요하다.

1) 사회학의 정의

간단하게 사회학은 사회과학의 한 분야로서 사회를 연구하는 학문으로, 사회 현상을 구성하는 사회구조와 사회과정을 주된 연구 주제로 삼고 있다. 사회구조는 소집단 또는 전체 제도적 체계 등과 같은 인간의 사회관계를 둘러싼 복잡한 구조를 의미하며, 사회과정은 이러한 구조 속에서 발생하는 유기적인 사회관계의 변화를 뜻한다. 사회학이 다루는 연구 영역은 광범위하며 가족, 범죄, 인종, 정치, 경제, 교육, 종교 등을 중심으로 폭넓은 연구가 이루어지고 있다.

2) 사회학의 주요 개념

사회학에서 자주 사용되는 주요 개념에 대한 이해를 통해 사회학의 주요 관심 분야와 주제에 대해 살펴볼 수 있다. 사회학의 주요 개념은 다음과 같다(표 1-6 참조).

표 1-6. 사회학의 주요 개념(Coakley, 2009)

개념	설명
사회조직	특정한 목적을 수행하기 위해 의도적으로 만들어진 사회집단
사회제도	공동체 생활의 문제를 해결하는 데 필요한 관습화되고 공식화된 방법과 절차
사회집단	지속적·반복적으로 상호작용하며, 소속감을 가지고 있는 복수의 사람들로 이루어진 집합체
근대화	전근대적인 상태에서 근대적인 상태로 이행하는 과정으로, 통상 전통 농경사회에서 공업사회로 이행하면서 발생하는 전반적인 사회 변화 양상
문화	사회성원이 함께 살면서 만들어가는 공유된 삶의 방식과 이해
사회적 상호작용	사회성원들이 상호관계 속에서 서로의 감정, 사고 그리고 행위에 상호 영향을 미치는 과정
사회구조	사회성원들이 사회관계 속에서 일상생활을 영위하고 노동활동을 하거나 놀이를 즐기면서 형성된 구조

나. 스포츠사회학의 개념

1) 스포츠사회학의 정의

스포츠사회학이란 우리의 삶과 밀접하게 연관된 스포츠 현상을 사회현상으로 규정하고, 이론과 연구방법을 통해 이를 규명하고자 하는 스포츠 과학의 분과 학문이라고 할 수 있다. 스포츠사회학은 스포츠와 사회의 관계에 관심을 두는 학문으로, 학자들에 따라 다양한 정의를 내리고 있다.

스포츠사회학이 최초로 언급된 것은 1965년 『Toward a Sociology of Sport』를 통해서이며, 이 책에서는 스포츠사회학을 "스포츠의 맥락에서 인간의 사회행동 법칙을 규명하는 학문"으로 정의하고 있다. 또한 『A Sociological Perspective of Sport』에서는 스포츠사회학을 사회학과 스포츠과학의 학제적 연구라고 규정하면서 "스포츠 현상에 사회학적 개념을 활용하여 연구하는 학문"으로 정의하였다(임번장, 2009).

이와 같은 스포츠사회학의 정의를 정리해보면 스포츠사회학은 스포츠 현상을 사회현상으로 규정하여 사회적 이론과 연구방법으로 인간의 사회행동 법칙을 규명하는 학문이라고 정의할 수 있다. 스포츠사회학은 스포츠와 관련하여 나타나는 인간 행동의 유형과 변화 과정을 사회구조적 측면에서 바라볼 수 있는 학문적 토대를 제공한다.

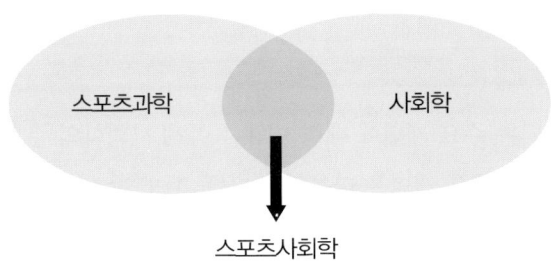

그림 1-5. 스포츠사회학의 개괄적 이해

2) 스포츠 현상을 이해하기 위한 스포츠사회학의 활용

스포츠사회학은 스포츠 현상을 이해하기 위한 지식과 이론적 틀을 제공한다. 스포츠사회학 연구를 통해 스포츠가 대중의 삶에 미치는 영향, 스포츠 현상에서 드러나는 사회적인 문제에 대한 해결 방법 등과 같은 물음에 대한 학문적 해답을 줄 수 있다. 스포츠사회학은 그 현상에 대한 이해와 해결책 제시 등 다양한 방식으로 활용될 수 있으며, 구체적으로 다음과 같은 학문적 관점에서 활용될 수 있다.

첫째, 스포츠사회학은 스포츠에 대한 비판적 사고를 할 수 있는 관점의 틀을 제공한다. 스포츠사회학은 스포츠 현상에서 나타날 수 있는 불평등, 성차별 등과 같은 사회적 논쟁과 이슈를 파악하고 이를 비판적으로 사고할 수 있는 틀을 제공한다.

둘째, 스포츠사회학은 일상생활에 스포츠가 미치는 영향에 대한 이해를 제공한다. 즉, 스포츠사회학은 스포츠가 우리의 삶에 미치는 긍정적 혹은 부정적 영향을 이해할 수 있게 해준다.

셋째, 스포츠사회학은 사회적 현상으로서 스포츠에 대한 이해를 제공한다. 스포츠는 사회를 구성하는 요소로서 존재하기 때문에 스포츠와 관련된 사회적 현상의 파악을 통해 우리가 살고 있는 사회의 모습을 간접적으로 이해할 수 있다.

넷째, 스포츠사회학은 스포츠를 변화시킬 수 있는 발전 방향을 제공한다. 스포츠사회학은 스포츠 현상을 비판적으로 바라볼 수 있는 관점을 제공하여 스포츠의 변화가 사회발전에 긍정적으로 기여할 수 있는 방향을 제시한다.

3) 스포츠사회학의 연구 주제

스포츠사회학은 스포츠를 사회적인 현상으로 연구하는 사회학의 하위 학문으로 다양한 영역에서 활발한 연구가 진행되어왔다.

스포츠사회학은 조직적이고 경쟁적인 스포츠뿐만 아니라 개인의 신체활동에 대한 관심, 건강 및 체력 증진과 관련된 신체활동 등과 같은 미시적인 영역에서부터 정치, 경제, 문화, 종교 등과 같은 거시적인 영역에 이르기까지 다양한 영역에 관심을 두고 연구되고 있다.

스포츠사회학에서 주로 다루고 있는 연구 주제는 사회제도, 사회과정/조직, 사회문제로 나누어 볼 수 있다. '사회제도와 스포츠'는 주로 사회를 구성하는 제도가 스포츠 현상에 어떠한 영향을 미치는지, 혹은 스포츠 현상이 사회를 구성하는 제도에 어떠한 영향을 미치는지에 대해 주로 다루고 있으며, 정치, 경제, 교육, 대중매체, 문화 등의 영역을 포함한다. 그리고 '사회과정/조직과 스포츠'는 스포츠를 매개로 개인, 집단, 조직 간의 유기적인 관계가 어떻게 발생하고 있는지에 주된 관심을 가지고 있으며, 사회화, 사회계층, 사회집단, 사회조직과 관련된 주제를 연구한다. 마지막으로 '사회문제와 스포츠'에서는 스포츠와 관련된 사회문제를 주된 연구 주제로 하고 있으며 스포츠와 관련하여 여성, 사회 일탈, 집합행동, 미래사회 등을 연구한다.

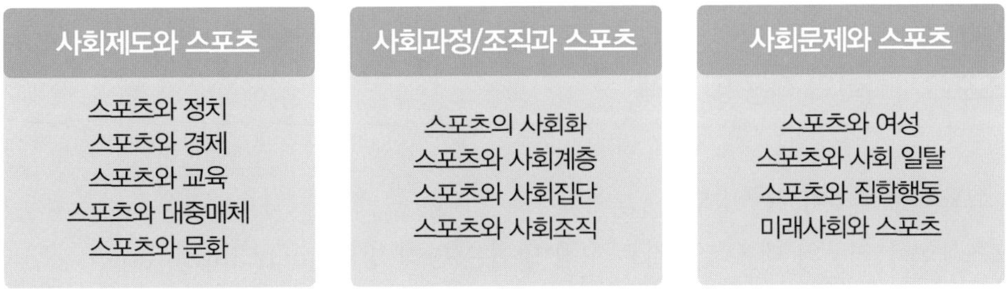

사회제도와 스포츠	사회과정/조직과 스포츠	사회문제와 스포츠
스포츠와 정치 스포츠와 경제 스포츠와 교육 스포츠와 대중매체 스포츠와 문화	스포츠의 사회화 스포츠와 사회계층 스포츠와 사회집단 스포츠와 사회조직	스포츠와 여성 스포츠와 사회 일탈 스포츠와 집합행동 미래사회와 스포츠

그림 1-6. 스포츠사회학의 주요 연구 주제

다. 스포츠사회학 연구의 필요성

1) 스포츠의 사회적 중요성 증대

오늘날 많은 사람들은 스포츠에 열광한다. 스포츠는 그들의 일상생활과 밀접한 관계를 맺으면서 그 중요성이 증대되고 있다. 먼저 스포츠는 스포츠 참여자들에게 다양한 경험을 제공한다. 스포츠 참여를 통해 느낄 수 있는 성취감, 스트레스 해소, 다른 사람들과의 공감대 형성 등과 같은 다양한 경험들은 대중에게 특별한 경험으로 오랫동안 기억된다. 따라서 다른 사회 구성원과의 사회적 관계를 형성할 때, 스포츠는 공감대를 형성하고 긍정적인 사회적 관계를 형성할 수 있는 매개가 된다. 이와 같이 스포츠가 사회적으로 중요한 활동으로 인식되면서 스포츠에 대한 사회학적 연구도 중요성을 갖게 되었다.

2) 사회적 신념의 재확인

스포츠는 사회적 신념을 재확인하는 수단으로 활용된다. 이는 스포츠에 많은 사람들이 가지고 있는 특정한 생각과 믿음이 반영되어 있음을 의미한다. 사회 내에 존재하는 젠더, 사회계급 등과 관계된 사회적 신념들은 스포츠에 그대로 반영되기 때문에 스포츠는 이데올로기를 재생산하는 수단으로 사용될 수 있다. 스포츠를 통해 재생산되는 이데올로기는 특정계층의 권력과 이익에 기여하며, 다양한 방식으로 스포츠에 영향을 미친다.

스포츠사회학은 스포츠 이면에 감추어진 특정한 신념을 확인함으로써 스포츠에 대한 올바른 방향을 제시할 수 있다. 따라서 스포츠에 대한 사회학적인 접근의 필요성이 제기되고 있으며 스포츠사회학의 역할에 대한 중요성이 강조되고 있다.

3) 사회영역과 스포츠의 밀접성

스포츠의 사회적 중요성이 증대하면서 스포츠가 가지고 있는 영향력 및 파급력도 증가하였으며, 스포츠는 대부분의 사회영역에 영향을 미치는 사회의 중요한 요소가 되었다. 스포츠는 사회의 정치, 경제, 문화, 교육, 미디어 등 다양한 주요 영역과 밀접한 관계를 맺고 있기 때문에 스포츠를 연구함으로써 우리는 사회의 다양한 모습을 살펴볼 수 있다.

3. 스포츠사회학의 적용 및 사례

가. 스포츠사회학의 연구방법

스포츠사회학 연구의 대표적인 자료 수집 방법은 양적 방법(quantitative approach)과 질적 방법(qualitative approach)으로 나눌 수 있다.

1) 양적 연구방법

양적 방법은 사회적 현상 또는 인간의 다양한 경험적 자료를 계량화하여 통계적으로 분석하는 연구방법을 말한다. 이러한 연구방법은 사회현상의 일반적인 법칙을 발견하거나 설명하는 데 그 목적이 있다. 양적 방법에서는 주로 설문지를 이용하여 자료를 수집하여 통계적인 분석을 통해 가설 검증 및 사회현상의 법칙을 발견한다.

2) 질적 연구방법

질적 방법은 사회적 현상을 수집하여 해석적인 절차에 따라 유형과 특성을 파악하는 것을 말한다. 질적 방법에서는 주로 관찰, 인터뷰 등의 방법으로 자료를 수집하며, 이를 통해 사회현상에 대한 심층적인 이해를 도모한다.

표 1-7. 양적 연구방법과 질적 연구방법의 비교(체육과학연구원, 2003 재구성)

구분	양적 방법	질적 방법
자료 수집 방법	주로 설문지 이용	관찰 일지, 인터뷰 등
자료 분석	통계적 연구	심층적 연구
자료 해석	가설 검증 및 법칙 발견에 유리	인간 행위의 동기와 의미 이해

나. 스포츠사회학의 최근 연구 동향

1) 스포츠사회학 연구의 흐름

1960년대 스포츠사회학의 초기 연구는 스포츠의 교육적 효과와 사회화에 관련된 연구들이 주를 이루었다. 하지만 스포츠가 상업화되면서 스포츠사회학의 연구는 주로 스포츠의 프로화, 스포츠의 상업화와 관련된 주제를 다루기 시작하였고, 이후 스포츠에 대한 미디어의 영향력이 증가하면서 미디어에 대한 연구가 활발하게 진행되었다.

표 1-8. 한국 스포츠사회학 연구 주제에 따른 연대별 분석(임수원 외, 2009)

주제 연대별	1980년대	1990년대	2000년대	계(%)
사회화	30	22	11	63(13.9)
성(여성)	7	22	24	53(11.7)
문화, 하위문화	6	23	19	48(10.6)
인종	7	13	20	40(8.8)

(계속)

주제				
미디어, 저널리즘	6	13	11	30(6.6)
신체적성, 웰빙, 여가	7	5	13	25(5.5)
스포츠사회학 이론	9	10	2	21(4.6)
정치, 권력, 정책	5	6	8	19(4.2)
스포츠집단, 조직, 구조	3	3	11	17(3.7)
비행, 일탈, 도핑	5	5	6	16(3.5)
신체		9	6	15(3.3)
정체성		2	11	13(2.9)
연구방법	2	4	6	12(2.6)
폭력, 공격성	6	3	2	11(2.4)
관중, 관람, 팬	3	4	3	10(2.2)
장애인스포츠	1		8	9(2.0)
경제, 스포츠산업, 상업화	2	3	3	8(1.8)
세계화		5	3	7(1.5)
사회발전, 사회변동	3	2	2	7(1.5)
교육	4	2	1	6(1.3)
사회통합, 통제	3		3	5(1.1)
계층, 불평등	2	2	1	4(0.9)
도박	1	3		1(0.2)
사회문제	1			1(0.2)
이데올로기		1		1(0.2)
기타	1	3	1	5(1.1)

대표적인 우리나라의 스포츠사회학 관련 학술지인 한국스포츠사회학회지에 수록된 논문을 중심으로 1980년대부터 최근까지의 연구 경향을 살펴보면, 우리나라의 스포츠사회학 연구는 주로 사회화, 성(여성), 문화/하위문화와 관련된 주제를 중심으로 이루어지고 있다는 것을 알 수 있다. 사회화와 관련된 학술논문은 총 63편(13.9%)으로 가장 많은 연구가 이루어졌으며, 그 뒤를 이어 성(gender)과 관련된 학술논문은 총 53편(11.7%)으로 두 번째로 많은 비중을 차지하고 있다.

시대별로 구분하여 살펴보면, 1980년대 초반에는 스포츠사회학 분야에서 사회화와 관련된 연구가 주로 이루어졌다는 것을 알 수 있다. 하지만 사회화에 대한 연구는 이후 지속적으로 감소하고 있는 추세인 반면 성(gender)과 문화 · 하위문화, 인종 등과 관련된 주제에 관한 연구는 지속적으로 증가하고 있다. 한편 신체, 정체성, 세계화 등은 1980년대에는 많이 다루지 않았던 연구이지만, 1990년대 이후 해당 분야에 대한 사회적 관심이 증가하면서 이에 따른 연구가 증가하고 있는 모습도 살펴볼 수 있다. 또한 신체, 웰빙, 여가에 관한 연구의 증가는 건강에 대한 사회적 관심의 증가와 삶의 질에 대한 대중의 관심을 반영한 결과라고 볼 수 있다.

2) 스포츠사회학 연구의 동향

스포츠사회학의 연구 주제는 변화하는 시대적 흐름과 사회가 강조하는 가치의 변화에 따라 변화하고 있다. 스포츠사회학 연구와 관련된 동향과 특징은 다음과 같은 3가지로 정리할 수 있다.

첫째, 최근 연구 동향을 살펴보면 사회적으로 이슈화된 문제를 중심으로 '공부하는 학생선수', 스포츠와 사회 정의와 관련된 문제, 학교폭력, 스포츠와 미디어, 스포츠와 소비사회, 스포츠 메가 이벤트 등과 관련된 내용이 많다는 것을 알 수 있다.

둘째, 스포츠사회학의 연구는 미시적 영역의 연구에서 거시적 영역의 연구로 변화해오고 있다. 초기 스포츠사회학의 연구는 사회심리학적 측면의 미시적 연구가 주를 이루었지만, 스포츠가 집단, 조직, 제도 등의 거시적 영역에 많은 영향을 미치고 있다는 연구들이 진행되면서 거시적 관점의 연구가 활발해지는 양상을 보이고 있다.

셋째, 스포츠사회학의 연구방법 측면에서 연구의 대상, 목적 등에 따라 다양한 연구방법이 사용되고 있다. 초기 스포츠사회학 연구는 이론을 설명하고 검증하기 위한 양적 연구가 주를 이루었지만, 최근에는 스포츠 현상에 대한 심층적인 이해를 위해 주로 질적 연구방법을 사용하고 있는 경향을 보인다.

 참고자료 및 읽을거리

스포츠사회학의 이해를 증진시킬 수 있는 책

저자 C. 라이트 밀스
역자 강희경
원제 The Sociological Imagination
출판사 돌베개

『사회학적 상상력』
이 책은 사회학자인 라이트 밀스가 사회학의 학문적 의미를 고찰하면서 기존의 사회학적 해석에 대한 저자의 생각을 다양한 관점에서 정리한 책이다. 『사회학적 상상력』은 사회학을 공부하는 사람이 어떤 관점을 갖고 사회를 바라볼 수 있는지 생각해볼 수 있는 책이다.

2장 스포츠의 사회적 기능과 사회이론

 학습목표
- 스포츠의 사회적 기능을 이해한다.
- 스포츠의 사회적 순기능을 알아본다.
- 스포츠의 사회적 역기능을 알아본다.

1. 스포츠의 사회적 기능

가. 스포츠의 사회적 순기능

1) 사회정서적 기능

스포츠는 개인의 정서를 순화시키는 순기능을 가지고 있다. 스포츠 참여는 개인의 욕구불만, 갈등, 긴장 등을 발산할 수 있는 기회를 부여하며 외부로 나타날 수 있는 폭력, 일탈 같은 부정적 행동을 예방할 수 있는 '사회적 안전판'의 기능을 한다.

2) 사회화 기능

스포츠는 사회의 축소판이라고 할 수 있다. 따라서 스포츠 참여를 통해 개인은 신념, 가치, 규범 등 사회의 중요한 가치를 배울 수 있다. 스포츠를 통해 습득한 사회적 가치는 사회의 중요한 가치로 인식되는 준법정신과 올바른 시민으로서의 자세, 즉 목표성취를 위한 합리적인 행동 규범과 연결된다고 할 수 있다.

3) 사회통합 기능

스포츠는 사회를 통합시키는 기능을 할 수 있다. 올림픽, 월드컵 같은 국제대회는 사회통합 기능의 사례로 자주 등장하는데, 이는 스포츠가 다른 사회적 배경을 가지고 있는 사람들이 서로 공감하면서 하나로 통합할 수 있는 경험을 제공할 수 있다는 것을 의미한다.

나. 스포츠의 사회적 역기능

1) 사회통제 기능

스포츠는 사회를 통합하는 기능도 가지고 있지만, 한편으로는 목적에 따라 사회를 통제하는 기능으로 악용될 수 있는 소지를 가지고 있다. 스포츠는 국민의 관심을 분산시킬 수 있는 하나의 전략적인 방안으로 인식되었으며, 정치, 경제, 사회 등의 국가적인 문제에 대한 관심을 스포츠로 분산시키기 위한 목적으로 사용되기도 하였다. 예를 들어, 우리나라의 1980년대 이른바 3S(Sex, Screen, Sports) 정책의 하나로 스포츠가 이용된 사례에서 스포츠가 가지고 있는 사회통제 기능이 사용됐음을 알 수 있다.

2) 신체소외

자본주의가 발전하고 금전적 가치에 대한 대중의 관심이 증가하면서 인간의 신체는 일종의 기계로 전락하고 있으며, 신체가 목적 그 자체가 되기보다 목적을 위한 수단으로 인식된다. 이로 인해 스포츠의 주체들은 스포츠 활동이 가지고 있는 본연의 가치인 즐거움을 추구하기보다는 신체활동을 통해 산출되는 결과물에 과도하게 집착하게 되었다.

스포츠에서의 신체소외는 스포츠 참가자의 신체가 돈을 벌기 위한 도구로만 인식되는 것을 의미한다. 스포츠가 상업화되면서 기록, 승리 같은 가치들이 과도하게 강조되고 있으며, 스포츠선수의 신체는 기록 갱신과 승리 등을 위한 도구로 전락하는 경우가 발생한다. 일부 선수들은 자신들의 신체를 물질적 보상을 위한 도구로 인식하고 있으며 선수 폭력, 약물 복용 등의 불법행위를 성적 향상을 위한 정당한 행위로 받아들인다.

> **참고자료 및 읽을거리**
>
> **미국 마이너리그 시즌 66번째 약물 복용 적발 제재**
>
> 미국프로야구에서 또 약물 복용 선수에 대한 징계가 내려졌다. 올 시즌 마이너리그에서만 66번째 약물 복용 적발이다.
>
> AP통신은 24일(한국시간) 미국프로야구 뉴욕 메츠 산하 마이너리그 내야수 L. J. 마질리(24)가 금지약물을 복용한 사실이 드러나 50경기 출장 정지 징계를 받는다고 보도했다. 마질리는 약물 검사에서 두 번 적발되면서 중징계에 처해졌으며, 징계는 내년 시즌 시작과 함께 적용된다.
>
> 2013년 신인 드래프트에서 메츠가 지명한 마질리는 올 시즌 마이너리그 싱글A에서 주로 활약하면서 타율 0.301, 11홈런, 79타점, 14도루를 기록한 유망주 내야수다. 그의 아버지인 리 마질리가 메츠의 스타플레이어 중 한 명으로 올스타에도 뽑힌 바 있어 그의 약물 복용이 더 낯을 붉히게 했다. 리는 1976년 메츠에서 메이저리그에 데뷔해 1989년까지 빅리그에서 활약하며 통산 1,475경기에 출장했다.
>
> 출처: 스포츠서울(2014.12.24). 미국 마이너리그 올 시즌 66번째 약물 복용 적발 제재

3) 과도한 상업주의

상업주의는 스포츠의 상업화와 관련을 갖는다. 스포츠의 상업화가 이루어지면서 스포츠는 프로화·대중화되었으며, 이러한 변화는 스포츠를 하나의 상품으로서 인식하게 하였다. 자본주의와 함께 스포츠산업이 확산되면서 자본가들은 스포츠산업을 투자의 대상으로 인식하게 되었고, 스포츠산업의 거대화는 투자 자본을 가지고 있는 자본가들에게 부를 축적할 수 있는 기회를 제공하였다. 따라서 거대 자본을 소유하고 있지 못한 일반 대중은 소비자로 그 역할이 제한되었으며, 자본가들은 스포츠를 통해 대중의 소비를 촉진시켜 더 많은 이윤을 창출하고자 노력하고 있다.

4) 성차별

스포츠가 남성의 전유물이라는 고정관념은 여성들의 스포츠 참여를 어렵게 하였다. 예를 들면 남자 어린이에게는 축구공을 선물해주고, 여자 어린이에게는 인형을 선물해주는 것이 자연스러운 것이라고 생각하며, 이러한 고정관념은 여성들의 스포츠 활동을 제한하는 결과로 나타날 수 있다.

2. 스포츠와 사회이론

가. 구조기능주의 이론과 스포츠

1) 구조기능주의 이론의 이해

구조기능주의 이론은 1960년대 스포츠사회학이 독립적인 학문으로 정착하는 과정에서 개념적 틀을 구축하는 데 중추적인 역할을 한 이론이며, 대표적인 이론가로는 에밀 뒤르켐(Emile Durkheim, 1858~1917), 탤콧 파슨스(Talcott Parsons, 1902~1979), 로버트 머튼(Robert Merton, 1910~2003) 등이 있다.

구조기능주의는 사회를 하나의 유기체에 비유하면서 인간의 여러 신체기관들이 하나의 구조를 이루고 그 기능을 원활하게 수행할 때 건강을 유지할 수 있는 것처럼 사회는 하나의 실체이며 구성원들이 자신의 역할을 충실히 수행할 때 건강한 사회가 유지될 수 있다고 주장하고 있다. 따라서 사회의 주요 구성체인 교육, 종교, 경제, 스포츠는 사회의 정서적 기능, 사회화 기능, 정치적 기능 등을 수행하며 사회 유지에 기여한다고 말한다.

구조기능주의는 다양한 가치가 존재하는 스포츠를 과도하게 단순화시키고, 스포츠의 긍정적인 측면만 강조한다는 한계점을 가지고 있으며, 구조를 지나치게 강조한 나머지 개인의 가치, 역량 등을 간과하는 측면이 문제점으로 지적된다.

2) 스포츠 현상의 구조기능주의적 접근

최근 스포츠사회학에서 구조기능주의적 관점의 연구는 특정한 연구 주제에 한정되어 제한적으로 진행되고 있는 경향이 있다. 하지만 스포츠를 통한 사회통합, 건강증진, 교육시설확보, 교육기회 향상 등이 강조됨에 따라 스포츠에서 구조기능주의적 접근의 필요성이 증대되고 있다. 최근 활성화되고 있는 스포츠정책, 스포츠와 국제개발, 스포츠와 다문화사회, 스포츠와 사회적 자본 등과 관련된 연구들은 그 이론적 토대를 구조기능주의에 두고 있다고 할 수 있다.

나. 갈등이론과 스포츠

1) 갈등이론의 이해

갈등이론은 다른 사회적 구성물과 마찬가지로 스포츠도 지배집단의 현상유지를 위한 도구라고 설명한다. 스포츠는 유순한 노동력을 기르는 데 기여하며, 자본주의 사회의 개인주의, 경쟁, 엘리트주의 등과 같은 특정한 이데올로기를 전파한다고 주장한다. 또한 스포츠는 상업화되어 일부 자본가들이 독점하고 있는 시장에 의한 지배를 받고 있음을 강조하고 있다.

갈등이론에서 사회는 지배집단이 자신들의 기득권을 유지하기 위해 내세우고 있는 하나의 환상에 불과한 것이라고 설명하고 있다. 이는 사회가 사회구성원들의 폭넓은 가치를 공유하고 있으며, 사회적 합의에 의해 통합된 유기체라는 구조기능주의의 주장과는 상반된 견해이다.

한편, 갈등이론의 한계점으로는 사회구조가 유지되는 측면을 '자본'에 한정시키고 있으며, 경제적 관점을 지나치게 강조한 나머지 주체로서의 개인을 간과한다는 점이 있다. 또한 개인의 스포츠 참여를 통해 얻는 즐거움, 활력, 삶의 의미 등에 대해 설명하지 못한다는 비판을 받고 있다.

2) 스포츠 현상의 갈등이론적 접근

갈등이론은 스포츠 현상의 문제를 지배집단의 현상유지와 더불어 하위계급의 힘의 부재로 설명한다. 이러한 갈등이론은 스포츠 현상의 순기능적인 측면보다는 역기능적인 측면에 초점을 두고 스포츠 변화의 필요성을 주장한다. 이에 따라 갈등이론은 스포츠선수들의 신체소외 현상, 스포츠 참여에 있어서 경제적 불평등, 스포츠 상업화로 야기되는 문제점 등과 같은 주제에 관심을 두고 있다.

다. 상징적 상호작용론과 스포츠

1) 상징적 상호작용론의 이해

구조기능론, 갈등이론이 거시적 관점의 이론이라면 상징적 상호이론은 과정을 중시하고, 인간의 상호작용에 초점을 맞추고 있는 미시적 이론이라고 설명할 수 있다. 상징적 상호작용론은 사회

제도나 개인을 단순히 수동적이고 기계적인 존재로 보는 것이 아니라 의미를 부여하는 주체적인 존재로 바라본다. 다시 말해, 상징적 상호작용론에서 개인의 행동이나 사고는 사회의 영향을 받는 동시에 사회를 구성하고 변화시키는 역할을 한다고 할 수 있다. 따라서 상징적 상호작용론은 일방향적으로 사회가 개인의 사고를 결정한다는 구조기능주의와 갈등주의 주장이 가지고 있는 한계점을 보완할 수 이론이라고 할 수 있다.

2) 스포츠 현상의 상징적 상호작용론적 접근

상징적 상호작용론은 스포츠가 다양한 상징적인 의미를 지니고 있다는 점에서 스포츠 분야에 적합한 이론으로 받아들여지고 있다. 특히 스포츠경기에서의 승리와 패배에 대해 팀원들의 인식, 스포츠경기 내에서의 도덕성, 스포츠맨십 등 스포츠에서 발생하는 현상을 심층적으로 이해하고 기술할 수 있다는 점에서 스포츠사회학의 많은 연구자들은 스포츠 현상을 분석하고 기술하기 위해 상징적 상호작용이론을 활용하고 있다. 또한 스포츠사회학에서 하위문화, 일탈, 정체성과 관련한 질적 연구가 활발히 진행됨에 따라 상징적 상호작용론은 설득력 있는 이론적 기반을 제공하고 있으며 해당 현상에 대한 심층적인 이해를 가능하게 하고 있다.

라. 비판이론과 스포츠

1) 비판이론의 이해

비판이론은 프랑크푸르트학파에 의해 발전한 사회학 이론이다. 비판주의 학자들은 현대사회의 과학기술, 정치체제, 관료집단 등이 합리성을 증가시켰지만, 인간의 자유성은 더욱 억압하고 있다는 점을 비판적인 관점에서 바라보았다. 그리고 카를 마르크스(Karl Marx)의 사상이 지나친 경제적 관점으로 사회구조를 설명한 것을 비판하며, 사회구조에 있어 문화가 가지는 사회적 의미에 주목하였다.

비판이론은 통합적인 체제를 구축하지 못했다는 한계를 갖는다. 또한 문제를 발견하는 것에서 점차 개선해나가는 근시안적 전망만 갖고 있을 뿐, 문제 해결을 위한 구체적인 변화와 방식 등에 대한 종합적인 전망을 제시하고 있지 못하다는 단점을 가지고 있다.

2) 스포츠 현상의 비판이론적 접근

1980년대 후반 이후 북미와 유럽 스포츠사회학계에서 크게 유행한 비판이론은 스포츠사회학 연구에서 가장 널리 사용되는 이론적 패러다임이라고 할 수 있다.

스포츠가 특정 이데올로기를 전파하고 강화하는 기능을 수행할 수 있기 때문에 비판이론가들은 스포츠의 변화를 통해 기존의 이데올로기를 전복하고, 사회의 합리성을 회복할 수 있다고 주장한다. 이와 관련하여 비판이론에서는 사회집단에서 발생하는 스포츠 불평등, 특정 집단과 스포츠의 이해관계 등을 다루는 연구를 진행하고 있다.

> **참고자료 및 읽을거리**
>
> **사회학적 상상력**
> 사람들은 사회학을 처음 접할 때 "복잡하고 다양한 사회를 어떻게 바라볼 수 있는가?"라는 의문을 가질 수 있다. 이와 관련하여 미국의 사회학자 라이트 밀스(C. W. Mills)는 '사회학적 상상력(sociological imagination)'이라는 개념을 통해 사회학에 대한 이해를 도모하였다.
>   체육관에서 운동을 하고 싶은 학생이 있는데, 체육관에 가서 운동을 하는 것에 어려움을 느끼고 있는 상황을 가정해보자. 이 학생이 운동을 하지 못하고 있는 것을 개인적인 문제로 볼 것인가? 아니면 사회구조적 문제로 보아야 할 것인가? 라이트 밀스는 이러한 문제, 즉 개인에게 발생할 수 있는 문제를 사회적인 맥락에서 보아야 한다고 강조하였다. 개인이 경험한 문제를 구조적인 관점에서 바라보기 위해서는 '사회학적 상상력'이 필요하며 이를 통해 사회에 대한 문제의식을 가질 수 있음을 주장한 것이다. 사회학적 상상력은 정치, 경제, 이데올로기(ideology) 등과 같은 사회구조가 개인의 일상생활에 어떤 식으로 영향을 미치는지에 대한 성찰을 가능하게 해주며, 사회문제를 발견하고 해결할 수 있는 단서를 제공한다.

Ⅱ부
스포츠와 정치

　스포츠와 정치는 어떠한 관계를 맺고 있는가? 일반적으로 보기에 스포츠와 정치는 분리된 것으로 보이지만, 제도화된 사회적 구조 안에서 상호보완적 관계를 유지하며 긴밀한 관계를 유지하고 있다. 스포츠가 단순히 개인의 신체적 건강을 도모하기 위한 방편으로만 존재한다면 스포츠와 정치의 관계는 별다른 중요성을 지니지 않을 수도 있을 것이다.

　하지만 현대사회에서 스포츠는 개인적 수단을 넘어 정치와 결합 가능한 잠재력을 지닌 것으로 평가받고 있다. 조직화된 사회에서 스포츠는 대중이 소비하는 문화와 사회통합을 위한 기제로 작용하며, 스포츠의 역동성, 협동성, 경쟁성, 비언어적인 효과적 전달성은 정치행위 및 목적달성을 위한 효과적인 기능을 수행하고 있다.

　또한 오늘날 정보통신 및 교통의 발달로 인하여 국가 간 교류가 확산되고, 다양한 사회, 정치, 문화적 교류의 기회가 점차 증가함에 따라 전 지구화라는 거대한 흐름 속에서 스포츠와 정치의 관계를 살펴볼 필요가 있다. 국가 간의 교류 증대와 함께 스포츠는 다양한 형태로 발전하고 있으며, 거시적인 정치적 관계의 틀 안에서 조직화되고 복잡해지는 등 다양한 기능을 수행하고 있다.

　이러한 스포츠의 기능적 중요성이 증가함에 따라 스포츠의 정치적 속성, 기능 및 역할에 대한 관심이 높아지고 있다. 따라서 2부에서는 스포츠와 정치의 관계를 살펴봄으로써 사회 환경에서 스포츠와 정치가 어떻게 기능하며, 사회 수준에 따라 스포츠와 정치가 어떻게 관계를 맺는지 이해하도록 한다. 나아가 스포츠와 정치가 올바르게 성장할 수 있는 발전적인 방안에 대해 고민해보도록 한다.

1장 스포츠와 정치의 결합

학습목표
- 스포츠의 정치적 속성을 이해한다.
- 스포츠의 정치적 순기능과 역기능을 살펴본다.
- 스포츠와 정치의 결합 방법에 대해 알아본다.

1. 스포츠의 정치적 속성 및 기능

스포츠는 정해진 규칙에 따라 승패를 겨루는 신체활동이다. 하지만 현대사회에서 스포츠는 단지 개인의 신체적 건강에 영향을 미치는 수준을 넘어 정치, 경제, 문화 등 사회 분야 전반에 걸쳐 밀접한 상호관계를 맺고 있다. 이는 스포츠가 더 이상 개인적 차원이 아닌 사회현상 및 제도와 결합되어 사회적으로 구성되어 있다는 것을 의미한다.

기본적으로 스포츠는 선수, 팀, 지도자 등의 구성요소와 규칙, 경쟁, 기타 다양한 사회 규범들과의 상호작용 요소들이 존재하기 때문에 태생적으로 정치적인 속성을 지니고 있다. 또한 이러한 본질적 요소 외에도 스포츠는 정치와 밀접한 관계를 맺으며 정치적 현상 그 자체를 반영한다고 할 수 있다. 따라서 스포츠의 내재적 특성인 경쟁성, 협동성, 대중성 등의 정치적 특성은 스포츠와 정치의 결합을 촉진하는 역할을 수행한다.

스포츠와 정치의 결합은 상호보완적인 역할을 통하여 발전 지향적인 관계를 형성하고 있으나, 긍정적인 측면과 부정적인 측면을 모두 내포하고 있다. 스포츠는 정치와 결합을 통하여 발전을 도모하기도 하지만, 정치적 압력이나 간섭으로 인하여 스포츠의 순수성과 독립성을 침해받기도 한다. 따라서 스포츠와 정치의 상호관련성을 바탕으로 스포츠의 정치적 속성을 알아보고 그에 따른 기능을 탐색해보고자 한다.

가. 스포츠의 정치적 속성

1) 대중성 및 선전효과

스포츠경기는 사람들의 주목을 끌 수 있기 때문에 대중의 지지를 받기에 용이하다. 이러한 대중성으로 인해 스포츠는 단순한 신체적 기능에서 벗어나 효과적인 정치적 선전의 수단으로 활용되고 있다. 전 세계적으로 스포츠가 인기를 얻음에 따라 올림픽이나 월드컵 같은 국제 규모의 스포츠경기는 스포츠의 순수성을 지향함에도 불구하고 대중선전의 장으로 변모하고 있다. 결과적으로 스포츠와 정치의 관계가 밀접해질수록 스포츠 현장은 상업적인 기능이 강화되고, 정치적 입장을 표현하는 효과적인 선전의 도구로 활용될 것이다.

2) 조직화

스포츠가 발전함에 따라 스포츠조직 또한 점차 고도로 조직화 및 체계화되고 있다. 이러한 과정에서 선수, 관리 및 행정가, 관중 등 다양한 이해관계자가 등장하게 되었으며, 조직 또한 세분화되기 시작하였다. 다양한 특성을 지닌 집단의 등장과 조직의 세분화는 곧 이해관계의 상충으로 인한 권력과 자원의 배분 및 획득 등 정치적 활동을 필요로 한다. 이러한 조직화 과정에서 나타나는 권력과 자원의 분배는 조직의 성장과 유지를 위한 가장 핵심적인 정치적 속성이다.

스포츠 조직화의 정치적 속성은 각각의 조직이 공동의 목적 달성을 위하여 역할을 분배하고, 상호 이익을 추구하기 위한 활동을 할 때 두드러지게 나타난다. 다시 말해 조직이 효과적으로 기능할 수 있도록 책임을 이동시키고 권한을 부여하는 과정에서 스포츠 조직화의 정치적 속성을 살펴볼 수 있다. 결국 조직화는 그 자체가 스포츠의 정치적 특성을 설명하는 요인이 된다.

3) 정치적 의사 표출

스포츠는 본질적으로 경쟁을 통한 승부를 추구하며, 대중을 통하여 급격하게 전파되는 특성을 지닌다. 일반적으로 스포츠는 승리를 통한 우월성 및 이데올로기를 표출하는 등 정치적으로 이용되기도 하고, 대중성을 바탕으로 정치적 입장을 표현하기도 한다. 이는 스포츠가 정치적 목적 달성을 위한 효과적인 수단이 될 수 있음을 의미한다. 즉, 스포츠는 정치와의 상호작용을 통해 정치적

> **참고자료 및 읽을거리**
>
> **스포츠와 정치의 관계 지향적 접근**
>
> 스포츠의 정치적 속성으로 인하여 스포츠와 정치는 상호작용을 통한 협력적인 관계를 강화하게 되었다. 하지만 단순히 스포츠가 제도권 정치의 목표 달성을 위한 도구나 수단으로 전락하거나 반대로 스포츠가 자신의 발전을 위하여 정치를 끌어들이는 경우 스포츠의 정치화 현상은 더욱 심화되고, 스포츠의 순수성은 훼손되는 등 정치화로 인한 스포츠의 오염 현상은 가속화되기도 한다.
>
> 이렇듯 스포츠와 정치의 관계는 일반적으로 상호보완적 관계 속에서 위험성을 내포하고 있기 때문에 혹자는 스포츠와 정치의 관계를 부정적인 시각으로만 바라보기도 한다. 하지만 스포츠와 정치의 상호작용은 긍정적인 측면과 부정적인 측면이 공존하는 사회현상으로 이해할 필요가 있다. 스포츠의 정치적 속성을 바탕으로 스포츠와 정치가 어떠한 관계를 형성하는지 살펴보는 것은 현대사회에서 스포츠의 본 모습을 이해하는 데 많은 도움을 줄 수 있을 것이다.

의사를 드러내거나 표현하는 특성을 지니고 있다.

특히 정부기관이 스포츠에 개입하여 정치적 입장을 표현하는 효과적인 수단으로 활용될 때 정치적 속성은 더욱 강조된다. 정치적 표현은 대중의 의사가 정책 결정에 반영되고, 민주주의의 실현을 위한 표현의 자유 보장이라는 측면에서 정치의 필수적인 요소로 인정된다. 스포츠에서 대중성을 기반으로 정부 정책에 대한 지지나 반대 의사를 표현하거나 스포츠를 통한 선거활동 같은 정부의 개입은 스포츠의 정치적 의사 표현과 정치적 속성의 관계를 더욱 밀접하게 한다.

나. 스포츠의 정치적 순기능과 역기능

1) 순기능

① 국민 화합의 수단

스포츠는 사회통합에 기여함은 물론 국가적 상징성을 표출하기에 애국심을 고취시키고 민족주의를 강화하는 등 국민 화합을 위한 수단으로 작용한다. 대중사회의 출현으로 인해 국가는 전통적 정치 기능인 입법, 사법, 행정 등의 관련 정보들을 효과적으로 대중에게 전달할 필요가 제기되었는데, 사회통합은 국가 및 정부단위에서 체제 유지와 존속을 위한 필수적인 정치활동이라고 할 수 있다. 따라서 스포츠는 사회구성원들의 통합과 화합의 장을 마련하고 조직의 일체감을 조성하는 데 효과적으로 기여할 수 있다.

② 외교적 소통의 창구

국제사회에서 정치적 이해관계에 따른 외교 입장 차이는 국가 간 외교 분쟁으로 심화될 우려가 있다. 이에 군사적 위협이나 경제적 제재 등과 같은 외교적 항의는 국가 간 갈등이나 반목을 초래할 수 있는 위험이 있지만, 스포츠를 통한 외교적 항의는 발생 가능한 갈등을 최소화할 수 있는 이점이 있다.

공식적인 외교관계가 수립되지 않은 국가일지라도 스포츠경기 참가를 통하여 국가 간 외교적 지위를 승인하거나 친교의 기회를 마련할 수 있으며, 스포츠를 통하여 국제적 위상을 가늠할 수 있다. 따라서 스포츠는 국가 간 화해와 대화의 발판을 마련하는 효과적인 외교적 수단으로 활용되고, 국제이해와 평화를 도모하는 데 기여하는 것으로 평가된다.

③ 사회의 기본적 가치와 규범 및 준법정신의 교육

스포츠는 정치적 차원에서 사회적 가치, 규범 및 준법정신을 교육하는 효과적인 수단이 될 수 있다. 사회라는 거대한 구조 속에서 구성원들과 관계를 유지하고 사회의 공동 목적을 달성하기 위해서는 규범을 준수하고 사회질서를 유지해야 한다. 사회질서는 사회구성원들에 의해 자발적으로 유지되기도 하지만, 대부분의 경우 정부가 직접 개입하게 된다. 이에 정부는 대중의 반발을 사전에 방지하여 사회질서 유지를 위한 행위 및 정책에 대한 대중의 이질감을 최소화하고 국가의 통제 범위에 순응하도록 많은 노력을 기울이게 된다.

본질적으로 스포츠는 경기 규칙을 준수하고 상대 선수를 존중하는 페어플레이 정신을 강조하며, 경기 규칙을 위반하거나 의도적으로 상대 선수에게 피해를 끼친 선수에게는 규정에 의한 불이익이 가해진다. 이와 같은 페어플레이 정신은 사회질서의 유지와 교육을 위한 수단으로 인정된다. 따라서 사회적 가치에 대한 스포츠 정신의 강조를 통해 기본적인 사회적 가치를 배우고 전승하게 된다.

④ 생산성 증대

일반적으로 스포츠 참여는 국민의 신체적·정신적 건강의 향상에 기여하는 것으로 평가받고 있다. 국민의 건강은 개인의 이익을 넘어 국가적 차원의 생산성 증대에 기여하는데, 사회구성원의 생산성 증대는 사회의 형성과 유지를 위하여 매우 중요하다. 일반적으로 사회생활을 영위하기 위해서는 지속적인 생산성의 유지 또는 증가가 필수적인데, 스포츠를 통한 신체적 기능의 향상은 생산성 증대에 기여하는 측면이 큰 것으로 알려져 있다. 다시 말해 스포츠는 국민 개인의 건강 증진은 물론 국가적 차원의 생산성 증대에 기여함으로써 정치적 순기능 역할을 수행한다고 볼 수 있다.

⑤ 사회운동의 수단

사회운동은 사회의 구조적 성격에서 기인하는 각종 문제를 해결하기 위한 대중의 자각적 행동으로, 계급의 불합리성 및 자본의 불균형에 맞서는 집단적 행동양식으로 이해할 수 있다. 스포츠는 대중의 참여를 기반으로 하는 집단행동의 한 형태로 시대적·사회적 특성을 내포하고 있으며, 집단의식을 통하여 새로운 방향이나 형태를 지향한다는 점에서 사회운동으로서의 효과를 지닌다고 할 수 있다. 이와 같은 측면에서 스포츠는 계급, 인종, 성차별 등에 따른 정치적 갈등을 해결하기 위하여 대중의 요구와 결합하고, 민주적 권리 획득을 위한 이념의 변화나 사회개혁 등을 추구하는 수단으로 기능한다.

2) 역기능
① 국가 간 정치적 이데올로기의 충돌

이데올로기란 대중에게 공유된 사회적 사상이나 의식을 뜻하는 것으로 역사적·사회적 입장을 반영한 구조적인 신념체계를 의미한다. 다시 말하여 개인은 이데올로기를 통하여 사회적 자아를 형성하고 인간 정체성을 확립하게 되는데, 국가 또한 이러한 개인의 확장된 개념으로 독창적인 이데올로기를 형성하게 된다. 따라서 국가마다 다양한 수준에서 상이한 정치적 이데올로기를 지니게 되며, 이와 같은 이데올로기의 대립으로 인한 정치적 충돌은 피할 수 없는 정치적 현상이다.

스포츠에 참가하는 국가들의 경우에도 신체적 대결을 벌이며 화합과 평화를 지향하지만, 국가마다 지닌 서로 다른 정치적 이데올로기에 의해 스포츠가 지닌 순수성에도 불구하고 정치적으로 이용되기도 한다. 국제 스포츠에서의 승부는 우열을 가리는 경쟁원리에 입각하기 때문에 특정 정치체제의 입지를 강화하기 위한 대리전의 성격을 지니고 있으며, 정치적 우월성을 입증하는 수단으로 사용되기도 한다. 따라서 스포츠는 국가 간 이념의 대립으로 인해 갈등을 조장하여 전쟁을 유발하기도 한다.

② 지배 권력의 형성 및 유지를 위한 정당성 부여

일반적으로 힘과 권력을 소유한 지배 계급은 사회·경제적 지위가 낮은 계급에게 사회적 강제력을 행사하여왔다. 지배 권력은 때때로 폭력 같은 물리적 차원의 강제력을 행사하여 대중을 지배하려 하지만, 폭력으로 인한 강제적 권력의 행사는 물리적 저항 같은 충돌을 불러일으키기도 한다. 이러한 물리적 충돌을 억제하고 지배를 받는 계층의 자발적인 복종을 유인하는 방법으로 스포츠가 활용된다.

스포츠와 정치를 결합하여 체제안정과 유지를 위한 기반을 마련하기도 하며, 대중의 관심을 스포츠에 집중시켜 정치적 무관심을 유발하고 정치적 참여를 방해하기도 한다. 이와 같이 국민의 정치적 무관심을 조장하기 위한 목적으로 스포츠를 활용할 경우 국민의 비판의식을 저해시키고 권력의 편중, 독점, 부패 현상을 조장하게 된다.

③ 국수주의적 배타성 조장

국수주의는 자신이 속한 민족이나 국가의 역사와 전통, 정치 또는 문화만이 가장 뛰어난 것으로 믿어 다른 나라의 고유한 특성을 인정하지 않는 태도를 의미한다. 이와 같은 국수주의 입장은 서로 다른 문화와의 결합을 거부하고 나아가 상대방에 대한 혐오감을 가지는 극단적인 국가주의를 초래할 가능성이 존재한다. 최근 들어 스포츠가 국제정치에서 차지하는 비중이 높아지면서 국가주의를 지지하는 중요한 요인으로 부각되고 있다.

스포츠의 고유한 특성인 상징성, 경쟁성, 대중성 등으로 인하여 국제규모의 스포츠경기에서 승리하는 것은 자국의 정치체계 우월성이나 이데올로기, 경제, 사회 및 민족의 우수성 전파를 위한 하나의 도구로 자리매김하였다. 결국 스포츠를 통한 국수주의적 배타성을 강조하는 국민 의식은 국가 간 대립을 심화시키는 역할을 하게 된다.

> **참고자료 및 읽을거리**
>
> **강대국의 스포츠문화 전파**
>
> 세계화 현상이 가속화되고 인적·물적 자원의 교류가 활발해짐에 따라 스포츠를 향한 가치와 기준, 절차, 규범 등이 표준화되는 현상이 나타나게 되었다. 최근 미국 스포츠가 전 세계적으로 그 주도권을 확보하고 많은 국가에 전파되는 것도 이러한 현상의 대표적인 예라고 할 수 있다. 세계화를 통한 강대국의 스포츠문화의 확산은 스포츠 참여 및 대중화에 기여하는 순기능도 있지만, 해당 지역이나 국가 고유의 사회·문화·경제·정치적 특성을 고려하지 않고 스포츠의 효율성만 추구하는 과정에서 나타나는 여러 가지 역기능도 발견되고 있다.
>
> 세계화의 물결과 함께 나타난 자본주의의 확산과 권력의 편중에 따른 스포츠의 규격화는 단일문화의 확산과 문화의 다양성 파괴 등 스포츠의 불균형적 발전을 초래하게 되었다. 세계화 과정에서 발생하는 국제적 이해관계의 추구 현상이 심화되어가면서 스포츠 같은 하위문화에서도 다양성과 차별성이 파괴되고 동질성이 심화되는 현상이 발생하게 되었다.

2. 정치의 스포츠 이용방법

가. 스포츠와 정치의 결합 체계

올림픽이나 월드컵 같은 국제규모의 스포츠경기는 선수 개인의 경쟁을 넘어 국가 간의 경쟁으로 확장된다. 이에 따라 스포츠경기에서의 승리는 선수 개인뿐만 아니라 국민의 자부심 및 충성도 등 국가적인 차원에도 직·간접적인 영향을 미친다. 정치적 관점에서 바라보면 스포츠는 정치적 목적 달성을 위해 다양한 방식으로 활용될 수 있다. 스포츠와 정치의 결합 체계는 상징, 동일화, 조작 등 일련의 과정을 거쳐 발현된다.

1) 상징

상징이란 직접 자각할 수 없는 의미나 가치 등을 유사적인 표현을 사용하여 구체적으로 구상하는 것을 의미한다. 비둘기가 평화의 상징이 되는 것이 좋은 예라고 할 수 있다. 상징은 특정 개념을 체계화하고 사회체계를 유지하기 위한 감정적 애착심을 형성하는 데 기여한다. 따라서 상징이 정치적 상황에서 사용된다면 국민의 감정에 호소하여 국가와 사회의 체제 유지에 기여한다. 경기장에 설치되거나 선수들이 착용하는 유니폼에 부착된 국기 또는 지역명 등은 스포츠경기에 참가하는 개인들이 특정 사회를 대표하는 것을 의미한다.

이것은 스포츠경기가 단순히 개인 간의 경쟁이 아닌 성, 인종, 지역, 민족, 국가의 경쟁을 대변하는 것으로 인식될 수 있으며, 스포츠 그 자체로 지역사회, 국가, 국민을 대표하는 상징성을 지닌 것으로 해석된다. 스포츠는 국민의 지지를 얻을 수 있다는 측면에서 정치적 상징성이 존재한다. 스포츠에서 상징은 과시와 의식의 요소를 포함하는데, 이것은 개인, 학교, 지역사회를 넘어 국가 역량의 우월성을 표현하는 수단이 된다. 다시 말해 운동선수 개인이나 팀 등 스포츠는 국가, 민족, 인종, 지역 등을 상징하는 성격을 지니게 된다.

2) 동일화

동일화는 자신과 타인이 혼동된 상태로 다른 대상에게 감정을 이입하거나 동화되는 과정이다. 특정 대상에 대한 동일화로 감정이 이입되어 실제 경험하는 상황으로 착각하거나 자신이 소속된 집단이나 사회 속에서 자아를 인식하게 된다. 동일화를 통해 대중은 선수나 팀을 자신과 일체화시키며, 스포츠경기에 몰입하고 기대감을 가지게 된다. '상징'이 스포츠를 수용하는 대중의 인식이라면, '동일화'는 스포츠에 대한 대중의 태도라는 점에서 차이가 있다.

정치는 스포츠를 실제 경험하는 사회 환경으로 포장하여 국민의 착각을 유발한다. 스포츠를 통해 나타나는 동일화는 소속된 집단 속에서 자신의 존재를 인식하도록 유도하는데, 경쟁을 통한 승리가 국가 발전과 민족의 명예를 드높이는 행동으로 이해된다. 따라서 동일화를 통해 나타난 행동은 그 결과에 상관없이 애국적인 것으로 간주되기도 한다.

3) 조작

조작은 동일화의 효과를 극대화하기 위하여 인위적인 개입을 통해 어떤 일을 사실인 듯이 꾸미는 행위로, 목적 달성을 위하여 수단과 방법을 가리지 않기 때문에 효율성을 목적으로 한다. 단시간 내에 정치적 목적을 달성하고자 할 때 선동적 행위를 조작하게 된다. 일반적으로 정치는 스포츠에서 '조작'을 통하여 정치권력의 정당성을 부여하고 체제유지와 강화를 위해 노력한다. 조작은 목적달성을 위한 효율성을 강조하기 때문에 때때로 논리적 원리나 법칙을 무시하는 경향이 있으며, 사회적 여건, 정치 체제, 지도자의 성향 등에 따라 그 강도가 달라진다. 또한 스포츠가 고도로 조직

참고자료 및 읽을거리

스포츠와 정치의 결합은 어떻게 발생하는가?

상징, 동일화, 조작은 스포츠와 정치가 결합하는 일련의 과정으로 이해되기도 하지만, 동시다발적인 현상으로 발생하기도 한다. 예를 들어, 김연아 선수에 대한 국민의 관심과 성원은 스포츠와 정치의 상징, 동일화, 조작을 잘 설명해주고 있다. 대한민국 국민은 2014년 소치동계올림픽에 출전한 김연아 선수를 대한민국을 '상징'하는 운동선수로 인식하였다. 그동안 한국의 불모지였던 피겨스케이팅에서 세계 정상급의 선수들과 경쟁하며 뛰어난 업적을 달성한 것에 가슴 뿌듯한 감정을 느꼈을 것이다. 그러면서 팬들은 자신과 김연아를 '동일화' 하게 되었다. 하지만 금메달을 따지 못하게 되자 그 원인을 러시아에 대한 적대적 감정으로 표출하게 되고, 심지어 국가의 무능력으로 인해 금메달을 강탈당했다는 인식이 확산되었다.

스포츠 현장에서 발생하는 이러한 적대적 감정은 때로는 정치적 사안과 맞물려 '조작' 될 가능성이 존재한다. 실제로 국내의 정치적 사안과 맞물려 정치적 효과를 위해 스포츠가 이용되는 경우가 흔히 발생한다.

화됨에 따라 정부정책에 대한 지지 또는 비리, 부정, 부패 등을 은폐하는 수단으로 이용된다.

나. 정치 분화와 스포츠

스포츠는 정치체제나 정치성향 등의 사회 환경을 반영하는 역할을 수행한다. 따라서 정치제도의 발전 단계인 정치 분화와 스포츠를 살펴보는 것은 사회 제도 및 환경에 따른 스포츠의 이념, 성격, 내용의 차이를 알아볼 수 있는 역사적 근거를 제시할 수 있다.

정치 체제는 사회 제도의 하위 수준으로 규범을 준수하기 위하여 공식적인 권력을 행사한다. 정치 지도자가 권력이나 권위를 행사하는 과정에서 신념, 규범, 관습 등 전통적인 가치 합의를 통한 합법성에 따라 정치체제는 분화하는데, Almond와 Powell(1996)은 세속성, 자치성, 구조적 분화 수준에 따라 원시 정치제도, 봉건 정치제도, 근대 정치제도로 정치제도의 발전 단계를 구분하였다(그림 2-1 참조).

1) 원시 정치제도와 스포츠

원시사회에서 스포츠는 전쟁에 대비한 체력 단련과 생활기술 습득을 위한 수단으로 존재하였다. 특히 원시사회는 낮은 기술 수준과 미숙한 정치제도로 인하여 신체적 힘에 근거하여 사회구성원들을 지배할 수 있는 사람을 지도자로 선출하였다. 따라서 신체적 우월성을 과시하기 위한 수단으로 스포츠의 형태를 갖춘 각종 활동이 존재하였다.

원시 정치제도 아래에서 스포츠는 지금처럼 조직적이지 못하였고 규칙성을 지니지도 않았다. 원시사회에서는 일정한 규칙이나 규율을 바탕으로 스포츠를 행한 것이 아니라, 종족을 보호하고 영토를 확장하며 정치 질서와 지위를 유지하기 위한 군사적 목적으로 신체활동을 수행하였기 때문이다. 그럼에도 불구하고 원시 정치제도와 스포츠의 관계는 현대 스포츠로의 발전과정을 설명할 수 있는 초기 단계로서의 의미를 지닌다.

2) 봉건 정치제도와 스포츠

봉건 정치제도는 원시 또는 부족사회보다 발전된 형태로서 정치제도의 법제화와 관료화 과정을 거친 단계로 볼 수 있다. 봉건 정치체제에서는 정부 구조가 관료적 형태로 나누어지게 되었으며, 지배계급은 절대적인 권력을 행사하였다. 이러한 정치제도의 발전과 함께 스포츠도 발전하게 되었다. 하지만 봉건 정치제도 아래 스포츠는 특권 계급만이 향유할 수 있는 전유물로 분류되었으며, 일반 대중의 스포츠 참여는 허용되지 않았다.

또한 중세시대에서는 지배계급이 권력을 유지하기 위하여 스포츠를 활용하였다. 스포츠에 대한 절대적인 권력을 행사하게 된 지배계급은 스포츠에 계급적 성격을 부여하여 병사를 훈련시키고 노예를 억압하는 등의 통치수단으로 활용하였다.

3) 근대 정치제도와 스포츠

근대사회에 이르러 정치제도는 다양한 이해집단으로 구성되었기 때문에 정부의 역할이 중요시 되었다. 따라서 정부는 스포츠를 이용하여 사회를 통합하고 사회질서를 유지하게 되었다. 또한 자본주의 발달과 함께 생성된 산업화, 정보통신, 교통의 발달은 스포츠의 조직, 규칙, 시설, 정책 등에 급격한 변화를 불러일으켰다. 스포츠 활동이 누구나 즐길 수 있는 인간의 기본권으로 인식되면서 스포츠가 정치제도와 이념, 사회, 경제 질서를 유지하고 평가하는 척도로 활용되기 시작하였으며, 많은 국가들이 경쟁적으로 스포츠 확산에 관심을 기울이게 되었다.

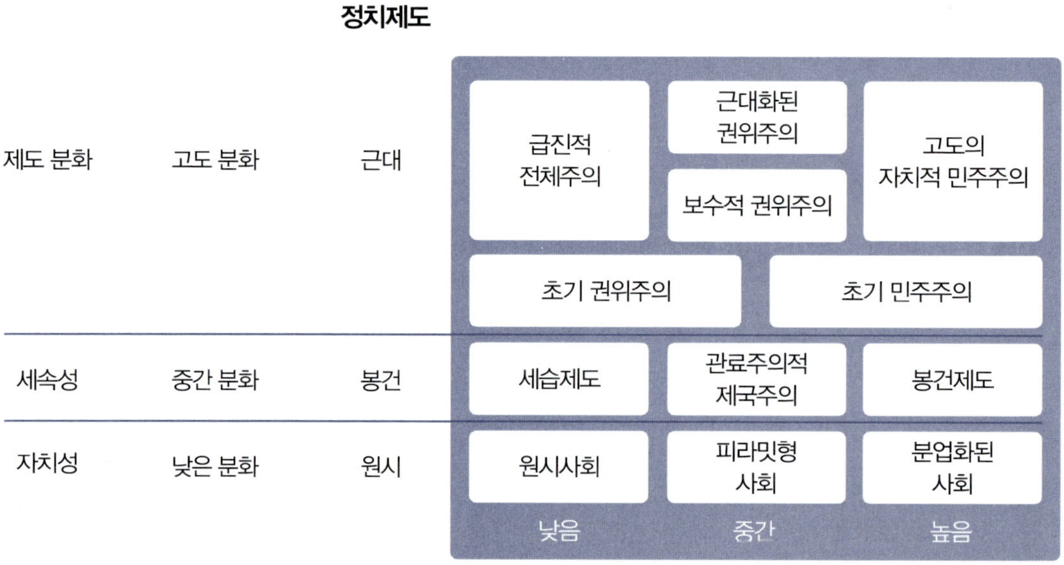

정치제도

			낮음	중간	높음
제도 분화	고도 분화	근대	급진적 전체주의	근대화된 권위주의 / 보수적 권위주의	고도의 자치적 민주주의
			초기 권위주의		초기 민주주의
세속성	중간 분화	봉건	세습제도	관료주의적 제국주의	봉건제도
자치성	낮은 분화	원시	원시사회	피라밋형 사회	분업화된 사회

그림 2-1. 제도 분화, 세속성, 자치성에 따른 정치제도의 발전 단계(Ibrahim, 1976)

2장 스포츠와 국내정치

 학습목표
- 스포츠 정책의 개념을 이해한다.
- 스포츠에 대한 정치의 개입 원인을 알아본다.

1. 스포츠 정책의 이해

가. 스포츠와 정책

스포츠는 정치, 경제, 사회, 문화 등 사회 환경에 많은 영향을 미친다. 특히 스포츠가 정치적 목적 달성을 위한 효과적인 수단으로 인정받게 되면서 정책적 차원에서 그 중요성이 증가하고 있다. 스포츠 정책의 중요성이 증가할수록 정부나 정치인은 스포츠를 통제하고 활용하기 위하여 다양한 정책을 수립하게 된다. 따라서 스포츠와 정치는 정책이라는 매개체를 통하여 상호보완적인 관계를 유지하고 있으며, 정책이라는 수단을 통하여 현실에 투영되고 구체적인 모양을 갖추게 된다.

종합적으로 스포츠 정책은 스포츠를 통하여 정치적 목적을 달성하는 것이며, 또한 스포츠 진흥 및 활성화를 위한 과정으로서 이해할 수 있다. 이러한 스포츠 정책은 인력, 시설, 행정, 조직 등 인적 자원과 물적 자원을 기반으로 형성된다.

1) 스포츠 정책의 개념

정책이란 정치적 목적을 실현하기 위한 방안으로서, 공공문제 혹은 사회문제 해결을 위해 정부에서 결정한 방침과 같은 개념이다. 부가 설명하자면, 정책은 법률 같은 정부의 권위에 입각한 개념으로 정부 또는 공공의 이익을 달성하기 위한 행동지침의 한 형태로 볼 수 있다.

스포츠 정책은 위와 같은 정책의 개념을 스포츠에 적용한 것으로, 스포츠를 둘러싼 자원의 획득과 권력의 유지를 위한 활동을 의미한다. 따라서 스포츠 환경에서 권력을 행사하는 모든 정치적 활동을 스포츠 정책으로 이해할 수 있다. 스포츠와 정책의 관계에 따라 스포츠가 정치에 어떻게 기여하는지, 혹은 정치가 스포츠에 어떻게 기여하는지 다르게 나타날 수 있으며, 결국 스포츠 정책은 단위별 스포츠 진흥 및 활성화를 위한 정책 수립의 과정으로 이해할 수 있다.

2) 스포츠와 정치의 역학관계

스포츠와 정치는 서로 밀접한 관계를 형성하고 있다. 스포츠는 개인적 차원에서도 중요하지만, 최근 들어 정치적 수준의 중요성과 활용성이 부각되고 있는 실정이다. 정치는 지지 세력의 확보와 체제 정당성 부여 등을 위하여 스포츠를 활용하고, 스포츠는 기반시설의 확충 등 정책적 지원을 받기 위하여 정치를 필요로 한다. 결과적으로 스포츠와 정치는 상호 발전적인 관계를 모색하기 위한 수단적 역할을 수행한다고 할 수 있다.

구체적으로 국가가 스포츠에 개입하는 이유는 정치적 수단으로서 스포츠가 지닌 매력과 비정치적 속성 때문이다(정치적 수단으로 사용되는데 비정치적이라고 하는 것은 모순일 것이다). 권력의 획득과 자원 분배의 과정에서 스포츠는 대중의 거부감을 최소화하기 위한 좋은 방법으로 활용된다. 반대로 스포츠가 정치에 개입하는 이유는 스포츠 자체의 발전을 지향하고, 인종차별, 성차별, 영토분쟁 등 정치적 이념 차이에 대한 항의의 수단으로 활용될 수 있기 때문이다.

이와 같이 스포츠와 정치는 이익 추구를 위한 긴밀한 관계를 유지하고 있다. 스포츠와 정치는 넓은 의미에서 정치적 선전도구 또는 국가경쟁력을 평가하는 기준이 되며, 좁은 의미에서는 스포츠 참여 확대를 위한 분야별 또는 대상별 적합한 정책 수립을 위한 관계로 이해된다. 스포츠와 정치의 관계는 국가의 역할에 따라 다르게 구분할 수 있으며, 스포츠 정책의 주도권이 국가나 민간에 있는 정도에 따라 국가 주도형, 혼합형, 민간 주도형으로 구분할 수 있다(표 2-1 참조).

표 2-1. 올림픽에서의 정치적 행위(이상구 · 강효민 · 한광령, 2007)

유형	내용	예
국가 주도형	정부가 주도적으로 엘리트스포츠와 생활체육 발전을 위한 정책 제시 및 집행을 하는 유형으로, 스포츠 진흥 및 발전에 직접적으로 개입하는 유형이다. 따라서 국가는 정권의 정당성 강화나 성치적 목적 달성을 위해 스포츠를 활용하며, 스포츠는 국가로부터 많은 영향을 받는다.	국가기관에서 스포츠 관련 정책을 총괄하고 집행하는 유형(중국 등)
민간 주도형	국가 주도형과 달리 민간조직이 주도적으로 스포츠 진흥 및 발전에 개입하는 유형으로, 정부의 역할은 스포츠 시설 및 제반 여건 조성에 국한된다. 정부의 개입은 최소한으로 제한하고 민간스포츠 단체가 독립적으로 운영하는 형태이다.	민간 차원의 조직화된 스포츠 행정조직이 중심 역할을 하는 유형(미국 등)
혼합형	국가 주도형과 민간 주도형의 장점을 모아놓은 형태로서, 스포츠 진흥과 발전을 위하여 민간과 정부가 적극적으로 개입하고 정부는 스포츠 발전을 위한 정책 제시와 시행을 주도한다.	정부 산하의 독립법인체의 지위를 가진 스포츠조직이 업무를 담당하는 유형(호주 등)

나. 스포츠 발전을 위한 정책

스포츠 정책은 결국 스포츠의 발전을 목표로 하는 국가 주도의 시책이라고 할 수 있으며, 스포츠의 가치 및 이념 확산, 스포츠 대중화 등을 위한 재정적·행정적 자원 확보와 분배의 과정으로 이해할 수 있다.

최근 스포츠 정책에 대한 관심이 높아지고 있는 이유는 스포츠가 더 이상 단순한 놀이, 게임 등 단일적 차원의 개념이 아니라 경제성장을 위한 산업적 측면과 국민의 건강, 행복, 삶의 질 등 사회의 전 분야에 걸쳐 중요한 역할을 수행하기 때문이다. 이와 같이 스포츠는 신체활동을 위한 수단을 넘어 사회나 국가의 수준을 가늠하는 중요한 척도로서 주목받기 시작하였다.

우리나라의 경우 과거 민간 주도의 스포츠 정책은 제도적 기틀이 미약하여 대중의 관심을 이끌어낼 수 없었으나, 제3공화국 이후 사회통합을 위한 강력한 정책적 제도의 필요성이 부각되면서 국가 주도의 스포츠 정책이 발전하게 되었다. 이후 정부 중심 스포츠 행정기관의 등장과 함께 스포츠 진흥을 위한 기반을 구축하게 되었으며, 국민체육진흥법의 제정과 함께 스포츠 진흥을 위한 법적·제도적 장치가 마련되었다.

오늘날 스포츠 강국을 넘어 스포츠 선진국을 지향하고 있는 우리나라는 스포츠 진흥을 위한 정책을 활발하게 전개하고 있다. 지난 2013년에는 생활체육 활성화, 국제스포츠 경쟁력 강화, 스포츠 산업 규모 증대 등의 내용을 담은 '스포츠비전 2018' 정책을 수립하였으며, 이러한 스포츠 정책은 궁극적으로 국민 행복 증진과 건강한 사회를 만들기 위한 정책적 노력으로 이해할 수 있다.

 참고자료 및 읽을거리

국민체육진흥법의 제정

스포츠가 정치에 미치는 긍정적인 영향력이 인정됨에 따라 스포츠 발전을 위한 정책적 노력의 필요성이 대두되었다. 이에 따라 우리나라는 1962년 국민의 체력 증진과 건전한 정신 함양을 목적으로 '체육진흥법'을 제정하였으며, 정책적으로 행정조직의 정비와 생활체육 및 학교체육의 체계적인 기반을 갖추게 되었다. 이후 1988년 서울올림픽대회 개최를 준비하면서 관련 법률과 제도의 도입으로 엘리트스포츠 선수 육성과 지원을 위한 다양한 내용을 포함하는 정책으로 발전하였다.

오늘날 국민 건강과 행복을 보장하여야 할 국가의 의무와 책임은 강조되고 있다. 스포츠는 체력을 향상시키고 건전한 정신을 함양하여 행복한 삶을 누리는 것을 추구하므로 국가는 전략적 정책을 통하여 스포츠를 발전시키고자 한다. 따라서 국민체육진흥법은 국민의 스포츠 환경을 보장하고 자발적인 참여를 권장하기 위하여 스포츠대회 운영, 지도자 양성 및 선수 육성, 시설 설치, 용품 생산, 보조금 지급 등 스포츠 진흥에 기여하는 능동적인 사항을 법으로 규정하고 있다.

국민체육진흥법(법률 제12856호)

제1조(목적) 이 법은 국민체육을 진흥하여 국민의 체력을 증진하고, 건전한 정신을 함양하여 명랑한 국민 생활을 영위하게 하며, 나아가 체육을 통하여 국위 선양에 이바지함을 목적으로 한다.

다. 스포츠를 활용하는 정책

앞서 살펴본 스포츠와 정치의 관계를 통하여 스포츠와 정치는 발전을 위한 상호보완적인 관계를 지닌 것으로 이해할 수 있다. 정치는 그 자체로 통치와 지배를 통하여 복종, 협력 등 사회질서를 유지할 수 있으나, 정치적 이해관계의 대립으로 인한 저항을 최소화하고 국민의 권익을 보장하기 위한 수단으로서 스포츠를 활용하기도 한다. 또한 정치가들은 건강하고 활동적인 이미지를 도모하기 위하여 전략적인 수단으로 스포츠를 활용하기도 한다.

일반적으로 정치는 명확하지 않은 정부의 정책을 대중에게 일관성 있게 전달하기 위하여 스포츠 이미지를 활용한다. 스포츠의 과정은 정정당당한 승부로 이루어져 있고, 규칙에 의해 반칙 행위가 명확히 구분되어 있다. 따라서 스포츠의 이미지를 정치적 상황에 대입하여 활용하면 국민이 정책을 손쉽게 받아들일 수 있다. 이렇듯 정치에서는 국민의 호감을 유도하여 정치적 동의를 구하고자 스포츠 이미지를 정책적으로 활용한다.

> **참고자료 및 읽을거리**
>
> **스포츠는 대중의 정치적 무관심을 초래하는가?**
>
> '3S'는 스크린(Screen), 스포츠(Sport), 섹스(Sex)의 줄임말로, 대중의 관심을 '3S'로 유도하여 정치적 무관심을 초래하기 위한 정책을 말한다. '3S' 정책은 지배 권력이 대중을 마음대로 조작할 수 있도록 우민화하는 정책의 일환으로, 식민지 정책의 한 유형으로 이해할 수 있다.
>
> 대한민국의 정치역사를 돌아보면 과거 정부의 3S 정책을 살펴볼 수 있다. 전두환 전 대통령 취임 당시 정통성 결여로 인한 대중의 외면과 군사 쿠데타로 이루어진 정부에 대한 불신을 불식시키기 위하여 대중의 관심을 정치가 아닌 다른 곳으로 돌릴 필요가 있었다. 이에 따라 프로야구 출범을 시작으로 대중의 사회적 관심을 우회시킨 '3S' 정책은 대중의 정치적 무관심을 초래하기 위한 전형적인 사례가 될 것이다.

2. 스포츠에 대한 정치의 개입 원인

스포츠는 대중성을 바탕으로 정치와 밀접한 관계를 맺고 있다. 따라서 정치는 대중에게 메시지를 전달하거나 체제의 우월성을 강화하기 위한 수단으로 스포츠에 개입하게 된다. 오늘날 스포츠는 선수 개인 또는 국가적 차원의 정치적 태도를 표현하는 효과적인 선전의 장인 동시에 민족이나 국가의 우수성이 표출되는 이데올로기의 전달 기능을 수행하기도 한다. 일반적으로 스포츠에 대한 정치의 개입 원인은 아래와 같이 5가지로 제시될 수 있다.

가. 국민 건강 증진과 여가 기회 제공

국민의 건강수준은 국가의 생산력과 직결되는 중요한 요소이다. 우선 규칙적인 스포츠 참여는 질병 감소에 따른 의료비 감소와 생산성 증가에 기여하는 효과가 높은 것으로 나타난다. 스포츠 참가와 의료비 지출 관계에 관한 선행연구를 살펴보면, 규칙적인 신체활동에 참가한 사람들이 그렇지 않은 사람들에 비하여 당뇨병, 감기, 뇌졸중 등의 발병 위험이 현저히 낮으며, 의료서비스 이용 빈도 또한 낮은 것으로 나타났다.

이러한 결과를 토대로 정기적인 신체활동 참여는 국민의 건강증진에 기여하여 의료비 절감효과를 가져다줄 뿐만 아니라 여가 기회의 장으로 활용된다. 따라서 정부는 스포츠에 전략적으로 개입하여 국민의 건강 증진을 도모할 뿐만 아니라 삶의 질적 향상에 기여하는 여가 기회를 제공하는 데 많은 노력을 기울이고 있다. 현대사회에서 스포츠는 여가나 문화 향유의 수준을 넘어 사회복지의 향상을 도모하는 개념으로 이해된다.

나. 사회질서의 유지 및 보호

국가는 개인과 집단을 보호하고 공공의 안전을 보장할 책임이 있다. 또한 정부는 합법적인 스포츠의 형태를 결정하고 스포츠 활용 주체와 제공 방법 및 장소 등 스포츠의 생태환경에 대한 세부적인 규칙을 제정한다. 스포츠와 관련한 규칙을 제정하거나 스포츠 종목의 특성에 따른 활성화 전략을 수립하는 것은 사회질서를 유지하고 보호하기 위한 정부의 개입으로 이해될 수 있다. 정부의 스포츠 개입은 일반 국민을 대상으로 하는 보편적인 스포츠 참여를 위한 정책에 주로 발생되지만, 지속적인 사회발전을 도모하기 위하여 소외계층이나 사회적 약자의 스포츠 참여 기회 확대에도 정책적 노력이 경주되고 있다.

다. 국가 및 지역사회의 경제 촉진

오늘날 올림픽 같은 대규모의 스포츠경기는 경제적 이익을 가져다주는 훌륭한 수단으로 인식되고 있다. 올림픽 같은 스포츠 메가 이벤트의 경제적 효과에 대한 회의적인 시각이 존재하지만, 여전히 장밋빛 전망에 근거한 유치 노력이 더욱 가열화되고 있는 형국이다. 대규모 스포츠경기를 통한 직·간접 시설 확충 및 관광객 유입, 다양한 관련 산업의 성장 등 경제적 이익에 대한 전망이 주를 이루고 있는데, 이와 같은 전망은 스포츠를 통해 발생하게 되는 유·무형의 자산이 장기적으로 지역사회 및 경제발전에 기여할 수 있다는 믿음에서 비롯된 것이다.

라. 정부나 정치가에 대한 지지 확보

스포츠는 대중의 화합 및 단결을 추구하여 국가에 대한 소속감이나 애국심을 재확인시켜주는 기능을 수행한다. 스포츠 활동에 참여하는 구성원들은 정서적 일체감을 느끼고 정체성을 형성하게 된다. 따라서 정치는 국민을 하나로 결집시키기 위하여 스포츠에 개입하는 정당성을 확보한다.

정부나 정치인들은 스포츠의 가치중립적이고 건전한 이미지를 대중에게 전달함으로써 체제의 합법성을 강화하고 권력의 정당성을 유지한다. 정치인들이 스포츠에 활발하게 참여하거나 스포츠를 적극적으로 활용하는 것은 대중에게 즐거움을 선사하고, 스포츠의 긍정적인 이미지를 정치와 결부시키기 위한 목적에 기인한다. 따라서 정치인들은 각종 스포츠대회를 지원하거나 직접 참여하여 지지기반을 확보한다.

마. 지배이데올로기에 부합하는 가치 및 성향의 강조

스포츠는 목표 달성 및 성공을 위한 인내와 노력을 최고의 덕목으로 여긴다. 따라서 정부는 국민에게 이러한 가치와 덕목을 고양시키기 위하여 스포츠를 전략적으로 이용한다. 국가적 차원에서 스포츠 영웅을 육성하여 힘든 과정을 인내하는 가치관을 국민에게 주입하며, 스포츠 경쟁 활동을 통해 발현되는 개인의 성취나 목표 실현을 자연스러운 사회화 과정으로 받아들이도록 한다.

또한 인종이나 계급 간 갈등을 해결하기 위한 수단으로 스포츠가 활용되기도 한다. 우리가 흔히 알고 있듯이 스포츠는 인종이나 계급의 편견에서 벗어나 동일한 기준과 규범을 적용받는 대표적인 활동으로 평가받고 있다. 따라서 스포츠 참여를 통하여 개인의 참여의식 및 공동체의식을 고취시켜 소속감을 증진시키고, 결과적으로 사회통합에 기여할 수 있는 긍정적인 측면을 내포하고 있다.

3장 스포츠와 국제정치

 학습목표
- 국제정치에서 스포츠의 기능적 역할을 이해한다.
- 올림픽의 문제점을 알아보고 개선방안을 도출해본다.
- 스포츠를 통해 구현되는 남북관계를 이해한다.

1. 국제정치에서 스포츠의 역할

오늘날 세계화가 진행됨에 따라 국제사회에서 스포츠의 정치적 역할 또한 확대되고 있다. 국제정치에서는 적대 국가라 할지라도 이해관계에 따라 상호의존적인 관계를 형성하기도 한다. 일반적으로 국제정치에서 스포츠의 역할은 다음과 같은 6가지로 구분될 수 있다.

가. 외교적 친선 및 승인

국제사회에서 스포츠를 교류의 수단으로 사용하는 것은 양국 간 친선을 도모하거나 외교관계를 승인하기 위함이다. 공식적인 외교관계가 성립되어 있지 않은 국가라 할지라도 국제 수준의 스포츠경기에 참가하는 것만으로도 해당 정부를 승인하는 효과를 지니게 된다. 따라서 스포츠는 공식적인 외교수단으로 해결하지 못하는 국가 간 분쟁을 해결하는 데 기여할 수 있는 정치적 수단으로 그 기능을 수행할 수 있다.

스포츠를 통한 외교적 친선 및 승인의 대표적인 사례는 핑퐁외교를 꼽을 수 있다. 핑퐁외교란 미국과 중국의 대립적 관계가 1971년 미국 탁구 선수단이 중국을 방문하여 가진 탁구경기를 계기로 호혜적인 분위기가 형성되고, 외교적 관계가 급속히 발전되는 전기를 마련한 것을 말한다.

나. 외교적 항의

자국의 안전을 위협하거나 정치적 입장을 달리하는 국가에 대하여 정치·경제적인 항의를 할 경우, 통상적으로 외교적 또는 정치적인 마찰을 동반하게 된다. 그러나 스포츠를 통하여 항의할 경우, 직접적인 피해나 손해를 최소화하고도 외교적 목적을 달성할 수 있게 된다. 특정 국가와의 스포츠 교류를 거부하거나 해당 국가의 운동선수가 스포츠경기에 참석하기 위한 입국 신청을 거절할 경우 외교적 항의를 대체할 수 있는 수단으로 활용될 수 있다.

다. 국위선양

국제 수준의 스포츠경기에서 승리하는 것이 반드시 해당 국가의 정치적·경제적 수준을 나타내는 것은 아니다. 하지만 일반적으로 국가 대항전의 승리는 곧 해당 국가의 우수성을 입증하는 근거로 활용되며, 자국의 우월성을 과시하기 위한 정치적 도구로 활용된다. 또한 국제스포츠대회의 참가는 국내의 정치적 상황을 국제사회에 공표하는 기회의 장으로 활용되기도 한다.

국제수준의 우수한 성적을 보유한 선수는 국가의 위상을 드높이는 데 기여하며, 대내적으로는 국민의 자긍심을 고취하는 역할을 수행한다. 따라서 우수한 선수나 경기력은 국가경쟁력 향상을 위한 소중한 자원으로 여겨진다. 이처럼 국제수준의 스포츠경기에 참가하는 대표 팀이나 선수를 국가와 동일시하는 것은 국가의 위상을 전 세계에 공식적으로 알리는 좋은 계기가 되기 때문이다.

라. 이데올로기 및 체제 선전의 수단

스포츠경기는 경쟁이라는 속성을 통하여 필연적으로 승자와 패자를 구분하게 된다. 이것은 국제사회에서 정치체제의 우월성을 강조하는 대리적인 성격을 지니게 되며, 국제 스포츠경기에서 승리하는 것이 곧 특정 정치체제의 우월성을 입증하는 방편이 되기도 한다. 이렇듯 스포츠의 이데올로기 및 체제 선전의 역할이 강조될 경우 권력에 의한 패권주의를 암묵적으로 조장하고, 스포츠를 정치 선전을 위한 장으로 퇴색시키게 된다. 예를 들어, 1936년 베를린올림픽은 히틀러 정치체제에 의해 공산주의 국가의 정치적 역량과 제도를 전시하기 위한 정치선전의 장으로 활용되었던 사례이다.

마. 국제 이해 및 평화 증진

스포츠는 비교적 참여의 제약이 적고, 문화적 차이로부터 자유로운 비언어적 신체활동이다. 스포츠는 국가와 문화를 초월하여 국제사회의 이해, 친선 및 평화를 증진시키며, 상호 교류 및 신뢰 강화를 통하여 인류를 한 데 모으는 역할을 한다. 따라서 국제정치에서 스포츠는 국가와 민족, 문화를 초월하여 세계평화와 인류애를 형성하는 데 공헌할 수 있다. 또한 국가 간 정치적 이념 차이로 인한 갈등에 대해 전쟁 같은 무력 충돌을 예방하고 자칫 발생할 수 있는 전쟁 같은 무력 충돌을 억제시킨다.

바. 갈등 및 전쟁의 촉매

스포츠를 통한 국위선양, 이데올로기 및 체제 선전의 기능이 점차 강화됨에 따라 스포츠에서의 이해관계가 갈등과 전쟁을 유발하기도 한다. 국제규모의 스포츠 경쟁은 표면적으로는 국제적 친선 및 우호증진을 표방하고 있으나, 이면에는 해당 국가의 경제력이나 국력을 과시하기 위한 기능을 수행한다. 예를 들어, 최근에 열린 올림픽은 개최 국가의 경제적 능력을 과시하기 위한 장으로 변질되고 있다.

스포츠가 국력을 과시하기 위한 장으로서 기능하고 그 순수성을 침해받을 때 스포츠는 갈등 및 전쟁의 촉매 역할을 수행하게 된다. 과격주의자들이나 극렬 항의단체들이 그들의 목적을 달성하기 위하여 스포츠에서도 극단적인 행동을 취함으로써 정치적 긴장감이 고조되고, 이로 인해 국가 간 전쟁이 일어날 가능성이 높아진다.

2. 올림픽과 국제정치

가. 올림픽의 이상과 정치

올림픽은 대표적인 대규모 스포츠경기로, 고대 그리스 제전경기의 하나인 올림피아(Olympia)에서 기원을 찾을 수 있다. 근대올림픽경기의 창시자인 피에르 드 쿠베르탱(Pierre de Coubertin)은 스포츠를 통하여 지·덕·체가 조화롭게 발달된 인간상을 구현하는 것이 가능하다고 믿었는데, 이는 근대올림픽의 기본 가치인 올림피즘(Olympism)으로 전승되고 있다.

올림피즘이란 올림픽 이념 또는 올림픽 정신으로 올림픽의 이상과 가치를 의미한다. 다시 말해, 신체적 경쟁을 통한 지적·도덕적 발달과 친선을 통한 우호적인 관계를 형성하고 상대방을 존중하는 것이야말로 올림픽의 본질이며 핵심가치라고 할 수 있다. 하지만 쿠베르탱이 근대올림픽을 부활시킨 배경에는 전쟁에서 독일에 패배한 프랑스의 사기를 진작시키고, 프랑스 국민의 충성심과 애국심을 강화하여 과거 국제적인 강대국으로서의 영광을 재현하고자 한 목적이 숨어 있었다.

이와 같이 올림픽은 필연적으로 애국심을 동반한 민족주의적 성격을 내포하고 있다. 따라서 올림픽에서 국기를 게양하거나 국가를 연주하는 행위, 국가 단위로 경쟁하고 순위와 득점을 기록하는 모든 행위는 자국의 영향력을 국제사회에 과시하는 수단이 되었으며, 국가 권력이 개입함에 따라 올림픽은 정치와 분리할 수 없는 관계를 형성하게 되었다.

국제관계가 점차 다원화됨에 따라 올림픽에 대한 국가와 미디어의 관심은 더욱 커지게 되었으며, 인종, 국가, 경제, 종교, 정치, 이념을 초월하여 전 세계 인류의 번영과 평화를 추구하려는 올림픽의 이상에도 불구하고 국가 권력의 과시와 체제 강화를 위한 수단으로서 정치와 불가분의 관계를 유지하게 되었다.

참고자료 및 읽을거리

올림픽 규모의 증가와 변질

1896년 그리스의 아테네에서 개최된 제1회 올림픽대회에 참여한 선수단의 규모는 13개국의 311명에 불과하였다. 1908년 제4회 런던올림픽대회 때에 이르러서야 올림픽은 현재의 면모를 갖추기 시작하였다. 런던올림픽대회 때는 22개국에서 1,999명의 선수가 참가하는 등 대회규모가 획기적으로 증가하였으며, 각국이 처음으로 자국의 국기를 앞세우고 참가하기 시작하였다.

하지만 올림픽의 규모가 증가함에 따라 올림픽경기의 숭고한 정신 또한 점차 퇴색되어가고 있는데, 최근에는 올림픽의 상업화 및 정치화에 대한 문제가 제기되고 있다. 이는 쿠베르탱이 처음부터 갈구했던 스포츠에 의한 인간의 완성과 교류를 통한 국제평화의 증진이라는 올림픽 이상과 커다란 차이가 있음을 보여주는 증거라 할 수 있다.

나. 올림픽의 정치화 원인

올림픽경기는 국가 대항전이라는 특성을 지니고 있어 과도한 경쟁을 유발하기 때문에 세계평화 실현이라는 올림피즘 정신을 훼손한다는 비난을 받기도 한다. 올림픽이 정치화되는 원인은 정치수단으로서의 가치 때문이다. 따라서 올림픽의 가치를 훼손하고 올림픽 정치화를 유발하는 원인이 무엇인지 살펴볼 필요가 있다.

1) 민족주의의 발현

고대올림픽에서도 그 기원을 찾을 수 있듯이 민족주의는 올림픽과 밀접하게 관련되어 있다. 민족주의는 국가에 대한 충성심과 헌신을 요구하며, 자민족 중심의 문화와 이익을 대변하는 욕구를 반영한다. 민족주의 그 자체가 올림픽의 정치적 오염을 가져오는 것은 아니지만 올림픽을 통한 국가 간 경쟁의 심화는 갈등을 유발하여 민족주의를 강화시킬 가능성을 내포하고 있다. 이렇게 발현된 민족주의는 올림픽을 정치화시키고 해당 국가의 이익을 강조하는 기능을 수행하게 된다.

2) 정치권력의 강화

스포츠는 정치적 목적에 따라 권력의 강화, 이념 혹은 체제의 선전, 국민단결을 위한 정책적 수단으로 활용되기도 한다. 이러한 속성을 지닌 스포츠가 국가 간 경쟁 수단으로 활용되면서 각국은 정치적 권위 및 국력과시를 위하여 올림픽 같은 국제규모의 스포츠경기에 참여하고 있다. 올림픽에서의 경기 결과는 때때로 정치적 목적에 따라 국가 간의 경쟁 수단으로 이용되어 외교적 쟁점이나 문제를 반영하는 수단이 되곤 한다. 올림픽경기 결과가 정치권력의 강화 및 보상을 위한 수단으로 활용됨에 따라 승리제일주의 속성이 강하게 표출되고 정치적 이익을 추구하려는 경향이 빈번하게 발생하였다.

3) 상업주의의 팽창

올림픽에 참가하는 국가가 많아지고 경기 규모가 증가함에 따라 올림픽 개최에 따르는 재정적인 부담 역시 커지게 되었다. 또한 올림픽이 전 세계인의 이목을 집중시킴에 따라 중계권시장의 규모가 상상을 초월할 정도로 급속히 증가하였다. 이와 같은 올림픽 규모의 비대화는 필연적으로 상업주의와의 결합을 초래하였으며, 결과적으로 올림픽은 상업적 이익 추구를 위한 효과적인 도구로 활용되고 있다.

다. 올림픽에서의 정치적 행위

올림픽의 규모 증대와 더불어 정치적 성격이 짙어짐에 따라 올림픽의 순수성은 점차 퇴색되고 정치화, 상업화, 민족주의, 인종차별, 윤리, 이념 등의 문제에 봉착하게 되었다. 올림픽이 정치적 이데올로기 및 체제 선전의 장으로 그 기능을 수행함에 따라 필연적으로 국가 간의 정치적 갈등이 표출되었다. 이러한 맥락에서 올림픽에서 발생한 주요 정치적 사건들을 다음과 같이 정리해볼 수 있다(표 2-2 참조).

표 2-2. 올림픽에서의 정치적 행위(이상구·강효민·한광령, 2007)

구분		내용
1936년	베를린올림픽	공산주의 체제 선전
1968년	멕시코올림픽	흑인 인종차별에 대한 항의
1972년	뮌헨올림픽	팔레스타인 인질 사건
1976년	몬트리올올림픽	남아공 인종차별 항의 보이콧
1980년	모스크바올림픽	서방 민주진영 국가 집단 보이콧
1984년	LA올림픽	공산진영 국가 집단 보이콧
1988년	서울올림픽	동서진영 화해 무드에 따른 참여

1) 정치체제의 선전

올림픽은 아마추어리즘을 근거로 하고 있다. 이는 올림픽에서의 경쟁이 경제적 이윤 추구가 아닌 개인의 명예와 가치를 위한 활동에 중점을 두고 있는 것으로 이해할 수 있다. 하지만 올림픽경기 규모가 커지고 정치적 개입이 증가함에 따라 전통적인 아마추어리즘의 정신은 쇠퇴하고 국가 간 이념 대립 같은 정치적 행위가 증가하게 되었다.

일례로, 1936년 제11회 베를린올림픽은 사회주의 국가에서 처음 개최된 올림픽으로 히틀러에 의해 나치 이념 및 게르만 민족의 우월성을 전 세계에 알리기 위한 수단으로 활용되었다. 이는 올림픽이 정치적 목적을 위해 정치선전의 장으로 사용된 첫 번째 사례로 전해지고 있다.

2) 정치적 이슈의 쟁점화

올림픽을 통해 해당 국가가 처한 정치적 현실이나 주장이 제기되기도 하는데, 이는 국내의 정치적 이슈를 대외적으로 쟁점화하기 위함이다. 1968년 19회 멕시코올림픽에서는 미국의 흑인 육상선수(Tommie Smith와 John Carlos)들이 시상대 위에서 검은 장갑과 검은 양말을 신는 등 인종차별에 대해 항변하는 시위를 하였으며, 이로 인해 국제사회에 인종차별에 대한 관심을 상기시켰다.

3) 테러 등의 안전 위협

1972년 제20회 뮌헨올림픽에서는 이스라엘에 감금되어 있는 팔레스타인 수감자들을 석방할 것을 요구하는 팔레스타인 테러리스트와 뮌헨 경찰의 총격전으로 인하여 인질로 잡혀 있던 이스라엘 선수단 9명이 전원 사망함으로써 평화의 제전인 올림픽이 피로 물든 참혹한 사건이 발생하였다. 검은 구월단(black september) 테러리스트에 의한 이스라엘 선수촌 인질사건은 국가 간 갈등이 올림픽을 통해 표출된 위험한 사건으로, 평화를 상징하는 올림픽의 기본정신을 위협한 사례로 남아 있다.

4) 집단 항의

1976년 제21회 몬트리올올림픽에서는 당시 인종차별 정책을 실시하고 있던 남아프리카공화국과 친선 경기를 한 뉴질랜드의 올림픽 참가에 항의하는 뜻에서 아프리카 28개국이 불참을 선언하는 사건이 발생하였다. 이 사건 이후 아프리카는 국제스포츠계에서 가장 강력한 영향력을 지닌 집단으로 꼽히고 있다.

5) 이념 대립의 표출

1980년 제22회 모스크바올림픽은 자본주의 진영과 사회주의 진영의 대립 구도를 올림픽을 통하여 표출하였다. 1979년 소비에트연방의 아프가니스탄 침공을 비판하며 미국을 비롯한 대한민국, 서독, 일본, 캐나다 등 60여 개 나라가 모스크바올림픽 참가를 거부하면서 자본주의 국가와 사회주의 국가 간 이념대립으로 번진 것이다. 소련을 포함한 사회주의 국가들은 1984년 LA올림픽에 불참하는 악순환을 초래하였으며, 올림픽이 정치와 외교적 항의의 수단으로 사용된 전형적인 예로 기록되고 있다.

라. 올림픽경기의 문제점

근대올림픽의 창시자인 쿠베르탱은 올림픽을 통해 정치, 이념, 인종, 종교를 초월하여 개인의 신체적 건강과 국가의 발전을 추구하였다. 이러한 올림픽의 가치인 올림피즘은 스포츠경기를 통하여 전 세계의 소통과 화합을 추구하였고, 교육, 환경보호, 여성의 스포츠 참여 활성화 등을 구현하여 세계평화에 기여하는 데 그 목적이 있었다.

그럼에도 불구하고 올림픽의 가치는 시대의 흐름에 따라 변화하기 시작하였는데, 올림픽이 국가 체제의 우월성을 강조하기 위한 국가이념 선전의 장으로 활용되면서 올림픽은 본격적으로 국가와 민족을 대표하고 이념을 강조하는 정치적 성격이 짙어지게 되었다. 혹자들은 올림픽을 '총성 없는 전쟁'이라 부르며, 올림픽 가치의 변화, 올림픽 정신의 몰락 등을 비판적인 시각에서 바라보고 있다.

올림픽은 본래 가치와 이념에 부합하는 순기능적 측면을 강조해오고 있으나, 올림픽경기의 정치화 속성이 강조됨에 따라 올림피즘의 기본 원칙에 위배되는 행위가 증가하기 시작하였다. 이와 같은 부정적인 문제들은 올림픽 정신을 위반하는 일탈행위로 간주된다. 올림픽에서 발생하고 있는 문제점들은 아래와 같이 정리될 수 있다.

- 아마추어리즘 및 참가 자격 – 올림픽 참가 자격에 대한 논란이 증가하고 있으며, 차츰 프로 선수의 참가가 증가하는 추세임
- 정치적 이용 및 선전 수단 – 올림픽을 통해 자국의 정치적 곤경을 타파하고, 나아가 정치적

참고자료 및 읽을거리

올림피즘의 기본 원칙

① 올림피즘은 인간 신체의 질적 균형과 조화를 함양시키는 삶의 철학이다. 문화와 교육이 조화된 스포츠로서 올림피즘은 노력의 기쁨과 교육적 가치를 가지고 있으며, 윤리를 기본적 원칙으로 인간의 삶의 질을 추구하는 것이다.
② 올림피즘의 목적은 스포츠를 통하여 인간의 균형적 발전에 기여하고 인간 존엄성을 유지하고 평화로운 사회를 증진시키는 역할이다.
③ 올림픽 운동은 보편적, 조직적, 협력적이며 영원한 활동으로서 올림픽 운동의 가치를 열망하는 모든 이들을 위해 최고 기관인 IOC의 관리 하에 진행한다. 올림피즘은 5개 대륙을 5개의 링으로 연결하여 상징적 가치를 가지고 위대한 스포츠 페스티벌인 올림픽게임에 전 세계의 운동선수들이 참여한다.
④ 스포츠는 인간의 권리이다. 모든 인간은 어떠한 차별 없이 스포츠를 할 수 있어야 하며 올림픽 정신은 페어플레이, 결속, 우정을 상호 이해시키게 한다. 올림픽과 관련한 조직 및 행정은 독립적으로 운영되어야 한다.
⑤ 올림픽 운동은 사회의 틀 내에서 발생하는 스포츠로서 자유롭게 설립되고 규치를 제어하며, 그들의 조직과 구조를 결정하고, 조직의 독립성을 위해 자유로운 선거권과 같은 권리와 의무는 외부 압력을 받지 않아야 한다.
⑥ 국가, 개인, 인종, 종교, 정치 그리고 성에 관계한 모든 형태의 차별은 올림픽 운동에 위배되는 것이다.
⑦ 올림픽 운동에 동참하기 위해서는 IOC와 올림픽 헌장에 명시한 권한에 따라야 한다.

– IOC(International Olympic Committee)

입지를 공고히 하는 현상이 증가하고 있음
- 인종 및 민족 간 갈등 – 평화의 실현이라는 올림피즘 정신을 준수하지 않고 민족주의나 국수주의가 강화되고 있는 추세임
- 판정의 불공정성 – 자국의 이익을 위한 판정시비가 빈번히 발생하고 있음
- 올림픽 개최 비용 증가 – 올림픽의 규모가 증대함에 따라 개최에 필요한 제반 비용이 천문학적인 규모로 증가함
- 상업주의의 팽창 – 올림픽의 근본정신이 훼손되고 경제적 이익이나 경제 활성화 등 상업주의적 시각이 팽배해짐
- 폭력 및 약물복용 – 아마추어리즘에 입각한 올림픽 정신을 위반하고 무조건적인 승리를 지향하는 행위가 빈번히 발생하고 있음

3. 스포츠와 남북관계

가. 남북한 스포츠 교류의 의의

스포츠는 국가 간 외교적 친선 및 승인이나 국제 이해 및 평화 증진에 기여하는 역할을 한다고 알려져 있다. 이러한 스포츠의 속성은 남북관계 개선에도 중요한 역할을 하고 있다. 스포츠 교류가 남북한의 관계 개선에 기여하는 원인은 스포츠 자체의 기능적 역할과 더불어 국제스포츠기구에 소속되어 왕성한 활동을 하는 등 남북이 접촉할 수 있는 기회가 빈번하기 때문이다. 올림픽과 월드컵의 IOC와 FIFA 등과 같은 국제스포츠기구에 활발하게 참여하는 것은 남북한 양 국가 간 평화와 화해의 분위기를 조성하고 국제적인 이목을 집중시키는 효과가 있다.

한반도는 전 세계 중 유일한 분단국가로서 남북관계의 개선은 한반도의 평화를 넘어 인류의 평화를 추구하는 것이다. 이산가족상봉, 예술 공연 등 인적·문화적 교류 측면에서 다양한 방식으로 남북관계를 개선하기 위한 움직임이 이루어지고 있으며, 분단의 아픔을 간직한 한반도에서 인류평화를 추구하려는 노력은 지속되고 있다. 그중 스포츠를 통한 남북한 교류는 남북한의 경색된 관계를 개선할 수 있는 가장 효과적인 수단으로 인정받고 있다. 남북 간 스포츠 교류는 아래와 같이 다른 분야를 통한 교류와 구분되는 몇 가지 특징을 지닌다.

첫째, 남북한 스포츠 교류는 역사적으로 전통성을 지닌 문화행사이다. 과거 1929년 당시 경성(서울)과 평양 간 축구 교류전인 경평전을 시작으로 1960년 제17회 로마올림픽경기에서 남북한 단일팀 구성을 위한 논의를 시작하는 등 남북한 스포츠 교류는 민족의 관심을 지속적으로 유발하는 문화행사의 한 유형이다.

둘째, 남북한 스포츠 교류는 대중성을 기반으로 한민족 가치의 회복에 많은 영향을 미친다.

> **참고자료 및 읽을거리**
>
> **남북한 스포츠 교류·협력의 주요 내용**
>
> 1991년 「남북 사이의 화해와 불가침 및 교류·협력에 관한 합의서」의 부속합의서와 '제3장 남북교류·협력의 이행과 준수를 위한 부속합의서'의 내용을 요약하면 다음과 같다.
>
> 　첫째, 남과 북은 체육 분야에서 이룩한 성과와 경험 및 연구·출판·보도자료와 목록 등 정보 자료를 상호 교환한다. 정보 자료의 상호 교환은 특히 스포츠과학 연구 성과의 교환이 중요하다. 저널이나 국제경기동향분석서, 훈련지도서 등 연구 성과의 교환을 위한 공동 세미나, 연구 성과물의 교환(도서 주고받기), 국제학술회의에의 공동 참석 등 다양한 방법이 있다.
>
> 　둘째, 남과 북은 체육 분야에서 기술협력을 비롯한 다각적인 협력을 실시한다. 기술협력의 예를 들면 훈련방법, 경기의 운용기술, 심리처방, 선수영양관리법 등 선수의 경기수준 향상에 도움이 될 과학적 지원을 남북이 함께할 수 있다.
>
> 　셋째, 체육부문 기관과 단체, 임원들 사이에서 대표단 파견, 초청·참관 등의 접촉과 교류를 실시한다. 인적 교류에는 체육부문 전문 인력(지도자와 선수, 교사, 교수, 연구자, 체육단체 관리자 등) 교류와 생활체육 부문의 인적 교류가 해당될 수 있다.
>
> 　넷째, 남과 북은 체육관련 연구, 조사, 편찬사업, 행사를 공동으로 실시하며 도서출판물 등 유관 성과물의 교환 전시회를 진행할 수 있다.
>
> 　다섯째, 남과 북은 쌍방이 정한 데 따라 상대측의 각종 체육관련 저작물에 대한 권리를 보호하기 위한 조치를 취한다.
>
> 　여섯째, 국제무대의 교환행위가 특히 많은 체육 분야의 특성을 반영하여 대외사업의 공동 진출 및 국제무대에서 상호 협력하는 것이다.

　셋째, 스포츠는 국가 간 동일한 규칙 및 제도에 의해 경쟁할 수 있으므로 남북한 이념 차이에 의한 갈등의 요소는 거의 없다고 보아도 무방하다. 따라서 이질성으로 인한 남북한 교류의 장애요인은 없다.

　넷째, 스포츠를 통한 교류는 국제스포츠기구를 통한 참여와 중재 등 스포츠를 매개로 국제외교의 장으로서 기능한다. 남북한이 함께 가입된 국제스포츠기구의 노력을 통하여 지속적이고 효과적인 스포츠 교류의 기회를 제공받기도 한다.

　이상 남북한 스포츠 교류는 그 독특한 특성을 바탕으로 남북이 처한 관계를 개선하고, 한민족의 정체성을 확립하는 데 크게 공헌할 것으로 기대된다.

나. 남북한 스포츠 교류의 기능

1) 정치적 기능

　스포츠는 국가 간 협력과 화합을 도모하는 특성이 있다. 따라서 스포츠는 국가 간 갈등을 해소하고 관계 개선을 위한 정치적인 기능을 한다. 과거 미국과 중국의 경색 관계를 급격하게 변화시키는 데 기여한 핑퐁외교는 스포츠의 정치적 기능을 가장 잘 보여주는 예라고 할 수 있다. 남북한 관계에서도 스포츠는 양국 간의 갈등을 해결하고 국면을 전환하는 가교 역할을 수행하고 있다. 특히 정치적으로 민감한 사안을 다루거나 양국의 관계가 극단에 치우쳤을 때 스포츠 교류가 시발점이 되어 새로운 방향을 제시하는 정치적 기능을 해오고 있다. 이처럼 스포츠는 적대적인 국가와 사회를 화해시키고 소통하는 효율적인 수단으로 작용한다.

2) 사회문화적 기능

스포츠는 정치적 기능뿐 아니라 상호간의 문화를 상호 교류하는 사회문화적인 기능을 한다. 특히 남북한 체육은 타 분야에 비해 높은 동질성을 갖고 있기 때문에 스포츠 교류는 민족적 동질성을 회복하고 정체성을 확립하는 데 기여한다. 스포츠는 동일한 경기규칙이나 규정에 의해 진행되므로 남북한이 별다른 차이가 없다고 할 수 있기 때문에 프로그램의 내용으로 인해 빚어질 수 있는 남북 교류의 장애요인이 거의 없다. 또한 스포츠를 통한 남북한 교류는 스포츠문화뿐만 아니라 상대방의 다양한 생활양식 및 태도를 교류할 수 있다는 점에서 훌륭한 사회문화적 기능을 수행한다고 볼 수 있다.

다. 남북한 스포츠 교류의 역사

1) 단일팀 구성을 위한 노력

남북한 스포츠 교류의 발전을 역으로 거슬러 올라가보면 1964년 도쿄올림픽에 남북한 단일팀을 구성하기 위한 문제를 토론한 것이 시초였다. 하지만 세 차례의 회담에도 결국 양 국가 간 입장

표 2-3. 남북한 단일팀 구성을 위한 회담(체육백서, 2013)

기간	내용
1963.1.24~7.26	도쿄올림픽 단일팀 구성문제 토의(3차 회담 결렬 후 별도 참가)
1979.2.27~3.12	제35회 평양세계탁구선수권 단일팀 구성논의 (4차 회담 결렬 후 한국 참가 무산)
1984.4.9.~5.25	1984 LA올림픽 단일팀 구성논의 (3차 회담 결렬 후 북한 불참)
1985.2.1	사마란치 IOC 위원장 주재 남북한체육회담 개최 제의
1985.10.8~1987.7.14	1988 서울올림픽 단일팀 구성 및 공동개최 논의 (4차 회담 결렬, 북한 IOC 수정안 거부 후 불참)
1989.3.9~1990.2.7	1990 베이징아시아경기대회 단일팀 구성 논의 (결렬 후 별도 참가)
1990.2.21	김형진 남북체육회담 북측대표 회담 결렬 비난 성명

차이로 인하여 단일팀 구성은 결렬되었다. 이후 남북한은 냉전시기를 거치게 되었으며, 단일팀 구성을 위한 논의는 제대로 이루어지지 못하였다.

그로부터 약 15년이 지난 1979년 제35회 평양세계탁구선수권대회 단일팀 구성문제를 토의하기 위해 네 차례 회담을 개최하였으며, 이후 1984년 LA올림픽, 1988년 서울올림픽, 1990년 베이징아시안게임 단일팀 구성을 위한 논의를 지속하였으나 이 역시 무산되었다. 남북한 스포츠 교류의 시작점이라고 할 수 있는 1960년부터 1990년까지는 교류의 의미보다는 접촉의 의미가 크며, 이후 실질적인 단일팀 구성을 위한 시발점이 되었다(표 2-3 참조).

2) 남북한 스포츠경기 교류전 개최

단일팀 구성을 위한 회담이 계속 결렬됨으로써 남북한 스포츠 교류는 일시 중단되었다. 하지만 양국은 스포츠야말로 남한과 북한이 가장 쉽게 교류할 수 있는 분야임을 공감하여 남한에서는 1994년 '남북문화체육교류 세부합의서'를 골자로 남북체육 교류를 위한 정책적인 노력을 기울이게 되었다. 그러나 1994년 7월 당시 북한 지도자인 김일성의 사망으로 인하여 북한은 다시 폐쇄정책을 펼치게 되었으며, 이로 인하여 남북한 스포츠 교류도 진전되지 못하였다.

1990년대 후반 들어 1999년 8월 통일염원 남북노동자축구대회가 평양에서 열렸으며, 11월에는 현대의 고(故) 정주영 명예회장이 북한과 합작으로 평양에 실내종합체육관을 건설하여 기부한 것을 계기로 남북 농구경기대회가 남한과 북한에서 각각 개최되었다. 또한 삼성전자는 2000년

표 2-4. 남북한 스포츠 교류전(체육백서, 2013)

기간	내용
1990.10.9~13	남북통일축구 평양대회 개최
1990.10.21~25	남북통일축구 서울대회 개최
1991.4.24~5.6	제41회 세계탁구선수권대회 단일팀 구성 참가 (한반도기와 국가 아리랑 사용)
1991.6.14~6.30	제6회 세계청소년축구대회 단일팀 구성 참가 (한반도기와 국가 아리랑 사용)
1999.8.10~8.14	통일염원 남북노동자축구대회
1999.9.27~10.1	현대 통일농구 교환경기 평양대회 개최
1999.12.22~12.25	현대 통일농구 교환경기 서울대회 개최
2000.7.26~7.30	삼성 통일탁구 경기대회
2000.9.15	시드니하계올림픽경기대회 개·폐막식 공동입장

7월 평양체육관에 전광판을 기증하고 이를 기념하여 통일탁구대회를 개최하였다. 이와 같이 남북한 스포츠 교류는 정부 주도의 사업뿐 아니라 민간 차원에서도 활발하게 이루어졌다.

남북한의 활발한 스포츠 교류에 힘입어 2000년 시드니올림픽에서 개회식과 폐회식에 남북한이 동시 입장하는 쾌거를 이루었으며, 한반도기 사용과 KOREA 국가명을 사용함으로써 남한과 북한의 평화를 염원하는 마음을 전 세계 국가들에게 전할 수 있었다(표 2-4 참조).

3) 남북한 교류를 향한 지속적인 협력

남한과 북한의 스포츠 교류에도 불구하고 정치적 입장 차이로 인하여 회담 무산, 단일팀 구성 무산 등 스포츠 교류가 지속적으로 진행되지 못하였다. 2001년 3월에는 남북 태권도시범단 교환 문제를 논의하기 위한 접촉이 이루어졌으며, 동년 9월 15일부터 18일까지 서울에서 개최된 남북장관급회담에서 남북 태권도시범단 교환 사업이 합의된 바 있으나 북한의 거부로 무기한 연기되었다. 2002년 한·일 월드컵의 경우도 분산 개최와 단일팀 구성을 목표로 남한 축구협회 회장과 국제축구연맹(FIFA) 부회장이 함께 북한에 방문하여 협상을 시도하였으나 결국 무산되었다.

그러나 2002년 6월 북한이 대규모 선수단과 응원단을 이끌고 2002년 부산하계아시아경기대회에 참가하게 되면서 남북한 스포츠 교류는 본격적인 협력적 관계를 구성하게 되었으며, 이후 2002년 북한은 남한과 북한의 태권도 발전을 위한 공동학술대회도 실시하는 등 적극적인 자세를 취하였다. 또한 북한은 2003년 대구유니버시아드대회에 선수단과 응원단을 파견하였고, 같은 해 민족통일평화체육문화축전을 개최하는 등 남북체육문화교류사업을 지속적으로 성사시켰다.

남한과 북한은 2000년 시드니올림픽에 이어 2004년 아테네올림픽경기 개·폐회식에서도 공동 입장하였으며, 2004년 아테네올림픽 기간 동안에는 남한과 북한의 방송위원회 간 협력으로 남한 측은 북한에서 올림픽경기가 원활하게 중계될 수 있도록 기술적인 지원을 하였다. 2005년 동아시아축구선수권대회와 통일축구대회에 북한 선수단이 참가하였으며, 제4회 마카오동아시아경기대회에도 남북한 공동입장이 이루어지는 등 남북한은 체육을 통한 지속적인 협력관계를 구축하게 되었다(표 2-5 참조).

그동안 남북한은 올림픽이나 세계선수권 같은 각종 국제스포츠경기에 단일팀을 출전시키고 남북한 스포츠 교류를 통하여 문화적 공감대 및 민족 정체성을 고양시키는 데 기여하였다. 또한 다양한 남북한 스포츠 교류 활동을 통하여 한반도의 평화적 분위기를 전 세계에 알리는 계기를 마련하였다. 국제사회에서 개별 국가로 활동하는 남한과 북한이 스포츠를 통하여 단일팀을 구성한 것은 통일을 지향하는 두 국가의 의지를 전 세계에 알릴 수 있는 중대한 전환점이 되었다.

이와 같이 전쟁으로 인해 분단의 아픔을 겪고 있는 남한과 북한의 관계는 스포츠 교류를 통하여 민족의식, 정체성, 동포애를 고취시키고, 긴장과 이질감을 해소할 수 있는 계기를 마련하였다는 점

표 2-5. 남북한 스포츠 교류 실적(체육백서, 2013)

기간	내용
2002.9.14~9.17	태권도시범단 교환 평양 개최
2002.10.23~10.26	태권도시범단 교환 서울 개최
2003.8.20~9.1	22회 대구하계유니버시아드(2003)
2003.8.17~8.21	남북태권도교류 협의 및 대구하계유니버시아드 참관(2003)
2004.8.14~8.29	아테네하계올림픽경기대회 공동입장(2004)
2005.10.29~11.6	제4회 마카오동아시아경기대회 공동입장(2005)
2006.12.1~12.15	도하하계아시아경기대회 개·폐회식 공동입장(2006)

에서 의의가 있다. 향후 남북관계의 개선을 위하여 실질적인 교류와 협력이 가능하도록 남북한 스포츠 교류를 강화할 필요가 있으며, 정치적 이해관계로 인해 교류가 중단되는 사태를 경계하여야 할 것이다.

Ⅲ부
스포츠와 경제

　상업주의의 확대는 스포츠에 많은 변화를 가져왔으며, 이러한 경향은 현대 스포츠에 이르러 더욱 두드러지게 나타나고 있다. 상업주의는 현대 스포츠의 발전에 많은 영향을 미쳤으며, 스포츠의 영역이 확대되고 파급력이 커지면서 점차 스포츠의 상업화는 가속화되고 있다. 상업스포츠는 산업화, 도시화 그리고 교통·통신의 발달이라는 사회적 여건 속에서 발달하였으며, 이로 인해 조성된 사회·경제적 환경은 상업스포츠가 발달할 수 있는 토대가 되었다.

　스포츠의 영향력이 확대되면서 경제적 측면에서 다른 분야에도 많은 영향을 주었다. 스포츠와 직접적인 관련이 있는 스포츠 시설업, 스포츠 커뮤니케이션, 스포츠 용품업 등이 성장하게 되었으며, 올림픽, 월드컵 같은 스포츠 메가 이벤트는 사회 전반에 걸쳐 다양한 외부 효과를 유발하였다.

　또한 스포츠가 상업화되면서 이윤추구를 목적으로 하는 프로스포츠가 발전하게 되었다. 프로스포츠는 자본주의의 발전과 함께 확산되었으며, 미디어와의 공생관계를 통해 관람 스포츠문화를 주도하고 있다.

　한편, 스포츠 분야에서 상업주의의 확대는 전 세계적으로 공통적으로 나타나는 현상이며, 상업스포츠 조직 및 기업은 더 많은 이윤을 창출하기 위해 시장을 세계로 확대하고 있다.

1장 상업주의와 스포츠

> **학습목표**
> - 상업주의에 의해 스포츠가 어떻게 변화되었는지 이해한다.
> - 프로스포츠가 가지고 있는 특성 및 기능을 살펴본다.
> - 상업스포츠 조직의 세계화 과정과 특징을 이해한다.

1. 상업주의와 스포츠의 변화

현대 스포츠는 상업주의와 밀접한 관계 속에서 발전해왔다. 특히 산업혁명 이후 지속적인 경제 발전은 스포츠가 발전하는 원동력이 되었으며, 스포츠가 사회에서 중요한 역할을 수행할 수 있는 밑거름이 되었다. 경제적·사회적 환경이 산업사회로 변화하는 시기는 스포츠의 경제적 측면이 주목받기 시작하는 시기와 거의 일치한다는 점에서 스포츠가 가지고 있는 경제적 가치는 산업사회에 이르러 부각되었다고 할 수 있다. 산업사회 이전의 스포츠는 주로 건강 증진을 목적으로 하였지만, 산업사회에 들어서면서부터 스포츠의 경제적 측면이 부각되었으며 스포츠의 영역은 다른 경제 분야로까지 확대되었다.

가. 현대 스포츠 발전에 영향을 미친 사회적 요소

현대 스포츠에서 상업주의는 스포츠 전반에 걸쳐 광범위하게 나타나는 현상이다. 스포츠는 상업주의에 의해 많은 변화를 경험하게 되었으며, 이와 같은 변화는 앞으로도 지속될 것으로 보인다. 현대 스포츠가 발전하는 데 중요한 영향을 미친 사회적 요소로는 산업화(industrialization), 도시화(urbanization) 그리고 교통·통신의 발달 등이 있다. 산업혁명 이후 나타난 산업화, 도시화, 교통·통신의 발달은 현대 스포츠가 지금과 같은 모습을 갖추는 데 많은 영향을 미쳤다.

1) 산업화

산업화는 동력을 이용한 기계와 노동의 분화를 통해 대량생산 체제를 갖추게 되는 사회적·기술적 발전 상태를 의미하며, 18세기 중반 영국에서 시작되었다. 농경 중심 사회에서 산업 중심 사회로의 변화는 스포츠에도 많은 변화를 가져왔으며, 이와 관련하여 크게 두 가지 측면의 변화 양상을 살펴볼 수 있다. 첫째, 산업화가 진행되면서 대중의 삶의 질이 향상되었고, 여가 시간이 증대되었다. 산업화로 인한 대량생산 체제는 사회적 생산력을 증가시켰으며, 증가한 여가 시간을 통해 대중은 더 많은 시간 동안 스포츠 활동에 참여할 수 있게 되었다.

둘째, 대량 생산, 대량 소비가 가능한 공장의 등장은 산업혁명 이후 나타난 중요한 변화 중 하나이다. 이를 통해 질적으로 우수한 스포츠 용품을 대량으로 생산할 수 있게 되었으며, 스포츠 용품의 표준화가 가능해졌다. 산업화 이전의 스포츠 용품은 주로 소수의 용품 제작 기술자에 의해 개별적으로 제작이 이루어져 지역 및 활동 장소에 따라 규격 및 쓰임에 차이가 있었다. 하지만 산업화 이후에는 스포츠 용품의 규격화가 가능해졌으며, 이를 통해 스포츠의 제도화가 이루어질 수 있게 되었다.

2) 도시화

사회 환경이 전통적인 1차 산업에서 대량생산체제를 기반으로 하는 공업 중심의 2차 산업으로 변화함에 따라 노동력에 대한 금전적인 보상을 받을 수 있는 일자리가 많은 도시로 인구의 이동이 이루어졌다. 공장을 운영하고 판매 시장을 확보하기 위해 공장은 몇몇 특정지역에 밀집하여 위치하였고, 노동자들은 일자리를 얻기 위해 일자리가 많은 도시로 이동하였다. 노동자들이 도시로 이동하면서 도시의 인구가 지속적으로 증가하는 현상이 나타났으며, 이는 현대 스포츠가 발전할 수 있는 사회적 요소가 되었다.

공업 중심 사회에서 도시 노동자들은 대부분 규칙적인 생활과 단조로운 노동에 종사하고 있었다. 단조로운 일상이 반복되는 노동환경 속에서 도시민의 대부분이라고 할 수 있는 노동자들의 신체활동량은 감소하였으며, 이에 대한 반대급부로 스포츠에 대한 관심과 신체활동 수요가 증가하였다. 스포츠 활동에 대한 관심 증가는 스포츠의 발전에 긍정적인 영향을 미쳤으며, 도시화를 통해 스포츠는 도시민의 중요한 문화로 자리 잡게 되었다.

또한, 인구가 밀집해 있는 도시는 흥행을 통해 이윤을 추구하는 프로스포츠가 집약적으로 발전할 수 있는 기반이 되었다. 프로스포츠 구단의 성공적인 운영을 위해서는 구단이 가지고 있는 상품을 구매할 수 있는 시장을 확보하는 것이 필요한데, 도시화는 프로스포츠 구단이 시장을 확보할 수 있는 기회를 제공하였다. 자유로운 이동이 가능한 교통시설, 여가를 즐길 수 있는 계급의 증가, 스포츠 팀의 조직 등이 원활하게 이루어질 수 있는 도시의 형성은 조직화된 스포츠의 발전에 긍정적인 영향을 미친다.

3) 교통과 통신의 발달

산업화 이전에는 한 지역에서 다른 지역으로 이동하는 데 많은 어려움이 있었다. 하지만 산업화 이후 도로교통의 발달이 이루어지면서 도시 간/내 이동이 이전보다 편리해졌으며, 이를 통해 다양한 인적/물적 교류가 가능해졌다. 특히 자동차, 철도 같은 이동수단의 발전이 가속화되면서 도시 간 이동 시간이 단축되었으며, 스포츠경기 및 참여를 위한 이동도 이전에 비해 수월해졌다. 이동수단의 발전은 다른 지역 간의 스포츠경기를 가능하게 하였으며, 국가 간의 활발한 스포츠경기 교류도 이루어질 수 있게 하였다.

통신이 발달하면서 스포츠와 관련된 정보를 빠르고 쉽게 공유할 수 있게 되었으며, 다양한 매스미디어(mass media)는 대중에게 스포츠와 관련된 정보를 효과적으로 전달할 수 있는 유용한 수단이 되었다. 또한 인터넷 정보통신 기술을 기반으로 하는 포털사이트, 소셜네트워크서비스(SNS)가 발전함에 따라 대중은 생활 속에서 스포츠와 관련된 정보를 손쉽게 습득할 수 있게 되었다. 교통과 통신의 발달은 스포츠가 대중의 생활 속에 중요한 문화로 자리매김하는 데 긍정적인 영향을 미쳤으며, 특히 텔레비전의 발전은 스포츠 대중화에 기여한 측면이 크다.

나. 상업주의 스포츠 발전을 위한 사회·경제적 환경

상업스포츠가 발전하기 위해서는 특정한 사회·경제적 환경이 조성되어야 한다. 상업스포츠는 자본주의적 시장경제 체제하에서 발전할 수 있으며, 스포츠를 소비할 수 있는 인구가 밀집되어 있는 도시에서 활성화될 수 있다. 또한 상업스포츠를 소비할 수 있을 만한 경제적 여유를 가지고 있는 계층이 존재하는 것이 발전에 유리하며, 상업스포츠의 기본 인프라(경기장 및 체육관 등)를 구축하고 운영할 수 있는 거대자본이 필요하다. 이와 더불어 상업스포츠가 성공적으로 발전하기 위해서는 소비지향적인 사회적 환경이 조성되어야 한다.

1) 자본주의적 시장경제 체제

상업스포츠에서 추구하는 주된 가치 중 하나는 바로 이윤추구이다. 상업스포츠의 주체들(구단, 선수, 스폰서 등)이 이윤을 추구하기 위해서는 자유로운 경쟁을 통해 금전적 보상이 이루어질 수 있는 자본주의적 시장경제 체제가 효과적이다.

상업스포츠의 주체들이 이윤을 추구하기 위해서는 높은 경제적 가치를 가지고 있는 스포츠 상품(경기, 선수, 팀 등)에 합당한 금전적 보상을 받을 수 있어야 한다. 경제적 가치가 높은 스포츠 상품이 경제적 가치가 낮은 상품과 동일한 금전적 보상을 받게 된다면 상업스포츠의 목적인 이윤을 추구하는 데 어려움을 겪게 될 것이다. 따라서 자유로운 경제활동을 통해 이윤을 추구할 수 있는 자본주의적 시장경제 체제는 상업스포츠가 성공적으로 활성화되기 위한 경제적 환경이라고 할 수 있다.

2) 인구가 밀집되어 있는 도시

상업스포츠가 성공하기 위해서는 상업스포츠의 상품을 소비할 수 있는 시장이 필요하다. 산업화 이후 나타난 도시화 현상은 상업스포츠에 필요한 시장을 확보할 수 있게 해주었다. 도시에 밀집된 인구는 상업스포츠 조직의 상품을 구매할 수 있는 잠재적 고객이라고 할 수 있으며, 상업스포츠는 이를 바탕으로 상업스포츠 활성화를 위한 기반을 마련할 수 있다. 예를 들어, 1,000만 이상의 인구를 가지고 있는 서울에 집중적으로 상업스포츠 조직(프로스포츠 등)이 위치한 것도 이와 같은 맥락에서 이해할 수 있다. 서울의 경우 대부분의 종목별 프로스포츠 구단(야구, 농구, 축구 등)이 위치해 있으며 서울지역을 연고로 하는 구단은 서울의 밀집된 인구를 기반으로 하고 있기 때문에 상대적으로 많은 팬과 관중을 보유하고 있다.

3) 경제적 여유가 있는 계층

상업스포츠가 발전하기 위해서는 상업스포츠를 소비하고 즐길 수 있는 경제적 여유를 가진 소비자가 있어야 한다. 경제적 여유가 없다면 스포츠를 즐길 수 있는 육체적·시간적·정신적 여유가 부족하게 되며, 이는 상업스포츠를 소비할 수 있는 기회가 상대적으로 제한된다는 것을 의미한다. 고된 노동과 생활고에 의해 육체적·정신적으로 지쳐 있다면 스포츠 활동에 참여할 수 있는 여가 시간을 가지는 것이 어려우며, 이에 반해 상대적으로 경제적 여유를 가지고 있는 계층은 여가 시간을 통해 비교적 많은 시간 동안 스포츠 활동에 참여할 수 있다.

또한 상업스포츠 조직이 이윤을 얻기 위해서는 소비자들이 상품에 대한 합당한 대가를 지불할 수 있어야 하기 때문에 경제적 여유가 있는 계층의 분포는 상업스포츠의 발전을 위해 더욱 유리한 조건이라고 할 수 있다.

4) 상업스포츠의 기반시설(경기장 및 체육관 등) 구축을 위한 거대자본

상업스포츠에 필요한 경기장과 체육관 시설을 건설하거나 운영하기 위해서는 막대한 자본이 투입되어야 하며 자본의 투입은 개인적 차원에서 이루어지기보다는 국가적 차원에서 공익의 목적으로, 혹은 기업적 차원에서 홍보 및 마케팅 차원에서 이루어지는 경우가 대부분이다. 경기장과 체육관을 건립하기 위해 투입되는 자본은 공적 자금과 사적 자금으로 구분할 수 있다. 공적 자금은 주로 정부나 국가 차원에서 투입되는 자원으로 공익적 가치를 위해 투입되는 자본이며, 사적 자금은 경기장 운영을 통해 투자자(기업)가 이윤을 추구할 때 투입되는 자본이다.

상업스포츠의 주요 고객인 관중 및 팬들의 흥미를 유도하기 위해서는 경기장 및 체육관 등의 기반시설을 구축하는 것이 필수적이며 이를 위한 거대자본의 투입은 상업스포츠가 성공적으로 발전할 수 있는 주요 요인이다.

5) 소비를 강조하는 문화

소비를 중요시하고 물질적 가치를 강조하는 사회적 환경은 상업스포츠 발전을 위한 밑거름이 된다. 소비를 강조하는 사회적 환경에서는 스포츠와 관련된 정체성을 대변하기 위한 소비행위가 이루어지게 된다. 예를 들어, 자신이 응원하고 있는 팀에 대한 애착을 가지고 있는 팬이 해당 팀을 상징하는 유니폼, 기념품, 해당 용품 등을 구매하여 팀의 정체성과 자신을 동일시하려는 행위가 이에 해당한다.

다. 스포츠와 경제 활동

텔레비전이 보급되고 정보 통신기술이 급속도로 발전하면서 스포츠가 가지고 있는 경제적 가치는 상승하게 되었다. 다양한 경제 활동을 통해 상업스포츠 조직은 많은 이윤을 창출하고 있으며, 최근 들어서도 이에 대한 경향은 지속되고 있다. 그리고 생활체육에 대한 관심이 증가하면서 이와 관련된 경제 활동 영역도 확대되고 있으며, 국가 차원에서 공익을 위해 투여하는 재정규모도 이전에 비해 상당 부분 증가하였다.

스포츠의 경제적 가치가 상승하면서 스포츠산업의 규모도 지속적으로 증가하였다. 우리나라의 경우, 스포츠산업의 규모는 2005년 이후 2011년까지 매년 2.4% 이상 증가하였으며, 2012년 스포츠산업 규모는 2005년보다 약 1.9배 증가한 38조 691억 원으로 나타났다.

스포츠와 관련된 경제 활동은 스포츠 용품 제조 산업, 기념품 제조 및 판매사업, 스포츠 시설업, 스포츠 관광사업, 스포츠커뮤니케이션 등으로 구분해볼 수 있다.

표 3-1. GDP 대비 스포츠산업 규모 비율(문화체육관광부, 2013)

구분	2005년	2006년	2007년	2008년	2009년	2010년	2011년	2012년
스포츠 산업규모 (원)	19조 6,510억	22조 3,640억	23조 2,700억	26조 3,610억	33조 4,560억	34조 4,820억	36조 5,130억	38조 691억
GDP(원)	847조 9,000억	915조 9,000억	901조 2,000억	1,023조 9,000억	1,050조 9,000억	1,172조	1,237조	1,342조
GDP 대비 스포츠 산업 비율(%)	2.24	2.44	2.58	2.57	3.18	2.94	2.954	2.91
증가율(%)		13.8	4.1	13.3	26.9	2.4	6.5	-1.4

1) 스포츠 용품 제조 산업

삶의 질이 향상되고 여가 시간이 증대되면서 현대인의 생활체육 참여에 대한 관심이 늘어나고 있으며, 이에 따라 스포츠 용품 제조 산업도 성장하고 있다. 스포츠 용품이란 스포츠 활동이나 경기진행에 필요한 용·기구 또는 의류 등을 뜻하며, 스포츠 용품 산업이란 스포츠 용품의 제조 및 유통과 관련된 산업을 의미한다.

스포츠 용품 산업의 특성은 다음과 같이 설명할 수 있다.

첫째, 스포츠 용품의 종류가 다양하고 수요가 세분화되어 다품종 소량생산체계를 가지고 있다.

둘째, 수작업의 의존도가 높아 주로 노동집약적인 생산방식을 가지고 있다.

셋째, 제조원가에 비해 인건비 및 가공비의 비중이 높아 1인당 부가가치 생산성이 낮은 편이다.

넷째, 생산 공정은 소규모 다품종 소량생산으로 노동집약형의 특징을 보이지만, 기획 및 유통, 마케팅과정에서는 대기업과의 협력이 요구된다.

다섯째, 장기적으로 관련 산업이 발전하기 위해서는 R&D를 통한 신기술 개발이 필요하다.

2) 기념품 제조 및 판매 사업

스포츠 관중이나 팬들은 응원하는 대상과 자신을 동일시하기 위해 해당 팀이나 선수를 상징하는 스포츠 용품을 구매한다. 프로스포츠 구단은 다양한 상품을 만들어 소비자의 욕구를 충족시켜주고 있으며 인기 구단이나 유명 선수를 상징하는 스포츠 상품은 더 많은 소비가 이루어지고 있다. 최근 우리나라에서도 자신이 응원하는 프로구단을 상징하는 유니폼, 모자 등의 상품을 구매하려는 소비자들이 급속도로 증가하였으며, 해당 팀이나 선수의 유니폼을 일상생활에서 착용하고 다니는 모습을 쉽게 찾아볼 수 있다.

그림 3-1. 미국 프로농구(NBA)팀 인디애나 페이서스의 기념품점

프로스포츠 팀이나 선수를 상징하는 상품에 대한 인기가 높아지면서 각 프로스포츠 구단은 경기장이나 관련시설에 별도의 공간을 마련하여 상품을 판매하고 있으며, 프로스포츠 구단의 주요 수입원 중 하나로 인정받고 있다. 특히 프로스포츠가 발전한 미국에서는 스포츠 구단 및 선수와 관련된 용품 사업이 매우 활성화되어 있으며, 컵, 모자, 인형 등과 같은 다양한 상품을 개발하여 소비자들에게 제공하고 있다.

상업스포츠 조직은 라이선싱(licensing) 사업을 통해 이윤을 창출하기도 한다. 라이선싱 사업이란 스포츠조직이 가지고 있는 로고 사용권, 경기장 명칭 사용권 등(상표 등록된 재산권)을 다른 개인 및 단체에게 일정한 대가를 받고 해당 권리를 사용할 수 있는 권한을 부여하여 이윤을 창출하는 것을 의미한다. 라이선싱을 통해 권리를 획득한 기업은 이를 활용하여 제품을 만들거나 기업 이미지 제고를 위한 수단으로 활용한다.

3) 스포츠 시설업

대규모 스포츠 이벤트를 성공적으로 개최하기 위해서는 경기장을 건설하고 이를 효율적으로 운영하는 것이 중요하다. 특히 올림픽, 월드컵, 세계선수권, 전국대회 등과 같은 대규모 스포츠 이벤트를 운영하기 위해서는 다양한 경기장 시설이 필요하다. 이를 위해서는 대단위 건설 사업이 이루어져야 하는데, 이때 건설되는 시설은 경기장뿐만 아니라 교량, 도로, 항만 등과 같은 사회간접자본(SOC) 시설도 포함된다.

특히, 올림픽, 월드컵 같은 스포츠 메가 이벤트를 개최하기 위해서는 일정 수준 이상의 경기장 및 시설을 갖춰야 하기 때문에 많은 자본이 투입된다. 예를 들어, 2002년 한·일 월드컵을 개최하기 위해 10개의 경기장을 새롭게 건립하거나 기존의 시설을 확충하기 위한 공사를 진행하였으며, 1988년 서울올림픽 때에도 잠실종합운동장을 비롯한 각 종목별 경기장을 신축 또는 확충하기 위한 대규모 건설 사업을 진행하였다. 이와 같은 대규모 건설 사업은 큰 경제적 효과를 유발할 뿐만 아니라 새로운 건축기술의 도입을 통해 건축기술을 향상시키는 데 긍정적인 영향을 미치기도 한다.

4) 스포츠 관광 사업

여가 시간의 증가로 레저 및 스포츠를 즐기는 문화가 발달하면서 일상생활권을 벗어나서 신체적 활동에 참여하거나 관람자로서 스포츠 이벤트에 참가하는 소비자가 증가하고 있다. 초기 관광의 형태가 주로 휴식을 위주로 이루어졌다면 최근에는 이전보다 능동적이고 활동적인 관광 형태를 선호하고 있으며, 이와 같은 소비자의 요구를 충족시켜주기 위해 리조트와 스포츠 시설이 복합된 형태의 관광 상품이 개발되고 있다. 예를 들어, 스키장에는 스키를 즐기기 위한 슬로프와 함께 방문객들의 편의를 도모할 수 있는 숙박 시설, 편의 시설 등을 갖추고 있는 경우가 대부분이다.

국제 및 국내 대회 유치를 통한 방문객의 증가는 지역사회의 경제 활성화에도 긍정적인 기여를 하고 있다. 많은 도시들이 크고 작은 스포츠 이벤트를 유치하려는 이유는 직접적인 경제 효과뿐만 아니라 관광 산업과 관련된 간접적인 경제적 효과도 얻을 수 있기 때문이다. 지역 내에서 스포츠 이벤트를 개최하면 이벤트에 참가하는 선수, 대회 및 팀 관계자를 비롯한 많은 방문객들이 지역사회를 방문하게 되고, 이들이 지출하게 되는 비용은 지역사회 경제 활성화에 기여한다.

5) 스포츠 커뮤니케이션

기업이 스포츠를 이용하여 광고, 판매촉진 행위 및 홍보 등의 활동을 하는 것을 스포츠 커뮤니케이션이라고 한다. 스포츠 커뮤니케이션을 통해 기업은 자신들이 가지고 있는 이미지를 긍정적으로 변화시키려고 한다. 스포츠 커뮤니케이션의 형태는 매우 다양하게 나타나고 있으며 효과적인 커뮤니케이션을 위해 선수들의 유니폼, 스포츠 관련 용품, 운동장 주위의 구조물(A-보드, 광고판, 전광판 등)을 사용하기도 한다. 최근 들어 미디어기술이 발전하고 다양한 매체가 등장하면서 SNS 같은 뉴미디어를 활용한 스포츠 커뮤니케이션도 활발히 이루어지고 있다.

참고자료 및 읽을거리

2013 체육백서에 따르면 스포츠산업은 '운동 및 경기용품 제조업', '경기 및 오락스포츠업', '운동 및 경기용품 유통 임대업', '스포츠 및 레크리에이션 교육기관'으로 구분할 수 있으며, 2012년 기준으로 '경기 및 오락스포츠업'이 60.8%로 가장 큰 규모를 나타내고 있다.

분류	2011		2012		증감률
	매출액	비중	매출액	비중	
운동 및 경기용품 제조업	6,661	18.2	6,653	17.2	1.0 ↓
경기 및 오락스포츠업	21,927	60.1	23,509	60.8	0.7 ↑
운동 및 경기용품 유통 임대업	6,998	19.2	7,331	18.9	0.3 ↓
스포츠 및 레크리에이션 교육기관	927	2.5	1,198	3.1	0.6 ↑
합계	36,513	100	38,691	100	5.7 ↑

출처: 문화체육관광부(2013)

라. 상업화에 따른 스포츠의 변화

스포츠는 현대 산업사회의 발전과 맞물려 점차 상업적 이익을 추구하는 하나의 산업 형태로 발전하기 시작하였다. 산업혁명 이후 나타난 도시화 현상과 교통·통신의 발달은 스포츠의 상업화 경향을 더욱 강화시켰으며, 이를 통해 스포츠는 새로운 변화를 맞이하였다.

1) 스포츠 본질의 변화

스포츠가 상업주의의 영향을 받기 시작하면서 아마추어리즘이 약화되고 프로페셔널리즘이 발전하게 되었으며, 이로 인해 스포츠는 기본적으로 추구하던 순수한 신체활동 그 자체보다 물질적인 보상에 더 많은 관심을 가지게 되었다.

① 아마추어리즘의 약화

아마추어리즘이란 스포츠 활동 자체를 위하여 신사적으로 경기에 임하고, 스포츠를 애호하는 페어플레이 정신이며, 전혀 물질적인 이익을 추구하지 않고 공명정대한 행동으로 경기규칙을 준수하는 마음의 자세라고 할 수 있다. 간략하게 말해 아마추어리즘은 스포츠 활동 및 참여 자체에 가장 큰 의미를 두며, 금전적 보상(생계 수단)에 많은 관심을 두지 않는 것이라고 설명할 수 있다. 하지만 스포츠의 상업주의적 가치가 부각되고 프로스포츠가 발전하면서 점차 아마추어리즘이 추구하는 이상과는 반대로 생계를 위한 수단으로서 스포츠가 행해지기 시작하였다.

② 스포츠의 직업화

고대 그리스시대부터 운동선수가 경기를 통해 금전적 보상을 제공받은 사실이 문헌을 통해 알려져 있지만, 오로지 생계 수단으로서 운동선수들이 스포츠에 참여하게 된 것은 자본주의의 발달과 함께 나타난 현대 산업사회의 고유한 현상이다. 스포츠 활동 참여를 통해 금전적인 보상을 받는 직업 스포츠 선수에게 있어 스포츠는 노동(work)이라고 할 수 있으며, 그들은 노동을 통해 자신의 생계를 유지한다.

2) 스포츠 목적의 변화: 관중의 흥미 유발

상업스포츠에서 경제적 이윤을 얻기 위해 필요한 것은 관중의 흥미를 유도하는 것이다. 흥미를 유도하여 더 많은 관중이 경기장을 찾게 하고, 상품을 구매하도록 만드는 것은 상업주의에 기반을 둔 스포츠의 주요 목표라고 할 수 있다.

관중의 흥미를 유발하기 위해서는 다음과 같은 4가지 요인을 고려해야 한다.

첫째, 경기에 참가한 선수나 팀에 대한 애정이 있어야 한다. 선수나 팀에 대한 애정을 가지고 있으면 관중은 선수나 팀을 자신과 동일시하려는 경향을 보이며, 경기에 더 많은 관심을 가지게 된다.

둘째, 경기 결과를 예측 불가능하게 만들어야 한다. 결과를 알고 보는 스포츠경기는 관중의 흥미를 유발하기 어렵다.

셋째, 높은 보상을 통해 선수들이 경기에 집중할 수 있게 해야 한다. 프로스포츠에서 높은 보상이 이루어지는 이벤트는 훌륭한 기량을 갖춘 선수들의 참여를 유도하며 관중뿐만 아니라 매스미디어, 기업의 관심을 불러일으킨다.

넷째, 재미있고 극적인 장면들이 경기에 포함될 수 있도록 한다. 탁월한 기량을 가지고 있는 선수들은 스포츠경기를 통해 극적인 장면을 연출할 수 있으며, 이는 관중의 흥미를 불러일으키는 중요한 요인으로 작용한다.

3) 스포츠 구조의 변화: 규칙의 변화

상업주의 스포츠는 관중의 흥미를 극대화하기 위해 변화한다. 특히, 스포츠 규칙은 관중의 흥미를 유도할 수 있도록 변화하는데, 이러한 변화는 스포츠의 내적 형태가 변화한 것이기보다는 주로 외적인 형태를 변화시킨 것이다. 관중의 흥미를 유발하고 더 많은 이윤을 창출하기 위해 상업스포츠는 다음과 같은 방법들을 활용한다.

첫째, 경기를 스피드하게 진행시킨다. 관중이 경기를 관람할 때 지루함을 느끼지 않도록 프로스포츠 리그는 경기 시간을 제한하는 규칙을 정한다. 또한 시간 소요가 많은 스포츠경기는 미디어중계를 어렵게 하므로 경기 시간을 제한하기도 한다. 예를 들어, 프로야구에서 공수교대 시간을 제한하여 경기 진행에 소요되는 시간을 줄이는 것은 이에 해당하는 규칙이라고 할 수 있다.

둘째, 득점이 보다 쉽고 다양하게 이루어지게 한다. 스포츠경기에서 득점은 관중의 흥미를 유발할 수 있는 좋은 방법 중 하나이다. 예를 들어, 농구경기의 3점 슛, 야구경기에서 대타를 통한 득점 기회 증가는 경기 중 득점을 극대화시키기 위한 방법이라고 할 수 있다.

셋째, 경기력의 균형을 맞춘다. 경기에 참여하는 선수나 팀의 전력이 다른 팀보다 월등히 좋다면, 경기 결과에 대한 불확실성이 감소하기 때문에 경기에 대한 흥미가 저하된다. 따라서 연봉 총액을 제한하는 샐러리캡 제도, 신인선수에 대한 드래프트 제도를 운영하여 팀 간의 경기력 차이가 많이 나지 않도록 조정한다.

넷째, 극적인 요소를 극대화한다. 관중은 자신들이 응원하는 선수나 팀이 가지고 있는 극적인 요소에 열광하기 때문에 이를 경기에 적절히 배치하여 관중의 흥미를 유도한다. 예를 들어, 축구경기에서 무승부는 경기의 극적인 요소를 감소시킬 수 있으므로 연장전, 승부차기 등을 통해 경기가 극적인 모습을 보일 수 있게 한다.

다섯째, 선수와 팀에 대한 애정을 고조시킨다. 상업스포츠 조직은 선수와 팀에 대한 애정을 고조시키기 위하여 다양한 이벤트를 진행한다. 대부분의 프로스포츠 구단에서는 팬이나 관중을 위하여 행사를 기획하기도 하며, 서포터즈 같은 팬 커뮤니티를 지원한다.

여섯째, 상업적 광고를 위한 시간을 적절히 편성한다. 상업적 광고를 위한 시간을 편성하여 미디어가 스포츠경기 중계를 통해 이윤을 창출할 수 있도록 한다. 예를 들어, 우리나라 농구의 경우 프로리그 출범 이전에는 경기를 전·후반을 나누어 진행하였지만 프로리그 출범 이후에는 더 많은 광고 편성이 가능하도록 쿼터(quarter)제를 운영하고 있다.

4) 스포츠 내용의 변화: 선수, 코치, 스폰서(기업)가 추구하는 가치의 변화

스포츠의 상업화가 진행되면서 경기 자체보다는 경기 외적인 요소를 더욱 중요시하는 경향이 나타나게 되었다. 즉, 스포츠 활동의 심미적 가치인 경기기술, 전략, 작전, 동작, 재능, 노력 같은 것보다는 선수 및 감독의 모습, 비경기적 동작, 시설, 분위기 등과 같은 영웅적 가치에 관중은 많은 관심을 보이게 되었다. 이로 인해 경기에 참여하는 선수들은 관중의 이목을 끌기 위한 플레이를 하거나 화려함 위주의 플레이를 하게 되었다.

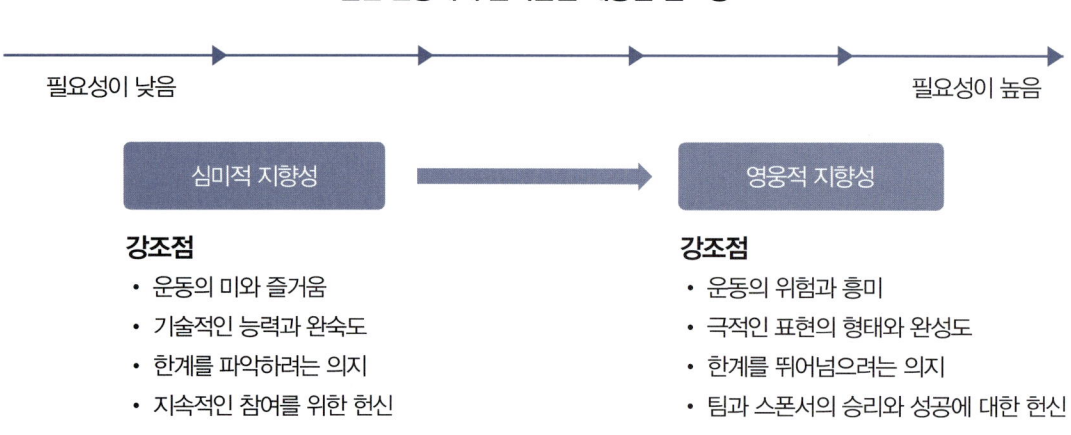

그림 3-2. 상업화에 따른 스포츠경기의 지향성 이동(Coakley, 2009)

5) 스포츠조직의 변화

상업스포츠 조직은 경제적 가치를 극대화하기 위하여 매스미디어, 대회 수입, 경품 규모 같은 스포츠 외적인 요소를 더욱 강조한다. 따라서 상업스포츠 조직은 경기를 관중의 흥미를 극대화하기 위한 쇼(show)의 형태로 기획하게 된다. 예를 들어, 치어리더, 연예인의 시구, 초대 가수의 공연 등과 같이 관중이 경기 외적으로 흥미를 느낄 수 있는 이벤트를 배치하는 것이 이에 해당한다.

한편 상업스포츠 조직을 운영하는 데 있어서 중요한 결정은 대부분 팀의 관리자 혹은 스폰서에 의해 이루어지며, 팀의 결정에 의해 가장 큰 영향을 받게 되는 선수들은 의사결정과정에서 소외된다. 이러한 조직 변화로 인해 상업스포츠 조직은 선수들의 권리보다는 소수의 관리자와 스폰서의 이익을 증대시키는 방향으로 조직을 운영한다.

2. 프로스포츠와 상업주의

스포츠가 상업화되면서 나타난 두드러진 현상 중 하나는 프로스포츠의 태동과 발전이다. 현대 사회에서 프로스포츠는 자본주의 발전과 함께 더욱 확산되었으며, 많은 스포츠 종목에서 아마추어를 프로화하기 위해 노력하고 있다. 프로스포츠는 주로 해당 종목의 프로스포츠리그를 통해 이루어지는데, 프로스포츠리그는 스포츠경기라는 상품을 지속적으로 생산하는 프로스포츠 팀들의 집합체이다. 프로스포츠는 미디어와 공생적 관계를 통해 관람 스포츠문화를 주도하고 있으며 이와 같은 현상은 앞으로도 지속될 것으로 전망된다.

가. 프로스포츠와 경제

프로스포츠가 발전하고 규모가 확대되면서 프로스포츠 구단이 가지고 있는 경제적 가치도 증가하게 되었다. 프로스포츠시장이 확대되면서 스포츠가 가지고 경제적 가치는 점차 부각되고 있으며, 이를 통해 다양한 측면에서 부가가치를 창출하려는 노력이 지속되고 있다.

1) 프로스포츠 구단의 경제적 가치

인기 있는 프로스포츠 구단의 가치는 매우 높다. 미국 경제전문 잡지 「포브스」가 발표한 '2014년 경제적 가치가 높은 50개의 프로구단'에 따르면 구단 가치 1위를 차지한 스페인 프리메라리가의 레알마드리드(Real Madrid)는 34억 달러 이상의 가치(약 3조 7,000억 원)를 가지고 있으며, 이는 2009년의 구단 가치 13억 5,000만 달러에 비해 약 2.2배 증가한 것이다. 이외에도 스페인 프리메라리가의 FC바로셀로나 구단은 32억 달러(약 3조 4,500억 원)로 스포츠 구단 가치 평가에서 2위에 올랐으며, 영국 프리미어리그(EPL)의 맨체스터 유나이티드 구단은 28억 1,000만 달러(약 3조 300억 원)로 3위를 차지했다.

표 3-2. 2014년 경제적 가치가 높은 구단 top 5(포브스, 2014.7.16)

순위	팀명	국가	종목	소속리그	팀 가치 (단위: 10억 달러)
1	Real Madrid	스페인	축구	프리메라리가	3.44
2	FC Barcelona	스페인	축구	프리메라리가	3.2
3	Manchester United	영국	축구	프리미어리그	2.81
4	New York Yankees	미국	야구	MLB	2.5
5	Dallas Cowboys	미국	미식축구	NHL	2.3

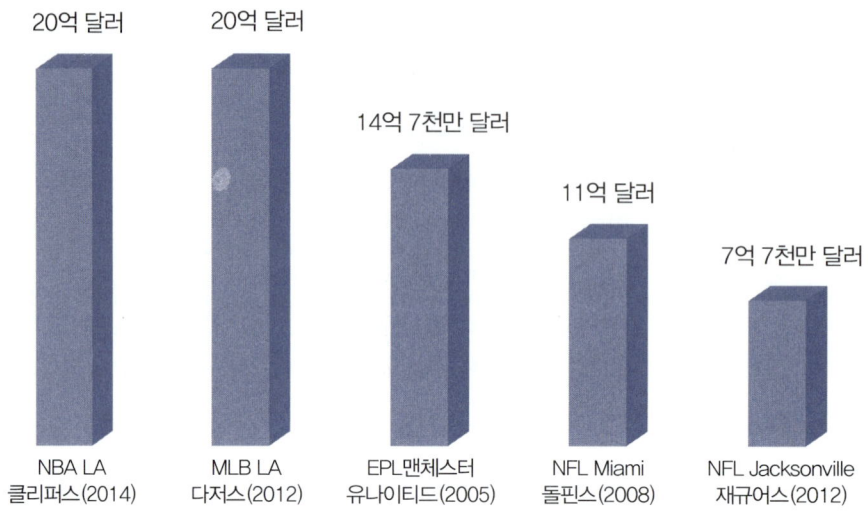

그림 3-3. 프로스포츠 구단 매각 금액 top 5(포비스, 2014.6.2)

프로스포츠 구단의 소유권을 사들이기 위해 지출한 비용을 살펴보면 프로스포츠 구단이 가지고 있는 가치를 더욱 명확히 알 수 있다. 2014년 전 마이크로스포트의 CEO였던 스티브 발머는 미국 NBA 구단 LA클리퍼스를 인수하기 위해 20억 달러를 지불하였으며, 이는 2014년 현재, 미국 야구 메이저리그 구단 LA다저스의 매각금액 20억 달러와 함께 프로스포츠 구단 중 가장 높은 가격에 거래된 사례이다.

2) 프로스포츠시장의 경제적 특징

프로스포츠시장은 다양한 형태로 지속되고 발전하고 있으며, 경제적 측면에서 일정한 특징을 가지고 있다. 이러한 특징은 희소성, 경쟁, 미완성 제품, 독점적 요소, 파생시장, 외부효과로 구분하여 살펴볼 수 있다.

① 희소성

관중이 프로스포츠에 관심을 가지는 이유는 다른 경기에서 볼 수 없는 희소성을 가지고 있기 때문이다. 프로스포츠경기에서는 다른 경기에서는 볼 수 없는 기량이 뛰어난 선수들이 경기에 참여하는 모습을 볼 수 있으며, 이러한 희소성 때문에 관중은 스포츠경기라는 상품을 소비한다.

② 경쟁

프로스포츠는 경쟁적 측면을 강조한다. 프로스포츠에서 가장 중요시되는 요소 중 하나는 승리이다. 많은 승리를 거둔 팀은 팬이나 관중의 많은 관심을 받을 수 있으며, 이는 프로스포츠 구단이 추구하는 이윤과 직결될 수 있다.

③ 미완성 제품

프로스포츠경기는 완성되지 않은 상태로 관중에게 선보인다. 프로스포츠의 핵심 상품이라고 할 수 있는 경기는 경기결과를 알 수 없는 불확실한 상태로 관중에게 선보이게 되며, 이는 다른 시장에서 일반적으로 거래되는 상품과는 다른 차별점이라고 할 수 있다.

④ 독점적 요소

프로스포츠시장에서는 종목별로 리그가 결성되면 해당 종목에 대한 독점적 지위를 갖게 된다. 다른 경제 분야에서는 대부분 특정 브랜드나 제품에 대한 반독점규제가 존재하지만, 프로스포츠 분야에서는 예외적으로 반독점규제가 적용되지 않는다.

⑤ 파생시장

프로스포츠시장은 다양한 파생시장을 만들며, 때로는 파생시장의 규모가 프로스포츠시장의 규모를 넘어서기도 한다. 이러한 가장 직접적인 예로는 스포츠베팅산업을 들 수 있다.

⑥ 외부효과

외부효과는 어떤 주체의 행동이 의도하지 않게 제3자에게 영향을 주는 것을 의미하는데, 프로스포츠는 경기를 관람한 관중뿐만 아니라 비용을 지불하지 않은 불특정 다수에게도 즐거움을 제공하고, 사회통합에 기여하는 등의 외부효과를 가지고 있다.

3) 프로스포츠의 수입과 지출

프로스포츠의 수입원은 입장료, 미디어 중계권료, 기타 판매 수익으로 나누어볼 수 있다. 이 중 가장 안정되고 규모가 큰 수입원은 미디어 중계권료이며, 그 규모는 점차 확대되고 있는 추세이다. 우리나라의 경우, 프로야구의 중계권료는 2014년 기준 약 300억 원, 프로축구는 80억 원으로 알려져 있다. 이는 해당 리그의 인기, 미디어 가치 등에 의해 결정되며, 프로야구의 중계권료가 높게 책정되어 있는 것은 최근 들어 프로야구의 인기가 높아진 것이 반영된 것이라고 할 수 있다.

프로스포츠 구단은 운영을 위해 다양한 항목에서 지출한다. 프로스포츠 구단의 지출은 크게 연봉과 기타 운영비용으로 구분해볼 수 있다. 연봉은 선수 및 코치, 운영 직원들에게 지급되는 비용을 의미하며 지출항목 중 가장 높은 비율을 차지한다. 선수의 경우, 훌륭한 기량을 가진 선수일수

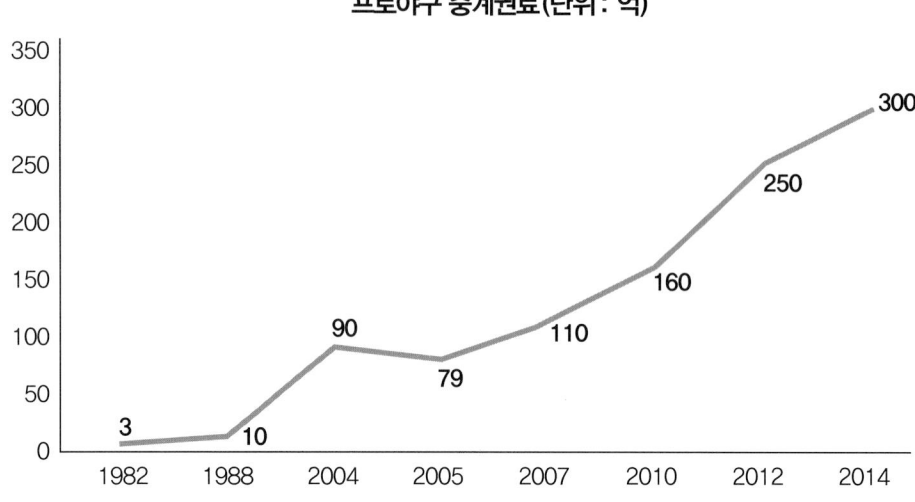

그림 3-4. 연도별 프로야구 중계권료의 변화(시사저널, 2014.4.30)

록 많은 연봉을 받게 되며, 프로스포츠 구단은 많은 연봉을 지급해서라도 더 좋은 선수를 스카우트하기 위해 노력한다.

나. 프로스포츠의 사회적 기능

과도한 상업화로 인해 프로스포츠가 스포츠 본질을 저해한다는 부정적인 측면도 존재하지만, 운동선수들에게 동기를 부여하고, 스포츠의 저변 확대에 기여한다는 긍정적인 측면도 가지고 있다. 프로스포츠가 가지고 있는 사회적 기능은 다음과 같다.

1) 프로스포츠의 순기능

프로스포츠는 현대사회에서 하나의 문화로 자리 잡고 있으며, 대중은 이를 소비하면서 즐거움을 얻고자 한다. 또한 대중은 현대사회의 구조적 특성에서 비롯된 정신적 건강과 심리적 불안을 프로스포츠를 통해 해소하려는 경향이 있다. 프로스포츠는 현대사회에서 다음과 같은 긍정적인 역할을 수행한다.

첫째, 프로스포츠는 관중에게 각종 스트레스를 해소할 수 있는 기회를 제공한다. 또한, 경기 내적인 즐거움을 선사하며, 경기장 응원 등과 같은 사회적 행위를 통해 스트레스를 해소하고 즐거움을 느낄 수 있는 기회를 제공하여 일상생활의 활력소 같은 역할을 한다.

둘째, 프로스포츠는 아마추어선수에게 미래를 개척할 수 있는 진로를 열어준다. 프로스포츠는 아마추어선수에게 강력한 동기로 작용할 수 있으며, 아마추어스포츠가 활성화되는 요인이 된다.

예를 들어, 많은 중·고등학교의 아마추어야구선수(학생선수)들이 가지고 있는 꿈은 프로야구선수가 되는 것으로 학생선수들은 자신의 꿈을 이루기 위해 고된 훈련을 이겨내고 기량을 향상시킨다.

셋째, 프로스포츠의 인기는 해당 스포츠에 대한 저변을 확대하고 관련된 인식을 제고하는 데 긍정적인 영향을 미친다. 프로스포츠는 대중이 직접 스포츠 활동에 참여하도록 유도하는 촉매제 역할을 하며, 때로는 이와 관련된 활동을 지원함으로써 프로스포츠 관중 및 팬의 확대를 위해 노력한다.

넷째, 프로스포츠는 대중에게 동료 의식을 갖게 하여 사회적 통합에 기여하는 긍정적인 기능을 가지고 있다. 예를 들어, 일반적으로 지역연고의 프로스포츠는 같은 지역사회의 연대감을 형성하거나 증대시키는 역할을 하여 사회적 결속을 도모한다.

다섯째, 프로스포츠는 스포츠 관련 경제활동을 촉진하는 기능을 한다. 프로스포츠의 발전을 통해 다양한 경제효과가 발생할 수 있으며, 국가적 차원의 경제 발전 및 고용증대에 긍정적으로 기여할 수 있다.

2) 프로스포츠의 역기능

프로스포츠는 현대사회에서 긍정적인 영향을 미치기도 하지만, 부정적인 기능으로 인해 사회 및 스포츠 발전에 악영향을 미치기도 한다. 프로스포츠의 역기능은 다음과 같다.

첫째, 스포츠를 지나치게 상업화한다. 프로스포츠는 이윤추구를 목적으로 하므로 스포츠를 이윤추구를 위한 도구로 활용하려는 경향을 나타낸다. 상대적으로 인기가 없는 종목들의 발전을 저해하며, 일부 인기 있는 종목들을 중심으로 스포츠가 편중되는 현상을 야기한다. 또한 아마추어선수의 조기 프로 전향, 과열된 스카우트 경쟁 등으로 인해 아마추어스포츠가 가지고 있는 기존의 경기질서를 어지럽히기도 한다.

둘째, 아마추어리즘을 퇴조시키고 스포츠 본질을 왜곡한다. 프로스포츠는 상업적 목적을 달성하기 위해 스포츠가 가지고 있는 본질적인 가치보다는 물질적 가치를 중시하고 있으며, 이로 인해 아마추어리즘을 퇴조시키고 물질만능주의에 빠지게 한다.

셋째, 프로스포츠를 매개로 하는 스포츠 도박이 사회적 문제로 대두되고 있다. 우리나라의 경우 농구, 야구, 축구 등의 종목에서 스포츠 베팅이 합법적으로 이루어지고 있으나 국민의 사행성을 조장한다는 비난을 받고 있다. 이 밖에도 인터넷, 도박장 등을 통해 불법적으로 운영되고 있는 스포츠 도박은 승부조작 등과 같은 범죄와 연계되어 있는 경우가 대부분이기 때문에 사회적 문제가 되고 있다. 이러한 스포츠 도박의 부정적 측면은 프로스포츠가 가지고 있는 심각한 역기능 중 하나라고 할 수 있으며, 앞으로도 이와 관련한 사회적 문제가 지속적으로 발생할 것으로 전망된다.

다. 우리나라 프로스포츠의 발전과 특징

초기 우리나라의 스포츠는 주로 대학과 실업 등의 아마추어스포츠가 주를 이루었으며, 스포츠에 대한 관심이 증가하고 프로스포츠의 경제적 가치에 대한 인식이 확산되면서 프로스포츠가 급속도로 발전하기 시작하였다.

1) 프로스포츠의 탄생

초기에 프로스포츠로 이름을 알린 종목은 복싱과 레슬링이다. 복싱의 경우 1935년 조선권투연맹 창설로 프로리그가 시작되었으며, 레슬링은 1960년대 가장 인기 있는 스포츠 종목으로 대중의 사랑을 받았다. 본격적으로 프로스포츠가 활성화된 것은 1982년 프로야구가 창설되면서부터이며 그 이후 1985년에는 프로축구, 1996년에는 프로농구, 2004년에는 프로배구가 시작되면서 프로스포츠의 발전이 가속화되었다.

2) 프로스포츠의 현황

우리나라의 프로스포츠리그에는 2012년 12월 기준으로 축구, 야구, 농구(남·여), 골프(남·여), 권투, 바둑 등 7개 종목에 걸쳐 10개의 프로단체가 조직되어 있다. 종목별로는 축구 22개, 야구 9개, 남자배구 6개, 여자배구 6개, 남자농구 10개, 여자농구 6개 등 총 59개의 프로스포츠 구단이 운영되고 있다.

주요 프로스포츠인 야구, 축구, 농구, 배구 관람객의 합은 2008년 1,000만 명을 넘기 시작했으며, 2013년에는 1,078,711명의 관람객 수를 기록하였다. 2013년 프로야구는 593경기에 경기당 평균 11,373명, 프로축구는 266경기에 경기당 평균 7,656명, 프로농구(남)는 300경기에 경기당

표 3-3. 주요 프로스포츠 관중 추이(문화체육관광부, 2013)

구분	야구	축구	농구(남)	농구(여)	배구	합계
2007년	4,410,340	2,746,749	1,160,113	311,934	234,308	8,863,444
2008년	5,636,191	2,945,400	1,191,242	129,835	278,106	10,180,774
2009년	6,347,538	2,811,648	1,228,992	156,780	278,019	10,822,977
2010년	6,236,626	2,703,323	1,133,841	91,584	317,943	10,483,319
2011년	7,154,378	3,030,586	1,154,948	166,227	372,592	11,878,731
2012년	7,533,408	2,419,143	1,333,787	150,752	427,222	11,864,312
2013년	6,744,030	2,293,957	1,227,644	139,753	383,327	10,788,711

4,092명의 관람객이 방문하였다.

3) 우리나라 프로스포츠의 특징

1980년대 이전의 프로스포츠가 대중의 민족주의적 지지에 의해 활성화되었다면 1980년 이후 프로스포츠는 대기업을 중심으로 활성화가 이루어졌다고 할 수 있다. 따라서 우리나라 프로스포츠의 특징은 미국과 유럽 등의 국가에서 운영되는 프로스포츠의 특징과는 다른 양상을 보이고 있다. 우리나라 프로스포츠의 특징은 다음과 같이 정리할 수 있다.

첫째, 우리나라의 경우 프로스포츠 구단은 대기업의 사회 환원을 위한 도구로 인식되는 경향이 있다. 유럽이나 미국, 일본의 프로스포츠는 대부분 구단의 이윤 창출을 목적으로 운영되고 있지만 우리나라 프로스포츠 구단은 대기업들이 축적한 자본을 사회에 환원하기 위한 수단으로 활용하는 측면이 강하다. 따라서 우리나라 프로스포츠 구단의 목적은 다른 국가의 프로스포츠 구단이 가지고 있는 목적과는 달리 이윤 추구, 즉 흑자 달성을 주된 목적으로 하고 있지 않은 측면이 있다.

둘째, 우리나라의 프로스포츠 구단은 거대자본을 투자하고 있는 모기업의 이미지 제고를 가장 큰 목표로 삼고 있다. 이와 같은 이유 때문에 우리나라 프로스포츠 구단 중 흑자운영을 하고 있는 경우는 거의 없으며, 이는 우리나라 프로스포츠가 대기업의 마케팅을 위한 도구적 역할을 하고 있다는 것을 반증한다.

3. 상업주의와 세계화

가. 상업스포츠의 시장 확대와 세계화

유명 스포츠리그나 구단들은 시장을 확대하여 이익을 최대화하기 위해 노력하며, 다국적 기업들은 스포츠를 활용하여 자신들이 가지고 있는 상품을 효과적으로 홍보하고 기업의 긍정적인 이미지를 제고하고자 한다.

1) 시장 확대를 위한 상업스포츠 조직의 노력

상업스포츠 조직들은 더 많은 이윤을 창출하기 위해 시장을 확대하려고 최대한 노력한다. 상업스포츠 조직의 주요 수입원은 방송 중계권료와 소비자 상품이며, 이에 대한 수익을 확대하기 위해 해당 국가를 벗어나 다른 국가의 시장을 개척하는 방법을 적극적으로 모색하고 있다. 그들은 스스로 문화의 수출자 역할을 수행(예: Americanization 등)하기도 하며 스포츠조직 자체를 상품화하기도 한다.

2) 기업의 세계화를 위한 도구로서 스포츠의 활용

'스포츠는 만국 공통어'라는 표현이 말해주듯 스포츠는 남녀노소를 불문하고 많은 사람들에게 관심과 사랑을 받고 있는 영역이기 때문에 기업은 스포츠 후원을 통해 기업이 가지고 있는 이미지를 향상시키고자 한다. 기업은 이미지를 향상시키기 위해 대규모 스포츠 이벤트나 기량이 우수한 선수를 후원하며, 이를 효과적인 홍보수단으로 활용한다.

특히, 술, 담배, 패스트푸드, 탄산음료 같은 상품들은 전 세계로 판매시장을 확대하기 위해 스포츠를 적극적으로 활용한다. 그들은 스포츠경기나 선수를 후원하여 스포츠가 가지고 있는 건강한 이미지와 상품의 이미지가 연결되도록 하며, 상품이 가지고 있는 부정적인 이미지를 감소시키고 긍정적 이미지를 창출하기 위해 노력한다.

3) 스포츠의 브랜드화와 상업주의

상업스포츠 조직은 경기장, 스포츠경기대회 명칭, 선수 등과 같은 상품을 브랜드화하여 이윤을 창출한다. 예를 들어, 대규모 스포츠 이벤트를 진행하고 있는 프로스포츠 리그 및 구단은 경기장과 체육관의 명칭을 기업에 판매하기도 한다. 미국 NBA 시카고 불스의 홈구장으로 사용되는 체육관의 명칭은 '유나이티드 센터(United Center)'로 미국 항공사인 유나이티드 에어라인(United Airline)이 경기장 명칭 사용권을 소유하고 있다. 그리고 다국적 스포츠 브랜드 회사인 NIKE는 미국의 유명 농구선수 마이클 조던을 모티프로 'AIR JORDAN'이라는 브랜드를 만들어 세계시장을 공략하였다.

나. 상업스포츠 조직의 세계화 사례

상업스포츠 조직은 세계화를 위해 다양한 전략을 시행하고 있다. 다국적 기업은 스포츠를 효과적인 홍보수단으로 활용하고 있으며, 유명 프로리그는 시장 확대를 통해 다양한 국가의 팬을 확보하고 구단이 가지고 있는 경제적 가치를 증진시키기 위해 많은 노력을 기울이고 있다.

1) 다국적 기업의 세계화 사례

전 세계를 시장으로 삼고 있는 다국적 기업은 인기가 높고 국제적인 파급력이 큰 스포츠를 활용하여 홍보 및 마케팅 전략을 시행한다. IOC의 TOP(The Olympic Partners) 프로그램은 다국적 기업이 스포츠를 세계화에 활용하고 있는 가장 대표적인 사례이다. TOP 프로그램은 IOC를 후원하는 스폰서들에게 올림픽 로고와 휘장을 독점적으로 사용할 수 있는 권한을 주는 패키지 스폰서 시스템으로 삼성, 코카콜라, 맥도널드, 비자 등과 같은 다국적 기업이 참여하고 있다.

다국적 기업은 새로운 시장에서 브랜드 가치를 향상시키고 자사 상품의 판매를 촉진하기 위해 해당 지역의 인기 있는 팀을 후원하기도 한다. 삼성의 경우 세계시장에서 기업의 이미지와 브랜드 가치를 더욱 향상시키기 위해 2005년부터 세계적으로 높은 인지도를 가지고 있는 영국 프리미어리그(EPL)의 첼시(Chelsea) 구단을 후원하고 있으며, LG는 독일 분데스리가의 명문 구단인 바이엘 레버쿠젠 팀의 메인 스폰서로 참여하여 유럽시장에서 브랜드 이미지를 강화하기 위해 노력하고 있다.

2) 프로리그의 세계화 사례

미국 프로농구 NBA는 세계시장을 확대하기 위해 1992년부터 농구 드림팀을 구성하여 올림픽에 출전시켜 NBA 스포츠선수 및 팀에 대한 관심을 고조시켰다. 또한 NBA는 30개 이상의 국적을 가진 선수들을 영입하여 출전시키고 있으며, 특히 유망한 신흥시장인 중국 스포츠시장을 공략하기 위해 중국의 대표적인 농구선수인 야오밍을 영입하였다. 야오밍을 통해 중국인들은 NBA에 대해 더 많은 관심을 갖게 되었으며, 이는 NBA가 중국으로 시장을 확대하기 위한 발판이 되었다. 우리나라의 경우에도 박찬호 선수가 미국 메이저리그(MLB)에 진출한 이후 메이저리그에 대한 관심이 높아졌으며, 박지성 선수가 영국 프리미어리그(EPL)에 진출한 이후 해당 리그에 대한 관심이 급속히 증가하였는데, 이는 프로스포츠 리그가 다른 국가의 선수들을 영입하여 세계시장을 확대하기 위해 노력한 예라고 할 수 있다.

이밖에도 미국의 NFL, MLB, NHL은 해당 종목의 저변 확대 및 관심 유도를 위해 멕시코, 일본, 영국, 프랑스, 독일, 호주 등에서 경기 중 일부를 개최하고 있으며, 관련 스포츠의 저변 확대를 위한 자금 및 프로그램을 제공하기도 한다. 미국 프로스포츠는 상업스포츠의 다변화와 타 오락산업과의 경쟁심화로 인한 경기침체를 극복하기 위해 해외시장 확장을 지속적으로 모색하고 있다.

2장 스포츠 메가 이벤트의 경제

> 📖 **학습목표**
> - 스포츠 메가 이벤트가 가지고 있는 긍정적/부정적 효과를 이해한다.
> - 스포츠 메가 이벤트가 가지고 있는 경제적 가치를 설명할 수 있다.

 스포츠 메가 이벤트는 많은 사람들이 함께 참여하고 즐길 수 있는 축제의 장을 마련해줄 뿐만 아니라 경제적 측면에서도 큰 가치를 가지고 있다. 따라서 전 세계의 많은 국가에서는 스포츠 메가 이벤트를 유치하기 위해 경쟁하고 있으며 이벤트 개최를 통해 사회적·경제적 가치를 증진시키기 위한 노력을 기울이고 있다.

1. 스포츠 메가 이벤트의 사회적 기능

 스포츠 메가 이벤트는 대부분 국가적·지역적 차원의 행사로 치러지며 이에 따른 사회적·경제적 효과는 다양한 분야에서 나타난다. 따라서 지방자치단체 및 국가는 스포츠 메가 이벤트의 개최에 많은 관심을 보이고 있으며, 이를 통해 지역 및 국가의 발전을 도모하고자 한다. 스포츠 메가 이벤트가 성공적으로 운영된다면 경제발전, 국가 이미지 제고 등의 효과를 얻을 수 있지만, 효과적인 운영이 이루어지지 않는다면 물가상승, 사회분열 등의 부정적인 효과가 나타날 수도 있다.

가. 스포츠 메가 이벤트의 긍정적 효과

 성공적인 스포츠 메가 이벤트의 개최는 해당 지역이나 국가의 발전을 위한 교두보가 될 수 있다. 따라서 국가 및 지방자치단체는 스포츠 메가 이벤트를 유치하고 성공적으로 개최하기 위해 많은 노력을 기울이고 있다. 스포츠 메가 이벤트를 통해 얻을 수 있는 긍정적인 효과는 다양한 분야에서 나타나게 되며, 주최자는 긍정적인 효과가 더욱 극대화될 수 있도록 대회를 조직하고 운영한다. 스포츠 메가 이벤트를 통해 경제적 효과, 국가 브랜드 이미지 제고, 국가 및 지역 간 교류 증가, 기반시설 확충, 시민의식 향상 등의 효과를 얻을 수 있다.

표 3-4. 스포츠 이벤트의 경제/사회적 영향(설수영, 김예기, 2011)

유형별	긍정적 영향	부정적 영향
지역 경제	• 이미지 개선, 지역의 국제화 • 시설 건설/이벤트 등 고용 창출	• 물가 불안, 부동산 투기 등 • 시설 운영비용
관광	• 여행/관광산업 활성화 • 새로운 구경거리 창출	• 부실 운영 등 이미지 손상 • 관광산업 활성화 미흡
환경	• 시설 개/보수 등 환경 정비 • SOC 시설 확충	• 환경파괴 및 오염 유발 • 소음, 교통 혼잡
사회/문화	• 개최 지역에 대한 관심 제고 • 전통과 가치 증진	• 혼란, 무질서 등 생활불편 • 방범, 강도 등 치안 불안
심리적	• 지역 또는 국가에 대한 자부심 • 가능성에 대한 자신감	• 상대적 피해/소외계층 반발 • 관광객, 참여자들에 대한 반감
정치적	• 세계적 수준의 국력 과시 • 국민/국가의 정치적 단결	• 개인을 정치적 목적에 이용 • 이벤트의 본질 왜곡

1) 경제적 효과

대규모 스포츠 메가 이벤트를 개최하기 위해 투자되는 비용은 건설, 토목, 숙박, 서비스산업을 포함한 관련 산업의 활성화를 촉진한다. 관련 산업의 발전은 국가경제 전반에 영향을 미칠 수 있으며, 일시적이긴 하지만 고용창출에도 긍정적으로 기여한다. 또한 전 세계의 이목이 집중되는 스포츠 메가 이벤트는 개최 지역 및 국가가 가지고 있는 고유의 문화나 역사적 유물들을 알릴 수 있는 좋은 기회가 될 수 있기 때문에 관광산업의 경쟁력을 강화하는 데도 긍정적인 영향을 미친다고 할 수 있다.

2) 국가 브랜드 이미지 제고

글로벌 경쟁이 가속화되고 있는 현대사회에서 국가가 가지고 있는 긍정적인 이미지는 국가경쟁력을 향상시키는 데 도움이 된다. 올림픽·월드컵 같은 대규모 스포츠 이벤트 개최는 효과적으로 국가를 홍보할 수 있는 수단이 되며, 성공적인 이벤트는 국가의 브랜드 이미지를 제고할 수 있는 좋은 기회가 된다. 국가의 브랜드 이미지 제고는 해당 국가에서 생산되는 상품의 경쟁력과도 연결되기 때문에 경제발전에도 기여한다고 할 수 있다.

실제로 2002년 한·일 월드컵은 우리나라의 대외적 이미지를 긍정적으로 변화시켰다. 월드컵 개최 기간 중 우리나라는 성숙한 시민의식을 지닌 국가, 저력을 가진 국가, IT 강국 등으로 외신 언

표 3-5. 2002 월드컵으로 부각된 한국의 이미지(삼성경제연구원, 2002)

지역	부각된 이미지
유럽	한국 팀의 선전, 열정적인 응원(심판 판정에 일부 문제)
미국	매끄러운 대회 진행, 응원 후에도 깨끗한 거리, 스포츠 강국
중국	IT 강국, 한국인의 단결력(월드컵 4강에 대한 질시)
일본	성공적인 공동개최, 한국인의 저력
남미	한국 팀의 선전, 성공적인 개막전

주: ( )는 부정적 이미지

론 보도에 소개되었으며, 이는 다른 국가들이 가지고 있는 우리나라의 이미지를 긍정적으로 변화시키는 데 큰 영향을 미쳤을 것으로 보인다.

3) 국가 및 지역 간 교류 증가

스포츠 메가 이벤트를 통해 개최국가 혹은 지역의 국제화 및 개방화를 촉진할 수 있다. 스포츠 메가 이벤트는 대부분 국제적 규모로 치러지게 되며, 이는 국제적 교류가 활성화될 수 있는 기회로 작용한다. 예를 들어, 우리나라의 경우 1988년 서울올림픽을 통해 국제적 교류 증진을 도모하였으며, 이를 통해 미수교 국가들과의 관계가 급속히 증진되기도 하였다.

4) 기반시설 확충

스포츠 메가 이벤트의 개최를 위해 확충되는 도로, 교통, 통신 시설 등과 같은 사회간접자본(SOC) 시설을 통해 장기적인 발전 기반을 조성할 수 있다. 대규모 스포츠 이벤트가 성공적으로 개최되기 위해서는 경기장 및 스포츠 관련 시설뿐만 아니라 사회간접자본 시설이 잘 갖춰져 있어야 한다. 투자된 사회간접자본 시설은 이벤트의 성공적인 개최를 가능하게 할 뿐만 아니라 장기적으로 국가 및 지역 발전을 위한 기반이 된다.

5) 시민의식 향상

대규모로 개최되는 스포츠 메가 이벤트는 국가의 소프트 인프라(soft-infra), 즉 제도의 합리성, 노동윤리, 선진 경제 질서, 시민의식, 유·무형의 사회적 응집력 등의 요소들을 증진시키는 측면이 있다. 스포츠 메가 이벤트를 개최하는 국가나 지역은 개최 이전부터 국제적으로 많은 관심을 받게 되며, 개최 국가나 지역은 이들의 관심이 국가 브랜드 이미지의 제고로 이어질 수 있도록 노력한다.

나. 스포츠 메가 이벤트의 부정적 효과

스포츠 메가 이벤트를 통해 다양한 측면에서 긍정적인 효과를 얻을 수도 있지만, 이를 효과적으로 운영하지 못하면 오히려 부정적인 효과가 더 크게 나타날 수 있다. 스포츠 메가 이벤트는 사회 결집력 약화, 경제적 손실, 부정적 외부효과, 무리한 시설 건설, 기회비용 무시 등의 부정적 효과를 야기할 수 있다.

1) 사회결집력 약화

스포츠 메가 이벤트는 사회적 결집력을 약화시키는 요인이 되기도 한다. 이벤트의 개최 과정에서 상대적으로 많은 이득을 얻는 계층과 손해를 보는 계층이 필연적으로 발생하게 되며, 이 때문에 계층 간의 갈등이 유발할 수 있다. 예를 들어, 스포츠 메가 이벤트와 연관이 있는 건설업자, 대회 운영자, 스포츠 관련 업종 종사자 등은 많은 이득을 볼 수 있지만, 소외계층들은 오히려 이로 인해 손해를 입을 수도 있다. 2008년 베이징올림픽 때 올림픽의 성공적 개최라는 목적으로 집회의 자유를 억압한 사례가 보도된 바 있으며, 베이징올림픽 기간 중에 도시의 빈민들을 시내 외곽으로 이주시키는 등의 비인권적 조치가 이루어졌다.

2) 경제적 손실

모든 스포츠 메가 이벤트가 항상 경제적 이득을 가져다주는 것은 아니다. 대부분의 스포츠 메가 이벤트는 경기장 및 체육관을 건설하거나 도로, 교통 등 사회간접자본 시설을 위해 많은 국가적 예산을 투자한다. 이는 곧 국민의 조세부담으로 이어지며, 심할 때는 개최국 및 지역의 경제적 위기를 초래하기도 한다. 예를 들어, 2004년 아테네올림픽 개최를 위해 대규모 국가 재정을 투자한 그리스는 경제 위기로 큰 어려움을 겪었으며, 올림픽 개최가 경제 위기를 부채질했다는 비판을 받고 있다.

3) 부정적 외부효과

스포츠 메가 이벤트가 가지고 있는 고용창출효과, 생산유발효과 등과 같은 긍정적인 외부효과의 이면에는 부정적인 외부효과도 존재한다. 하지만 스포츠 메가 이벤트의 경제적 가치를 평가할 때 주로 긍정적인 외부효과를 부각시키며 부정적 외부효과는 심각하게 고려하지 않는다. 이 때문에 일부 선진국의 주민은 스포츠 메가 이벤트가 유발할 수 있는 환경오염, 교통 혼잡, 물가 상승 등을 이유로 스포츠 메가 이벤트의 유치를 반대하기도 한다.

4) 무리한 시설 건설

사업성 및 활용방안이 충분히 마련되어 있지 않은 상태에서 건립되는 스포츠 메가 이벤트 시설(경기장, 체육관 등)은 개최하는 국가 혹은 지방자치단체의 재정 부담을 가중시킨다. 사후 활용방안이나 뚜렷한 운영방안 없이 단순히 스포츠 메가 이벤트만을 위해 건설된 시설물은 이벤트가 끝난 후 막대한 시설관리비 및 운영비가 들어가는 애물단지로 전락하기도 한다.

5) 다른 분야 투자에 대한 기회비용 발생

스포츠 메가 이벤트 개최의 주최가 되는 정부 혹은 관련 집단들은 자신들의 성과를 강조하기 위해 거시적인 경제적 효과만을 강조하고 이벤트 개최에 따라 발생할 수 있는 기회비용을 축소하려 한다. 따라서 '스포츠 이벤트를 개최하기 위해 투입된 막대한 국가 재정이 다른 분야에 사용됐을 때 얻을 수 있는 효과는 무엇인가?'라는 점을 비판적인 관점에서 바라볼 필요가 있다.

2. 스포츠 메가 이벤트의 경제적 효과

스포츠 메가 이벤트가 경제적 측면에서 사람들로부터 많은 관심을 받는 이유 중 하나는 이벤트 자체가 가지고 있는 경제적 가치도 높을 뿐만 아니라 경제 전 분야에 걸쳐 파급효과가 크게 나타나기 때문이다. 그렇기 때문에 우리나라에서도 그동안 올림픽, 월드컵, 아시안게임, 종목별 세계선수권대회 등의 스포츠 메가 이벤트를 지속적으로 개최해왔으며, 이를 통해 경제적으로 한 단계 발전할 수 있었다.

스포츠 이벤트의 경제적 효과는 이벤트 실시 전, 이벤트 실시기간, 이벤트 실시 후로 나누어 살펴볼 수 있다.

표 3-6. 스포츠 이벤트의 경제적 효과(삼성경제연구원, 2002)

구분	경제적 효과
이벤트 실시 전	• 기업, 지자체 등의 각종 스폰서십 유치 효과 • 경기장 건설, 교통망 정비 등 기간 인프라 개선 효과 • 프로모션(광고) 효과
이벤트 실시기간	• 소비의 증가 – 스포츠용품, TV, 외식, 입장료, 교통, 숙박비 등 • 연관 산업 효과 – 상업, 서비스업, 보험업 등 • 스포츠마케팅을 통한 직접적 효과 발생
이벤트 실시 후	• 행사 관련 장소와 시설 등 하드웨어의 사후 활용 • 관련 스포츠의 흥행 지속 • 전문 인력과 행사 노하우의 축적으로 신규 이벤트 창출

가. 스포츠 메가 이벤트의 경제적 가치

스포츠 메가 이벤트는 중계권료, 스폰서료, 관광 수익 등을 통해 막대한 수익을 얻고 있으며, 미디어 기술이 발전하면서 올림픽과 월드컵 같은 대형 스포츠 메가 이벤트의 경제적 가치가 더욱 상승하였다.

1) 스포츠 메가 이벤트의 경제성

스포츠 메가 이벤트가 지금처럼 경제적 측면에서 주목받기 시작한 것은 1984년 LA올림픽부터라고 할 수 있다. LA올림픽 이전의 올림픽대회의 재정 운영은 개최국가의 막대한 자금 투자에만 의존하는 경향이 있었지만, LA올림픽 이후에는 IOC 규정을 수정하여 올림픽을 통한 마케팅 활동을 허용하면서 스폰서 및 중계권료를 통한 막대한 수익을 거두어들이기 시작하였다. 이후에도 올림픽과 관련된 스폰서 비용(올림픽 공식 후원사 – TOP 프로그램: The Olympic Partners)과 중계권료는 기하급수적으로 증가하기 시작하였으며, IOC는 2009년부터 2012년까지 올림픽 마케팅으로 통해 8,000억 달러 이상의 수익을 거두어들인 것으로 보고되고 있다.

표 3-7. 올림픽 마케팅 수익(IOC홈페이지) (단위: 억 달러)

수익원	1993~1996	1997~2000	2001~2004	2005~2008	2009~2012
중계권	1,251	1,845	2,232	2,570	3,850
TOP 프로그램	279	579	663	866	950
개최국 스폰서	534	655	796	1,555	1,838
티켓	451	625	411	274	1,238
라이선싱	115	66	87	185	170
종합	2,630	3,770	4,189	5,450	8,046

월드컵의 경우도 올림픽과 유사하게 스폰서 및 중계권료를 비롯한 티켓, 라이선싱 사업 등을 통해 막대한 수익을 거두어들이고 있다. 미국 경제전문 잡지인 「포브스」지에 따르면 2010년 남아프리카공화국월드컵의 경우 전 세계 9억 명 이상의 시청자들이 텔레비전을 통해 경기를 시청하였으며, FIFA는 중계권료로만 11억 달러(약 1조 2,000억 원)를 벌어들였다. 이외에도 FIFA는 이 대회를 통해 스폰서 비용, 티켓 판매비용 등을 포함한 마케팅 수익 11억 달러(약 1조 2,000억 원)를 추가적으로 벌어들여 총 22억 달러(약 2조 4,000억 원)의 수익을 얻었다.

2) 스포츠 메가 이벤트의 경제적 파급 효과

스포츠 메가 이벤트는 그 자체로도 큰 경제적 가치를 가지고 있지만, 파급되는 경제적 효과도 그에 못지않게 큰 규모로 나타난다. 스포츠를 통해 나타는 경제적 파급 효과는 이벤트를 개최하는 과정에서 발생하는 다양한 경제 효과를 수치화한 것으로 고용 창출 효과, 생산 유발 효과, 부가가치 효과 등을 의미한다.

1984년 LA올림픽의 경우 23억 달러 이상의 경제 효과와 7만 3,000명의 고용유발 효과를 거둔 것으로 보고되었으며, 1996년 애틀랜타올림픽에서도 35억 달러의 경제적 파급 효과가 유발된 것으로 나타났다. 또한 2006년 독일월드컵에서는 100억 유로(약 17조 8,000억 원)라는 유·무형의 부가가치와 4만여 명의 고용유발 효과를 거둔 것으로 알려졌다.

나. 우리나라 스포츠 메가 이벤트 유치와 경제적 효과

우리나라는 1988년 서울올림픽, 2002년 월드컵을 성공적으로 개최하였으며, 2018년 평창동계올림픽을 앞두고 있다. 앞서 개최한 두 대회를 통해 우리나라는 경제 분야 전반에 걸쳐 큰 영향을 받았으며, 특히 올림픽은 우리나라의 경제가 한 단계 발전할 수 있는 밑거름이 되었다는 점에서 긍정적으로 평가받고 있다.

1) 88 서울올림픽의 경제적 효과

88 서울올림픽 공식 보고서에 따르면 대회 개최를 통해 총 9,083억 원의 수입을 거두었고, 5,722억 원을 지출하여 최종적으로 3,361억 원의 흑자를 기록하였다. 또한 올림픽 관련사업(2조 3,662억 원)의 투자로 약 1조 9,000억 원의 소득을 창출하였고, 약 34만 명에게 일자리를 제공한 것으로 평가하면서 올림픽에 따른 고용 증대 효과도 크게 나타났다고 기록하고 있다.

하지만 실제로 88 서울올림픽은 엄청난 적자를 기록한 것과 다름없다고 비판하는 연구자들도 있다. 이들은 올림픽 관련 지출 비용과 수입을 근거로 수익을 산출할 때, 대회를 치르기 위해 투자한 여러 비용이 지출항목에서 제외되어 있다고 지적하면서 만약 이와 같은 비용이 포함되었다면 서울올림픽은 큰 적자를 기록했을 것이라고 주장하고 있다.

2) 2002 한·일 월드컵의 경제적 효과

2002년 재정경제부에서 발간한 경제백서에 따르면 2002년 한·일 월드컵을 통해 우리나라는 26조 4,600억 원의 경제적 효과를 얻은 것으로 나타났다. 그리고 우리나라 기업의 이미지 제고 효과는 14조 7,600억 원이며, 투자와 소비지출 증가에 의한 부가가치 유발 효과는 4조 원, 국가브랜드 홍보 효과는 7조 7,000억 원에 이르는 것으로 보고되고 있다.

하지만 월드컵도 올림픽과 마찬가지로 산출되는 경제적 효과가 실제보다 과장되었다는 주장이 제기되고 있다. 월드컵의 경제 효과가 과장되었음을 주장하고 있는 연구자들은 2002 한·일 월드컵의 경우 10개 경기장의 신축 또는 보수를 위해 2조 원 이상이 투입되었는데 이 금액이 결산의 지출항목에서 제외됐기 때문에 흑자가 기록될 수 있었음을 지적하면서 스포츠 메가 이벤트의 경제적 가치에 대해 비판하고 있다.

 참고자료 및 읽을거리

월드컵의 경제적 파급효과(체육과학연구원, 2004)

구분	지출 부문	효과 부문
직접 효과	10개 경기장 및 도시환경정비 등 총 지출금액 2조 3,882억 원	고용창출 22만 명 부가가치 창출 3년간 3조 6,023억 원
	조직위원회 경상운영비(경상지출 4,000억 원) 및 관광소비지출 6,825억 원	고용창출 13만 명 부가가치 창출 1조 7,334억 원
	국가대표의 4강 신화로 추가적 소비지출 1조 원 (캐릭터, 응원, 기념 등 상품)	고용창출 12만 명 부가가치 창출 1조 6,000억 원
	한국전 응원, 임시휴일 등으로 산업생산 5,000억 원과 전력 10% 감소	고용창출 4만 명 부가가치 유발 효과 6,100억 원
간접 효과	광고 효과와 이미지 효과로 향후 5년간 세계시장 점유율 매년 0.05%P 상승 예상	5년간 5,270억 원(4억 달러)의 수출 증가 효과
	관련 산업 시너지 효과와 파급 효과 기대	건설, 관광, 마케팅, 방송, 광고, 스포츠용품, IT, 문화산업 효과
	외국인 관광객의 지출 기대 효과	외국인 산업, 스포츠투자 유인 효과

Ⅳ부
스포츠와 교육

학교교육에서 체육은 긍정적인 신체적·정신적·사회적 경험을 제공해주는 중요한 교과로 인식되어왔다. 이는 학교체육이 학생들의 건강 및 체력 증진에 기여할 뿐만 아니라 인지적·정의적·감성적 측면을 발달시키는 긍정적인 역할을 할 수 있기 때문이다.

따라서 이 단원에서는 학교체육의 가치와 사회적 의미를 고찰하기 위해 학교체육의 개념과 역할에 대해 알아보고, 학교체육을 정과체육, 학원스포츠, 클럽스포츠로 구분하여 각 학교체육 영역이 가지고 있는 사회적 의미를 설명하고자 한다. 그리고 최근까지 학교체육과 관련된 주요 논쟁들을 살펴봄으로써 학교체육의 현황과 과제를 제시하고자 한다. 학교체육제도의 변화에서는 학교체육제도 변화의 흐름을 이해하고, 현재 시행되고 있는 학교체육제도는 현장에서 어떻게 적용되고 있는지를 살펴볼 것이다.

또한, 스포츠의 교육적 기능에서는 스포츠가 교육적으로 가지고 있는 순기능과 역기능에 대해 다루었다. 스포츠의 교육적 순기능으로는 전인교육, 사회통합, 사회선도 등의 기능이 있으며, 교육적 역기능으로는 교육목표 결핍, 부정행위 조장, 편협한 인간 육성 등이 있다.

1장 학교체육의 이해

 학습목표
- 학교체육의 개념과 역할을 알아본다.
- 학교체육을 교육목적과 활동내용에 따라 분류하고 알아본다.
- 학교체육이 가지고 있는 문제점을 이해한다.
- 학교체육 활성화를 위한 제도의 변화를 알아본다.

학교교육에서 스포츠는 전인교육의 목적을 달성할 수 있는 훌륭한 수단이며, 청소년기의 학생들에게 다양한 신체적·정신적·사회적 경험을 제공해줄 수 있는 기회를 제공한다. 학교교육에서 체육은 교육의 목적을 균형적으로 달성할 수 있는 교과목으로 인정받아왔다. 기원전부터 체육은 교육에서 중요한 과목으로 여겨졌으며, 19세기 말 근대식 학교가 도입되면서 체육교과는 학교교육제도의 일부분을 차지하게 되었다. 한때 학교체육은 위기를 맞기도 하였으나 최근 들어 학교체육이 가지고 있는 긍정적인 기능들이 부각되기 시작하면서 그 중요성이 강조되고 있다.

1. 학교체육의 개념과 역할

학교체육은 전문체육이나 생활체육과 구분하여 학교라는 울타리 안에서 이루어지는 체육활동을 의미한다. 즉, 학교체육은 학교교육제도 안에서 행해지는 모든 스포츠 활동을 포함한다고 할 수 있다. 학교체육은 학생들이 건강한 생활을 통하여 행복감을 느끼고 이를 통해 평생건강의 기틀을 마련하는 데 중점을 두고 있으며, 육체적·정신적·사회적으로 건전한 삶을 영위할 수 있게 하는 중요한 역할을 담당한다.

가. 학교체육의 가치

근대 학교교육제도에서 체육이 중요한 교과목으로서 유지될 수 있었던 것은 체육교과가 가지고 있는 가치를 인정받아왔기 때문이다. 다시 말해, 체육교과는 청소년 시기에 있는 학생들의 발달에 긍정적 영향을 미칠 수 있다는 교육적 가치를 인정받았다. 이와 같은 체육의 교육적 가치는 크게 신체적 가치와 정신적 가치로 구분할 수 있다.

1) 신체적 가치: 학교체육은 학생들의 건강 증진에 기여한다.

체육이 가지고 있는 신체적 가치는 신체활동을 통해 학생들의 건강 및 체력 증진에 기여하는 것이다. 체육 수업의 중요한 목표 중 하나는 학생들의 신체활동을 촉진시키고 심신을 단련시키는 것이며, 학생들은 이 과정을 통해 신체의 기능을 향상시킬 수 있다.

2) 정신적 가치: 학교체육은 학생들의 인지적·정의적·감성적 발달을 도모한다.

체육은 신체적 가치뿐만 아니라 정신적 가치도 가지고 있으며, 학생들의 인지적·정의적·감성적 측면의 발달에 긍정적인 영향을 미친다. 체육활동을 통해 학습능률을 향상시킬 수 있으며, 스트레스 해소에도 기여하여 학생들이 정신적으로 건강한 생활을 할 수 있도록 도와준다. 이와 같은 이유 때문에 체육교과는 교육이 지향하는 '전인교육'을 달성하기 위한 필수적인 교과로서 평가받고 있다.

> **참고자료 및 읽을거리**
>
> **체육을 통한 학습능률 향상 – 0교시 체육의 효과**
>
> 〈성적이 급상승한 비결? 매일 아침 달리기 운동〉
> "갑자기 성적이 급상승하게 된 비결이 뭡니까?"
> "매일 아침마다 달리기를 했어요."
> 동문서답 같은 이 대화가 과학적으로는 근거가 있다는 사실이 밝혀졌다. 운동은 건강을 유지하거나 소위 '몸짱'이 되려는 사람들이 빼놓지 않고 하는 행위다. 운동을 꾸준히 하면 심폐기능이 향상되고 골격근이 발달되며 혈액순환이 촉진되는 등 우리 몸을 튼튼하고 건강하게 만든다. 신체적인 발달 외에도 정신적인 스트레스를 줄이는 효과도 있다. 2000년 10월 듀크 대학의 과학자들이 「뉴욕타임스」에 발표한 연구 결과에 따르면 운동이 항우울제인 졸로프트보다 더 효과적이라고 한다. (중략) 미국 하버드의대 정신과 교수인 존 레이티 교수가 분석한 연구 결과 중 운동을 통해 학업능력이 눈에 띄게 향상된 사례가 있다. 미국 일리노이 주의 네이퍼빌 센트럴고등학교는 0교시에 전교생이 1.6㎞ 달리기를 하는 체육수업을 배치했다. 달리는 속도는 자기 심박수의 80~90%가 될 정도의 빠르기, 즉 자기 체력 내에서 최대한 열심히 뛰도록 했다. 이후 1, 2교시에는 가장 어렵고 머리를 많이 써야 하는 과목을 배치했다. 이렇게 한 학기 동안 0교시 수업을 받은 학생들은 학기 초에 비해 학기 말의 읽기와 문장 이해력이 17% 증가했고, 0교시 수업에 참가하지 않은 학생들보다 성적이 2배가량 올랐다. 또한 수학, 과학 성적이 전국 하위권이었던 이 학교는 전 세계 과학평가에서 1위, 수학평가에서 6위를 차지했다.
>
> 출처: 경향신문(2012.9.9.)

나. 학교체육의 분류

학교체육은 학교라는 교육기관의 책임 하에 이루어지는 체육활동으로 학교수업 정규교과시간을 통해 이루어지는 정과체육, 운동부 활동이 중심이 되는 학원스포츠, 스포츠 활동 참여를 통해 학생들의 신체활동을 증진시킬 수 있는 학교스포츠클럽 활동으로 교육목적과 활동내용에 따라 분류할 수 있다.

1) 정과체육

정과체육은 교육과정 안에 정규적으로 편성되어 있는 수업시간을 의미한다. 정과체육의 수업 내용 및 방향성은 교육과정에 명시되어 있으며, 명시되어 있는 교육과정을 토대로 체육과 관련된 다양한 학습활동을 학생들에게 지도한다.

체육교육과정은 시대적 상황의 변화에 따라 지속적으로 수정되어 왔으며, 총 7차에 걸친 개정을 통해 지금의 체계를 갖추게 되었다. 2014년 현재, 학교체육 현장에서 적용되고 있는 체육교육과정은 2009년에 개정된 교육과정(개정 7차 교육과정)이다. 이 교육과정에 따르면 체육교과는 초등학교, 중학교 교육과정에서 필수교과로 지정되어 있으며, 고등학교에는 보통교과로 지정되어 반드시 10단위 이상 이수하도록 되어 있다.

정과체육은 학교체육의 중요한 부분을 차지하며, 학생들이 반드시 이수해야 하는 교과목 중 하나이다. 한국에서 정과체육은 시대에 따라 다양하게 지칭되었는데, 구한말과 일제강점기에는 '체조'라고 불렸으며, 제2차 세계대전 시기에는 '체련'이라는 교과명으로 불리기도 하였다. 해방 이후에는 지금과 같은 '체육'이라는 교과명을 사용하였으며 이 교과명이 현재까지 사용되고 있다.

정과체육은 내용상 '건강', '도전', '경쟁', '표현', '여가'의 5가지 신체활동 가치 영역을 포함하고 있다. 정과체육에서 다루고 있는 5가지 신체활동의 가치는 체육교과를 통해 달성하고자 하는 교육목표와 관계되며, 체육활동을 통해 자기관리 능력과 대인관계 및 시민의식, 창의력 및 문제해결 등과 관련된 학생들의 능력을 향상시키는 데 주안점을 두고 있다.

표 4-1. 체육교육과정 영역별 추구 가치(교육과학기술부, 2011)

영역	추구 가치
건강 영역	질병이나 신체적 결함이 없는 조화로운 삶을 살아갈 수 있는 능력
도전 영역	자신의 수준을 이해하고 새로운 목표를 달성하기 위해 끊임없이 노력하는 태도
경쟁 영역	개인이나 집단 간의 경쟁상황에서 협동하고 자신의 역할에 책임감을 가지며, 상대방을 배려하는 마음가짐
표현 영역	신체활동을 통해 자신의 감정이나 생각을 적극적으로 드러내고 이를 아름답게 꾸밀 수 있는 능력
여가 영역	여가 시간을 자기계발과 사회 발전을 위하여 유용하게 활용할 수 있는 태도

2) 학원스포츠

우리나라에서 학원스포츠는 "교육과정 영역의 특별 활동 중 체육 클럽활동이 보다 진일보된 형태로서 전문성을 갖춘 체육지도자(코치 또는 감독)를 영입하여 대회 참가 및 입상을 목표로 운영되는 학교운동부의 활동"이라는 의미를 가진다. 다시 말해, 학원스포츠는 학교운동부와 관련된 학교체육 활동을 지칭한다고 할 수 있다.

미국을 비롯한 해외 스포츠 선진국의 학교체육은 크게 정규체육수업, 교내 체육활동, 학교 간 체육활동으로 구분되며, 이 중 학교 간 체육활동은 우리나라의 학원스포츠에 해당한다. 하지만 우리나라의 학원스포츠 개념은 이보다 제한된 의미로 사용되며, 전문적으로 운동에 참여하는 학생선수들이 소속된 학교운동부에서 이루어지는 활동을 의미한다. 따라서 우리나라의 학원스포츠는 학교체육의 영역으로 분류되기도 하지만 전문체육의 영역으로 분류될 수도 있다.

2013년 현재 전국 초·중·고등학교의 41.6%에 해당하는 4,727개의 학교에서 학교운동부를 육성하고 있으며, 8,706개의 학교운동부에서 68,308명의 학생선수들이 학원스포츠에 참여하고 있다.

표 4-2. 연도별 학교운동부 현황[2012~2013] (문화체육관광부, 2013)

연도	급별	학교 수	학교운동부 육성 학교 수	전체 학생 수	학생선수 수	학교운동부 팀 수
2012	초	5,898	2,071	2,198,974	23,907	3,377
	중	3,163	1,901	1,800,843	26,059	3,312
	고	2,290	1,309	2,270,470	21,552	2,170
	계	11,351	5,281(46.5%)	6,270,287	71,518(1.1%)	8,859
2013	초	5,894	1,841	2,240,203	22,603	3,331
	중	3,164	1,722	1,718,826	24,557	3,041
	고	2,307	1,164	1,789,843	21,148	2,334
	계	11,365	4,727(41.6%)	5,748,872	68,308	8,706

3) 클럽스포츠

클럽스포츠는 스포츠동아리를 중심으로 이루어지는 체육활동을 의미하며, 학교에서 이루어지는 클럽스포츠 활동은 '학교스포츠클럽'이라는 명칭으로 이루어지고 있다. 학교체육진흥법은 학교스포츠클럽을 "체육활동에 취미를 가진 동일 학교의 학생으로 구성·운영되는 스포츠동아리"라고

> **참고자료 및 읽을거리**
>
> 학교체육의 영역별 특성 비교(류태호, 2005)
>
> | | 정규체육수업 | 과외자율체육활동 ||
> |---|---|---|---|
> | | | 교내체육활동 | 학교 간 체육활동 |
> | 유사 개념 | 정과체육, 학교체육 | 대내경기, 교내경기
클럽활동, 특별활동 | 대외경기, 학교 간 경기,
학원스포츠 |
> | 목적 | 체육기본소양교육(교육) | 운동기능 심화 및 재미
(교육, 여가, 욕구충족) | 특기·적성 전문
(교육, 승리, 진학, 직업) |
> | 대상 | 모든 학생 | 자율적 참여 학생 | 운동특기 학생 |
> | 내용 | 교육과정에 제시된 내용 | 다양한 스포츠 종목 | 특정종목 |
> | 참여 방식 | 의무적(교사 주도) | 자율적(학생 주도) | 자율적<의무적
(감독, 코치 주도) |
> | 시간 | 체육수업시간 | 특별활동시간, 방과 후 | 수업시간<방과 후 |
> | 교육적 의도 | 강 | 중 | 하 |

정의하고 있으며, 학생들의 신체적·심리적·정신적 건강을 도모하고 건강한 학교문화를 형성하기 위한 목적으로 2007년부터 시행되었다.

학교스포츠클럽과 학원스포츠는 스포츠를 통해 교육적 목표를 달성한다는 공통점을 가지고 있지만, 참여대상에서 가장 큰 차이가 나타난다. 학교스포츠클럽의 대상은 일반학생이며, 여기서 일반학생은 학교운동부(학원스포츠)에 소속되지 않은 학생을 지칭한다.

우리나라에서 시행되고 있는 학교스포츠클럽의 주요 목적은 다음과 같다.

첫째, 방과 후 학교, 자율체육활동, 체육/스포츠동아리를 통합, 조직적으로 운영한다.

둘째, 운동을 통한 교육적 목적 달성 및 건강한 학교 풍토를 조성한다.

셋째, '보는 스포츠'에서 '하는 스포츠'로의 전환을 도모한다.

2. 학교체육의 문제점

학교체육은 지(智)·덕(德)·체(體)를 겸비한 전인을 기른다는 교육적 목표를 가지고 있다. 하지만 이러한 교육적 목표와는 달리 정과체육, 학원스포츠, 학교스포츠클럽을 운영하는 데 있어서 발생하는 다양한 문제점들에 대한 논쟁이 지속되고 있다.

가. 정과체육

정과체육과 관련된 문제점으로는 열악한 체육시설 환경, 교사의 능력과 인식 부족 등으로 인한 체육수업의 부실화가 지적되고 있으며, 학교체육에 대한 부정적 인식, 보건교과 신설로 인한 체육 영역 축소 등으로 체육교과의 위상이 약화되고 실정이다.

1) 체육수업의 부실화

체육수업의 부실화 현상은 열악한 체육시설 환경, 교사의 능력과 인식 부족 등에 의해 나타나며, 이는 학생들에게 체육수업이 추구하는 가치가 제대로 전달되지 않는다는 것을 의미한다. 체육수업의 부실화는 체육교과의 교육적 필요성에 대한 문제제기로 이어질 수 있는 심각한 문제라고 할 수 있다.

① 열악한 체육시설 환경

체육시설 및 용구는 체육수업 내용의 질을 좌우하는 중요한 요인이 된다. 체육 수업 시간을 통해 이루어지는 스포츠 활동은 해당 종목에 맞는 시설 및 용·기구가 반드시 필요한데, 많은 학교에서 체육 시설 및 용구의 부족으로 인한 체육수업의 질 저하가 문제로 지적되고 있다. 체육수업은 주로 신체활동을 통해 교육이 이루어지므로 비교적 넓은 공간과 다양한 종목에 따른 용·기구 및 시설이 필요한데, 이와 같은 학교체육 시설 환경이 제대로 갖춰져 있지 않은 상태에서 진행되는 체육 수업은 질적으로 높은 수준을 기대하기 힘들다.

② 교사의 능력과 인식 부족

내실 있는 체육수업을 진행하기 위해서는 교사에게 일정 수준의 운동기능과 체육교수능력이 요구된다. 하지만 체육교사들이 모든 스포츠 종목의 운동기능을 습득하는 것은 현실적으로 불가능하기 때문에 자주 접해본 경험이 없는 종목을 지도하는 데 있어 곤란을 겪는 경우가 발생한다. 이를 개선하기 위해서는 체육교사의 지속적인 노력이 뒷받침되어야 하며, 체육교사의 노력 부재는 운동기능 둔화와 체육교과에 대한 전문성 저하로 이어질 수 있다. 체육수업의 질은 거의 대부분 교사에 의해 좌우되기 때문에 내실 있는 체육수업 운영을 위해서는 교사의 전문성을 제고할 수 있는 방안이 반드시 마련되어야 한다.

또한 체육교사의 무관심도 체육수업의 부실화를 야기하는 주요 요인 중 하나이다. 이와 관련하여 학생들에게 공 하나 던져주고 교사로서의 역할을 소홀히 하는 소위 '아나공'이라고 불리는 체육수업방식은 체육교사의 무관심에서 비롯된 것이며, 이와 같은 교수방식은 체육교과에 대한 인식을 저하시키고 체육수업의 질을 하락시키는 무책임한 방식이다. 물론 최근에는 정책적 노력, 현장에서의 개선 노력 등을 통해 체육교사들의 인식이 많이 향상되어 '아나공' 식의 수업을 진행하는 사례는 줄고 있지만, 과거에 행해졌던 '아나공' 식의 수업은 체육교과의 전문성에 대한 부정적인 인식을 유발한 주요 원인이었다고 할 수 있다.

체육 교사의 인식 부족으로 인한 체육수업의 부실화 문제는 초등교육 현장에서 더욱 두드러지게 나타난다. 초등학교 시기는 학생들이 공식적인 체육수업을 처음 접하는 시기로, 체육활동의 가치에 대한 인식 형성에 많은 영향을 미친다. 하지만 초등학교에서 체육수업을 지도하는 교사는 체육을 전공한 전담교사가 아닌 일반 교사이기 때문에 체육수업의 전문성이 부족한 경우가 발생할 수 있다. 전문성이 부족한 초등교사는 체육수업을 진행하는 데 제한적일 수밖에 없으며, 심할 경우에는 체육수업을 다른 수업으로 대체하기도 한다.

2) 체육교과의 위상 약화

체육교과는 근대 학교교육이 시작되고 나서부터 주요 교과로서의 지위는 지속적으로 가지고 있으나, 학교체육에 대한 부정적 인식, 보건교과의 신설 등으로 인해 체육교과의 위상이 약화되는 모습을 보이고 있다.

① 학교체육에 대한 부정적 인식

체육교과는 교육적으로 중요한 가치를 지니고 있음에도 불구하고 부정적인 사회인식으로 인해 주변 교과 혹은 기능 교과로 치부되는 경향이 있다. 이와 같은 맥락에서 2007년에는 교육인적자원부의 주도로 체육, 음악, 미술교과의 성적을 내신에 반영하지 않는 방안이 논의된 적이 있으며, 이는 체육수업을 교육의 관점에서 보기보다는 재미를 위한 놀이 활동 정도로 치부하는 부정적 인식이 반영된 것이다.

② 보건교과의 신설

2007년 학교보건법이 개정되면서 보건교과가 신설되었으며, 그동안 체육교과의 영역이었던 '보건' 영역이 별도의 교과로 분리되었다. 보건교과 신설과 관련하여 체육계 내·외부적으로 체육수업시간의 감소와 체육의 역할 약화에 대해 우려를 낳았으며, 이는 체육교과의 위상 약화와 결부되어 체육교육의 가치 왜곡과 폄하에 대한 논쟁으로 이어지고 있다.

나. 학원스포츠

학원스포츠에 참여하고 있는 학생선수들은 학습권을 제대로 보장받고 있지 못하며, 폭력 및 성폭력 문제에 노출되어 있다. 또한 학생선수에 대한 그릇된 인식 속에서 부정적인 학원스포츠 문화를 형성하고 있는 것도 학원스포츠가 가지고 있는 고질적인 문제점 중 하나이다. 이로 인해 학원스포츠의 교육적 기능에 대한 논쟁이 지속되고 있으며, 앞으로도 이와 같은 논쟁은 지속될 것으로 보인다.

1) 학습권 문제

기본적인 학교교육에서 배제된 채 운동에만 전념해야 하는 기형적인 학원스포츠 시스템으로 인해 학생선수들은 학습권을 제대로 보장받고 있지 못하고 있는 사례가 나타나고 있다. 그동안 학원스포츠에서는 운동 참여를 위해 정규수업에 참여하지 않거나 부분적으로 참여하는 그릇된 관행이 지속되어왔으며, 이로 인한 학생선수들의 기초학력 저하는 지속적으로 발생하였다.

2006년 전국 학교운동부 2,546팀을 조사한 결과, 시합시즌이 아닌 평상시에는 27.2%의 학교운동부의 학생선수들이 오후 수업에 참가하지 않는 것으로 나타났으며, 시합 직전에는 40.7%의 학교운동부가 오후 수업에 참여하지 않았고, 수업에 전혀 참여하지 않는다는 운동부도 전체의 10.5%를 차지하고 있는 것으로 나타났다. 그리고 43.2%의 운동부에서는 운동 참여에 따른 수업 결손을 보충하기 위한 노력을 하지 않고 있는 것으로 조사되었다.

학생선수들의 학습권에 대한 무관심은 학생선수의 학업성취에도 반영되었다. 2006년 조사자료에 따르면 학생선수들은 체육을 제외한 대부분의 과목에서 낮은 학업성취 수준을 보이고 있었으며, 이에 따라 학생선수의 학업성취, 학업환경 등과 관련된 학습권 보장에 대한 필요성이 제기되었다.

표 4-3. 학교운동부 수업참여 현황(2006)

조사 팀 수	평상시			시합 직전			수업결손 보충 여부(학교)	
	정규수업 후 운동	오전 수업 후 운동	수업 참가 안함	정규수업 후 운동	오전 수업 후 운동	수업 참가 안함	보충함	보충 안함
1,405	1,023	378	2	683	557	143	680	574
	73.7%	27.2%	0.1%	49.9%	40.7%	10.5%	51.2%	43.2%

표 4-4. 학생선수의 성적 현황(2006년)

급별	학생 수	국어	도덕	사회	수학	과학	기술 가정	체육	음악	미술	영어	평균
중	527	49.2	53.6	44.6	32.7	45.3	52.9	82.2	59.2	60.4	39.5	53.1
고1	202	34.6	39.5	32.0	31.6	35.7	42.0	83.1	59.1	64.8	34.0	46.1

2) 학생선수의 폭력/성폭력 문제

학생선수들은 학원스포츠 환경에서 폭력 및 성폭력에 노출될 수 있는 위험성을 지닌다. '학생선수 폭력'은 상해, 폭행, 감금, 협박 등을 통해 학생선수에게 신체, 정신 또는 재산상의 피해를 입히는 행위를 지칭한다. 그리고 '학생선수 성폭력'은 지위와 힘의 차이를 이용해 학생선수에게 원치 않는 성적 행위를 하거나 성적 행위를 하도록 강요하고 유인하는 행위를 말한다. 2014년 발표된 선수 폭력·성폭력 실태조사에 따르면 초등학생의 32.4%, 중학생의 35.3%, 고등학생의 37.9%가 폭력(구타, 심리적 폭력, 가혹행위)을 경험했으며, 초등학생의 7.4%, 중학생의 10.7%, 고등학생의 5.5%, 대학 및 일반선수의 6.0%가 성폭력(성희롱, 성추행 등)을 경험한 것으로 나타났다.

> **참고자료 및 읽을거리**
>
> **2014 선수 (성)폭력 실태조사 주요 결과**
>
> | 구분 | | 폭력 | | | | 성폭력 | | |
> |---|---|---|---|---|---|---|---|---|
> | | | 구타(%) | 심리적 폭력(%) | 가혹 행위(%) | 전체(%) | 성희롱(%) | 성추행 및 강간(%) | 전체(%) |
> | 학교 급별 | 초등 | 21.8 | 18.3 | 10.6 | 32.4 | 7.0 | 1.4 | 7.4 |
> | | 중등 | 19.6 | 24.9 | 21.6 | 35.3 | 10.5 | 1.9 | 10.7 |
> | | 고등 | 14.6 | 23.1 | 24.2 | 37.9 | 5.5 | 0.0 | 5.5 |
> | | 대학/일반 | 7.7 | 16.3 | 13.1 | 24.6 | 6.0 | 0.5 | 6.0 |
> | 종목별 | 개인종목 | 12.9 | 18.6 | 13.9 | 29.4 | 5.5 | 0.4 | 5.6 |
> | | 단체종목 | 18.3 | 22.8 | 21.6 | 35.4 | 9.3 | 1.5 | 9.4 |
> | 성별 | 남 | 13.0 | 18.2 | 18.0 | 29.7 | 7.1 | 0.9 | 7.2 |
> | | 여 | 21.6 | 26.4 | 16.2 | 38.5 | 7.7 | 1.0 | 7.9 |
> | 종합 | | 15.4 | 20.6 | 17.5 | 32.2 | 7.3 | 0.9 | 7.4 |
>
> 출처: 2014 선수 (성)폭력 실태조사(대한체육회, 2014)

3) 학생선수에 대한 그릇된 인식

학생선수에 대한 인식은 대체로 부정적으로 나타난다. 예를 들어, 일반학생(학생선수가 아닌 학생)들은 학생선수들을 예외적인 존재, 특별대우를 받는 존재로 인식하는 경향이 있으며, 교사들은 학생선수들을 반 평균을 낮추는 학생, 수업시간에 자는 학생, 수업에 참여하지 않는 학생으로 인식하기도 한다.

4) 학원스포츠에 대한 찬반 논쟁

학원스포츠가 가지고 있는 다양한 문제점들이 부각되기 시작하면서 학원스포츠의 교육적 기능에 대한 비판적 목소리가 나오기 시작하였다. 학원스포츠를 지지하는 사람들은 학원스포츠를 통해 교육적 목적을 달성할 수 있으며, 학생들의 전인적 발달에 긍정적으로 기여한다는 주장을 하고 있으며, 학원스포츠에 반대하는 사람들은 학원스포츠가 교육적 목적 달성에 기여하지 못한다는 주장을 전개하고 있다.

표 4-5. 학원스포츠에 대한 논쟁에서의 찬성·반대 각각의 주장(Coakley, 2009)

찬성	반대
① 학교 활동에 학생들을 참여시키고 학업활동에 대한 흥미를 증진시킨다.	① 학생들의 학업활동을 방해하며 학교문화에 대한 가치를 왜곡한다.
② 직업에서의 성공을 위해 요구되는 자긍심, 책임감, 적응력, 팀워크 능력을 길러준다.	② 의존성, 순종적 행동, 그리고 더 이상 사회에서 유용하지 않은 능력 및 수행 적응력에 집중한다.
③ 체력을 증진시키고 학생들 간의 신체활동에서 흥미를 유발한다.	③ 대부분의 학생들을 수동적인 방관자로 변하게 만들고 학생선수들에게 심각한 부상을 가져온다.
④ 애교심과 협동심이 생기도록 하며, 성장 가능한 조직으로서의 학교를 유지할 수 있도록 한다.	④ 교육적인 목표와 관련 없는 피상적이고 일시적인 애교심을 만들어낸다.
⑤ 학교 프로그램에 대한 학부모 및 동창회, 지역사회의 후원을 증진시킨다.	⑤ 교육 프로그램의 자원, 시설, 직원, 지역사회의 후원을 낭비한다.
⑥ 학생들에게 사회에서 가치 있는 활동에 필요한 능력을 발전시키고 보여줄 수 있는 기회와 그들의 능력에 대해 인정받을 수 있는 기회를 제공한다.	⑥ 운동선수들에게 부담감을 주고 일반학생에 비해 특권을 누리는 계급화된 시스템을 지지한다.

3. 학교체육제도의 변화

청소년기 체육활동의 긍정적 효과에 대한 공감대는 형성되어 있지만 우리나라 청소년의 체육활동 여건은 스포츠 선진국에 비해 상대적으로 미흡한 편이며, 적극적인 정책적 노력을 통해 이를 개선할 필요성이 제기되고 있다. 이러한 필요성에 의해 추진되고 있는 학교체육의 활성화를 위한 정책은 일반학생 지원 사업, 학생선수 지원 사업, 학생 체육활동 개선 사업 등이 있다.

가. 일반학생 지원 주요 사업

일반학생의 체육활동 활성화를 위해 체육전문 인력 확보, 학교스포츠클럽 육성, 학생건강체력평가제(PAPS), 여학생 체육활동 활성화 등을 추진하고 있다.

1) 학교체육 전문성 향상

교육부를 비롯한 교육관련 정부기관에서는 체육수업의 전문성 향상과 학교스포츠클럽을 지원하기 위해 체육전문 인력 확보를 위한 노력을 기울이고 있다. 초등학교의 경우 초등학교 체육전담교사, 스포츠강사 배치 사업을 지속적으로 추진하고 있으며 2014년 현재 5,168명의 체육전담교사, 3,800명의 스포츠강사가 배치되어 활동하고 있다. 초등학교 체육전담교사는 체육수업 지도 및 학교스포츠클럽 운영 등 학생 체육활동 활성화를 위해 체육교과를 전담하며, 초등학교 스포츠강사는 일정 자격 이상을 갖추고 체육 정규수업의 보조와 학교스포츠클럽 활동을 지원하는 역할을 수행한다.

그리고 학교스포츠클럽을 지도하고 체육 정규수업을 지도하기 위해 중학교장이 선발한 외부 강사를 지칭하는 중학교 스포츠강사는 8,150명(2013년 기준)이 배치되어 활동하고 있다. 이 밖에도 토요스포츠 강습과 학교스포츠클럽 활동을 지원하는 토요스포츠강사 11,448명(2013년 기준)을 배치하여 운영하고 있다.

2) 스포츠 참여 기회 확대: 학교스포츠클럽 육성

학교스포츠클럽은 교육인적자원부의 주도로 2007년 시범사업을 시행하면서부터 본격적으로 추진되었다. 학교스포츠클럽은 과거 학생운동선수에 집중하여 소수의 학생을 대상으로 경기력 향상에 목적을 둔 활동과는 다르게 다수의 학생을 대상으로 하는 자율적인 활동이다.

2009년 개정 교육과정을 통해 학교스포츠클럽 의무화를 시행하면서 학교스포츠클럽은 점차 확산되었으며 학생들의 스포츠 참여 기회는 확대되었다. 2014년 현재 넷볼, 농구, 배구, 배드민턴, 소프트볼, 야구(연식), 족구, 줄넘기, 창작댄스, 축구, 탁구, 프리테니스, 티볼, 풋살, 플라잉디스크, 플로어볼, 피구, 핸드볼, 빙상의 19종목의 스포츠클럽에 학생들이 참여하고 있다. 이 중 빙상

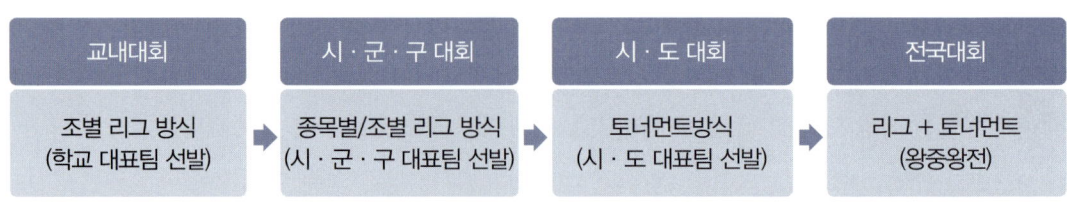

그림 4-1. 학교스포츠클럽 대회 운영

종목은 2018년에 개최되는 평창동계올림픽과 관련하여 학생들의 관심 및 참여를 확대하기 위한 목적으로 최근에 학교스포츠클럽 종목으로 추가되었다.

학생들의 학교스포츠클럽 참여는 지속적으로 증가하고 있는 추세이다. 2010년의 경우 학교스포츠클럽 등록률은 37.6%였으며, 2012년에는 2010년에 비해 2배 이상 증가한 84.2%의 등록률을 보였다. 또한 각 학교, 교육청, 교육부 등에서는 학교스포츠클럽을 학교체육 활성화를 위한 주요 정책으로 추진하고 있으며, 참여도를 제고하기 위해 대회 지원 확대, 개최종목 확대, 가족단위 참여 기회 확대를 위한 노력을 기울이고 있다.

3) 학생체력평가 및 증진: 학생건강체력평가제(PAPS)

학생건강체력평가제(PAPS: Physical Activity Promotion System)는 학생들의 건강도를 평가하고 그 결과에 따른 운동을 처방하여 학생의 건강증진에 기여하기 위한 목적으로 실시되고 있다. 1951년에 도입된 기존의 체력검사 방식의 문제점(운동기능 위주의 측정)을 보완하여 학생들의 실질적인 건강도를 측정할 수 있는 항목을 중심으로 평가항목을 구성하였다. 학생건강체력평가제(PAPS)는 2009년 초등학교에서 가장 먼저 실시되었으며, 2010년 중학교, 2012년에는 고등학교로 확대되어 운영되고 있다.

표 4-6. 학생건강체력평가제(PAPS) 평가 종목 및 실시 방법

구분	평가	항목	평가 종목
종목	필수평가	심폐지구력	① 왕복오래달리기(페이서) ② 1,600(1,200)m 달리기 ③ 스텝검사
		유연성	④ 앉아윗몸앞으로굽히기 ⑤ 종합유연성검사
		근력 및 근지구력	⑥ (무릎대고)팔굽혀펴기 ⑦ 윗몸말아올리기 ⑧ 악력검사
		순발력	⑨ 50m 달리기 ⑩ 제자리멀리뛰기
		비만	⑪ 체질량지수(BMI)
	선택평가		① 체지방률 평가 ② 심폐지구력 정밀평가 ③ 자기신체평가 ④ 자세평가
	실시방법		필수평가: 매년 실시/5개 체력요인별 5종목 선택·실시 선택평가: 학교에서 자율 선택·실시

4) 여학생 체육활동 활성화

1975년 유럽스포츠회의에서 채택한 'Sport for All' 헌장 1조 "모든 개인은 스포츠를 할 권리를 가진다."를 비롯하여 1976년 미국의 Title IX(양성교육평등법) 그리고 우리나라의 교육법 등은

체육활동에서 남·여 학생의 동등한 참여 기회를 보장하고 있다. 하지만 그동안 여학생의 실질적인 체육활동 참여는 남학생과 비교하여 상대적으로 저조한 것으로 나타나고 있다. 이와 같은 남·여 학생의 체육활동 참여의 차이는 신체활동을 남성의 영역으로 간주하는 사회적 인식에 그 원인이 있다고 보인다.

최근 들어 여학생들의 체육활동 참여를 촉진하기 위한 다양한 정책이 시행되고 있다. 교육 내용 측면에서는 뉴스포츠 종목을 적극 활용하여 여학생들의 신체활동에 대한 흥미를 유발하고 있으며, 여학생들의 자율적인 신체활동 증진을 위해 여학생들이 선호하는 종목으로 학교스포츠클럽을 개설하고 이에 대한 지원을 강화하는 등의 노력을 기울이고 있다. 또한 여학생들이 신체활동에 참여할 때 불편함을 느끼는 탈의실, 샤워실 같은 위생시설을 확충 또는 개선하고 있으며, 요가교실, 피트니스교실 등과 같은 여학생 대상의 신체활동 프로그램을 운영하여 여학생의 신체활동 접근성을 향상시키고 있다.

나. 학생선수 지원 주요 사업

우리나라 학생선수들은 경기실적 위주 선발의 체육특기자제도에 따라 상급학교 진학을 위해 운동만 하고 공부를 소홀히 하는 경향이 있다. 이와 같은 문제를 해결하기 위해 학교체육 정책의 추진방향은 공부하는 학생선수 육성을 통한 체·덕·지를 겸비한 인재 육성을 목표로 하고 있다.

1) 학생선수의 학습권 보장: 최저학력제

과거 시행되었던 학생선수에 대한 정책은 정부의 엘리트스포츠 위주의 정책에 기반을 두고 있었기 때문에 국제경기에서 우수한 성적을 거두는 등의 긍정적인 효과를 거두기도 했지만, 학력저하 및 학습권 침해라는 문제를 유발하기도 하였다.

학생선수의 학습능력 저하와 수업결손 등의 문제가 제기되면서 학생선수의 학습권을 보장하기 위한 다양한 노력이 이루어졌다. 학생선수의 학습권 보장과 관련된 정책은 '공부하는 학생선수'라는 목표를 달성하기 위해 시행되고 있는데, '공부하는 학생선수'를 위한 정책은 학생선수를 교육적 관점에서 바라보고 운동뿐만 아니라 학업활동에도 적극적으로 참여할 수 있는 환경을 조성하는 데 주안점을 두고 있다.

교육부에서는 학생선수 학습권을 보장하기 위한 대표적인 노력으로 최저학력제를 추진하고 있다. 최저학력제는 학생선수가 제시된 학업성적 기준에 미달하는 경우 운동부 활동에 대한 참가 제한을 하는 것을 주요 내용으로 하고 있으며, 2011년을 시작으로 2017년까지 단계별로 확대 적용해나갈 계획이다.

2012년부터 시행된 학교체육진흥법은 학생선수의 학습권 보장을 법제화하였다. 학교체육진흥

표 4-7. 최저학력기준의 단계별 적용 계획

적용 연도 학교급	2010	2011	2012	2013	2014	2015	2016	2017
초	시범	초4~6						
중	시범		중1	중2	중3			
고	시범					고1	고2	고3

법은 국가 교육기관이 학생선수가 일정 수준의 학력 기준에 도달하지 못할 경우, 반드시 별도의 기초학력 프로그램을 운영하도록 명시하고 있으며, 필요한 경우 경기대회 출전을 제한할 수 있도록 하였다. 또한 학생선수의 학습권 보장을 위해 합숙훈련 근절, 원거리 통학 학생선수에 대한 기숙사 제공 등과 같은 내용도 명시하고 있다.

이 밖에도 공부하는 학생선수를 육성하기 위한 노력으로 주말리그제도(야구, 축구 등)를 운영하고 있으며, 전국단위 경기대회 참가일 수를 1년에 3~4회 제한하는 등 공부하는 학생선수를 육성하기 위한 노력을 지속적으로 기울이고 있다.

참고자료 및 읽을거리

전미 대학스포츠연맹(NCAA) 학생선수 학력 향상 대책(권순용, 2009)

전미 대학스포츠연맹(NCAA) 학생선수 학력 향상 대책

- **대회출전 자격 제한**
  - 대학진학을 위한 필수 이수과목 및 학업성적 기준 제시
  - 경기에 참여하기 위한 학업성취 기준 제시

- **정기적 학업성취도 조사**
  - 각 대학별로 학생선수의 학업진행률, 학업성취도 조사, 졸업성공률에 관한 자료를 NCAA에 제출
  - 기준 미달 학생에 penalty 적용

- **학업지원 서비스**
  - 학생선수들의 성공적인 학업성취를 위해 일반학업상담 및 개인지도 서비스를 제공하도록 권고
  - 학업상담사협회 partnership – 학업상담사 배치

- **NCAA CHAMPS Program**
  - 학생선수의 총체적 발달을 위하여 개인발달/생활기술 프로그램 개발
  - 학생선수의 학업, 운동, 경력, 개인 및 사회 책임감 등을 향상시키는 것을 목적으로 함

2) 학교운동부 운영 투명화

학교운동부의 불투명한 운영은 학교스포츠 현장의 공공연한 문제로 지적되고 있다. 특히 학교운동부의 재정운영과 관련된 문제를 살펴보면, 학교운동부는 구조적인 문제로 인해 예산 부족을 겪고 있다는 사실을 알 수 있다. 이와 같은 현실에서 시합출전비, 전지훈련비, 코치인건비, 용구 구입비 등은 고스란히 학부모의 부담으로 이어지고 있다.

학교운동부 운영에 관련하여 나타나고 있는 또 하나의 심각한 문제는 입시비리이다. 입시비리는 주로 시합 출전, 대학 입시, 스카우트 등과 관련된 대가성 금전 거래에 의해 나타나며, 지도자가 선수기용, 선수선발 등과 같은 권한을 남용할 때 발생한다.

참고자료 및 읽을거리

'비리 만연' 아마야구, 촌지 따라 주전 된다?(KBS, 2014.08.12)

구분	내용
아나운서	"연고대의 경우 한 명당 1억 원이다." KBS 취재진과 만난 전직 야구선수의 입에서 나온 충격적인 말인데요. 아마야구의 입시비리는 감독 월급을 학부모가 주는 현행 구조에선 그 누구도 자유로울 수 없습니다. 학부모의 지갑으로 운영되는 구조적인 실태와 그 대안을 ○○○ 기자가 취재했습니다.
○○○ 기자	고등학교 시절 유망주였던 이 모 선수는 갑자기 주전에서 밀려 운동을 그만둬야 했습니다. 실력이 비슷할 경우 학부모가 촌지를 많이 준 학생들이 주전이 됐다고 주장합니다.
전직 야구선수 (녹취)	"아무 운동을 하지 않은 친구가 고1, 2 때 불쑥 특기생으로 들어와서 잠깐 시합을 뛰고 대학에 진학하는데, 집안 환경이 굉장히 좋은 친구들이죠." ○○○ 등 유명대학 입학에 필요한 돈도 생생히 기억하고 있습니다.
전직 야구선수 (녹취)	"저희들 말로 돈으로 간다고 그러거든요. 좋은 대학 가는 데는 1억이죠." 상당수의 학교들은 감독 월급을 포함해 운영비 전부를 학부모가 담당해 부담도 상당합니다.
학부모 (녹취)	"결국 운동부의 학부모가 감독의 실질적인 고용주가 되다 보니 실력뿐 아니라 돈에 의해서도 선수를 기용할 수 있는 현실입니다." 임시직 신분인 감독은 검은 돈의 유혹에 쉽게 빠지기 마련입니다.
현직 야구 감독 (녹취)	"저희들의 처우가 열악하다 보니 돈의 유혹을 뿌리치기가 쉽지 않습니다."
아나운서	교사가 야구부 감독을 맡는 일본의 사례도 참고해볼 만합니다. 대학 진학이 고리가 된 학부모와 감독 간 검은돈의 밀착. 이제는 아마야구의 썩은 관행을 뿌리 뽑아야 할 때입니다.

이러한 문제를 해결하기 위해 학교체육진흥법에서는 학교운동부 운영 투명성 제고를 위한 조항을 명시하고 있으며, 정부 차원에서도 2013년부터 학교운동부를 포함한 체육단체들의 운영 투명성을 제고하기 위하여 스포츠계 4대 악(승부조작 및 편파판정, 폭력 및 성폭력, 입시비리, 조직사유화)을 지정하고 이를 근절하기 위해 노력하고 있다.

이 밖에도 각종 대회 참가비용 및 전지훈련비 등 학교운동부 운영에 지출되는 비용을 의무적으로 공개하도록 하여 운동부 운영의 투명성을 확보하기 위해 노력하고 있으며, 입시제도와 관련해서는 선발기준을 구체화하는 등 다양한 제도적 장치를 마련하고 있다.

3) 학생선수의 인권 보호

학생선수에게 발생하는 폭력 및 성폭력 등과 같은 인권침해가 사회적 문제로 공론화된 것은 비교적 최근의 일이다. 스포츠 현장에서의 인권침해는 공공연한 비밀이거나 어쩔 수 없는 현실로 묵인되어왔다. 이는 학생선수들에게 지나치게 승리와 성과를 강조하고 있는 문화에서 비롯된 것으로, 학생선수의 인권보다 대회에서의 좋은 성적이 우선시될 수 있다는 학교운동부 관련 주체들의 그릇된 인식으로 인해 발생한 문제라고 할 수 있다.

최근 학생선수의 인권에 대한 인식이 향상되면서 학생선수의 인권침해를 근절하기 위한 노력이 시행되고 있다. 2007년 국회에서 '학원체육 정상화를 위한 촉구 결의안'을 통해 학생선수 인권 보호 및 증진을 위한 다양한 정책을 추진하고자 하였으며, 2008년 국가인권위원회와 대한체육회에서 스포츠 분야 인권 향상을 위한 공동 협약을 수립하는 등 사회 각 분야에서 많은 노력이 이루어지고 있다. 특히 대한체육회에서는 2005년부터 최근까지 총 4회(2005/2010/2012/2014)에 걸쳐 학생선수를 포함한 스포츠선수들의 폭력 및 성폭력 피해 현황을 파악하기 위한 실태조사를 실시하였으며, 인권친화적 운동부 분위기를 조성하기 위한 지도 매뉴얼 및 스포츠 인권 가이드라인 제작, 스포츠인권익보호센터 운영 등을 통해 스포츠 인권을 향상하기 위한 노력을 기울이고 있다.

다. 학교체육진흥법 제정 및 시행

1) 학교체육진흥법 제정 배경 및 목적

학교체육은 입시 위주의 교육으로 인해 다른 교과에 비해 상대적으로 그 중요성을 인정받지 못하고 있는 경향이 있으며, 이로 인해 청소년들의 체력 저하 문제, 학생선수들의 학습권과 인권에 관련된 문제 등과 같은 심각한 사회문제가 발생하였다. 학교체육진흥법은 학교체육에서 발생하고 있는 여러 가지 사회적 문제에 대한 대응책으로서 학교체육을 정상화 또는 활성화하기 위한 목적으로 제정되었다.

교육기본법 제22조 "학교체육에서 국가와 지방자치단체는 학생의 체력 증진과 체육활동 장려에 필요한 시책을 수립·실시하여야 한다."와 국민체육진흥법 제9조 "학교는 학생의 체력 증진과 체육활동 육성에 필요한 조치를 강구하여야 한다."에서 학교체육 진흥에 대해 언급하고 있긴 하지만, 이러한 규정은 다소 추상적이고 실효성이 없는 형식적인 조항이라는 비판을 받아왔다. 이에 따라 학교체육진흥법은 학교체육 활성화를 위해 보다 구체적이고 실효성 있는 정책을 시행할 수 있는 법령적 토대를 구축하고자 제정되었으며 2013년부터 시행되고 있다.

학교체육진흥법은 학생의 체육활동 강화 및 학교운동부 육성 등을 학교체육 활성화를 위해 필수적인 사항으로 규정함으로써 학생들이 건강하고 균형 잡힌 신체와 정신을 가질 수 있도록 기여하고 있다.

2) 학교체육진흥법의 주요 내용

학교체육진흥법은 총 19개 조항으로 구성되어 있으며, 학교체육 진흥 시책과 권장, 학교체육진흥의 조치, 학교시설 설치, 학생건강체력평가 실시계획의 수립 및 실시, 건강체력교실, 학교스포츠클럽, 학교운동부 등의 운영, 유아 및 장애학생 체육활동 지원, 학교체육진흥위원회 설치·운영 등으로 구분되어 있다.

학교체육진흥법은 학교체육 진흥에 관한 주요 사항을 심의하기 위한 학교체육진흥중앙위원회 및 학교체육진흥지역위원회의 설치·운영을 명시하고 있으며, 학교체육 진흥을 위한 정책연구 등을 수행할 수 있는 학교체육진흥원을 설립할 법적 근거를 마련함으로써 학생선수들이 참여하는 학원스포츠 영역은 물론 일반학생들의 체육활동 참여를 활성화를 위한 체계적인 지원이 가능하도록 하였다.

표 4-8. 학교체육진흥법의 주요 내용

학교체육진흥법	주요 내용
제1조(목적)	• 학교체육진흥법의 목적
제2조(정의)	• 학교체육, 학교운동부, 학생선수, 학교스포츠클럽 등 용어의 정의
제3조(학교체육 진흥 시책과 권장)	• 국가 및 지방자치단체의 학교체육 진흥에 필요한 시책 마련 등
제4조(기본 시책의 수립 등)	• 학교체육 진흥에 관한 기본 시책을 5년마다 수립 시행
제5조(협조)	• 필요 시 지방자치단체의 장, 교육감, 관계기관의 협조 요청
제6조(학교체육 진흥의 조치 등)	• 체육교육과정 운영 충실 및 체육수업의 질 제고 • 학생선수의 학습권 보장 및 인권 보호 • 여학생 체육활동 활성화 등

제7조(학교 체육시설 설치 등)	• 체육활동에 필요한 운동장, 체육관 등 기반시설 확충
제8조(학생건강체력평가 실시계획의 수립 및 실시)	• 학교장은 학생건강체력평가 계획 수립 및 실시해야 함
제9조(건강체력교실 등 운영)	• 제8조에 따른 학생건강체력평가에서 저체력 또는 비만 판정 학생을 대상으로 건강체력교실 운영
제10조(학교스포츠클럽 운영)	• 학교스포츠클럽을 운영하여 학생들의 체육활동 참여 기회 확대
제11조(학교운동부 운영 등)	• 학생선수가 일정 수준의 학력기준에 도달하지 못할 경우 기초학력보장 프로그램 운영 등
제12조(학교운동부지도자)	• 학교운동부지도자 연수교육 계획 및 자격 요건
제13조(스포츠강사의 배치)	• 체육수업 흥미 제고 및 체육활동 활성화를 위한 초등학교에 스포츠강사 배치
제14조(유아 및 장애학생 체육활동 지원)	• 특수교육대상자에 대한 체육활동 프로그램 운영
제15조(경비의 지원 및 보조)	• 학교체육 진흥에 필요한 경비를 예산 범위에서 지원
제16조(학교체육진흥위원회 등)	• 학교체육 진흥에 관한 주요 사항을 심의하기 위해 학교체육진흥위원회 설치 및 운영
제17조(학교체육진흥원)	• 학교체육 진흥을 위한 활동으로 학교체육진흥원 설립
제18조(지역사회와 협력)	• 학교체육 활성화를 위한 지역사회와의 협력
제19조(권한의 위임)	• 교육과학기술부장관의 권한은 일부 대통령령으로 정하는 바에 따라 교육감에게 위임 가능

2장 스포츠의 교육적 기능

📖 **학습목표**
- 스포츠의 교육적 기능을 이해한다.
- 스포츠가 가지고 있는 교육적 순기능을 설명할 수 있다.
- 스포츠가 가지고 있는 교육적 역기능을 설명할 수 있다.

1. 스포츠의 교육적 순기능

가. 전인교육

1) 학업능력의 촉진

최근 들어 청소년들은 학업에 대해 많은 관심을 보이고 있다. 특히, 대학입시를 앞두고 있는 학생들은 자신의 진로 및 학업에 더욱 많은 관심을 가지고 있으며 이와 관련하여 다양한 스트레스를 경험하고 있다. 따라서 학생 시기의 스포츠 참여는 학업으로 인한 스트레스를 해소할 수 있는 탈출구가 되고 있다. 또한 스포츠 활동의 참여는 학생들의 학업성적을 향상시키는 데도 긍정적으로 기여하고 있으며, 이를 뒷받침할 수 있는 주장도 많은 학자들에 의해 제기되었다. 스포츠 활동 참여

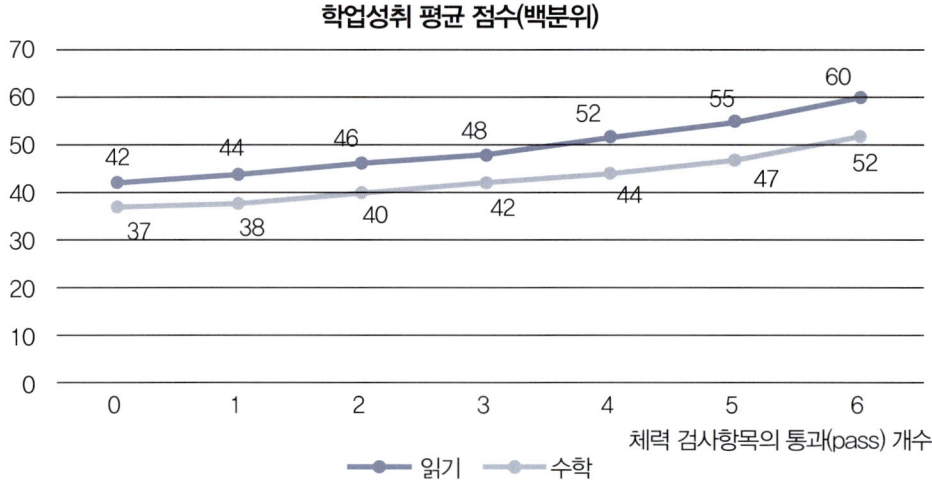

그림 4-2. 체력검사 결과와 학업성적(SAT) 간의 정적인 관계(Grissom, 2005): 미국 사례

가 학생들의 학업성적을 향상시킨다는 연구 결과들은 청소년들이 스포츠 활동에 적극적으로 참여해야 하는 이유에 대한 근거를 제시하고 있다.

우리나라의 경우, 조욱상·김재원(2012)은 학교체육 활동이 학생들의 지능과 학업성취도에 대체적으로 긍정적인 기여를 한다는 연구 결과를 제시하였다. 그리고 외국의 경우에도 Cocke(2002)와 Kramer 등(2002)은 체육활동이 전반적인 뇌 기능 향상에 도움이 된다고 주장하고 있으며, Grissom(2005)은 체력 수준과 학업성적(SAT) 간에 존재하는 긍정적인 상관관계를 토대로 체력의 향상이 학업성취에 긍정적인 영향을 미칠 수 있다고 보고하고 있다.

2) 사회화 촉진

스포츠 상황에서 사회화는 개인의 목표와 역할, 가치 및 태도를 학습함으로써 자신이 속해 있는 조직 내의 상호작용을 통해 학생들에게 스포츠맨십, 팀워크, 도전의식 같은 긍정적인 가치를 학습시키는 것을 의미한다. 이러한 과정에서 학생을 지도하는 권한을 위임받은 부모나 코치 같은 인물의 역할이 매우 중요해진다. 예를 들어, 승리만 강조하는 코치와 페어플레이를 강조하는 코치에게 각기 다른 지도를 받은 학생들의 스포츠 사회화의 결과는 매우 다르게 나타날 수 있다.

3) 정서의 순화

청소년기의 스포츠 활동은 정체성 확립과 사회적응력 향상에 기여한다. 청소년 시기에 놀이와 스포츠 경험은 집단적 협동의식 발달뿐만 아니라 자기 통제력을 강화시키는 데 도움이 된다. 그리고 스포츠 활동을 통해 체득하는 공정성, 합법성, 준법성은 청소년 비행과 일탈, 범죄 발생 확률을 낮추는 안전판 역할을 한다.

실제로 학교체육 활동은 심각한 사회문제로 제기되고 있는 학교폭력을 해소하기 위한 하나의 방안으로 적극적으로 활용되고 있다. 울산의 한 중학교에서는 체육활동 강화를 통해 학교폭력이 크게 감소되었다는 사례도 보고된 바 있다. 이 학교에서 체육활동을 강화한 이후 학교폭력위원회의 관련 심의 건수는 1건으로, 체육활동 강화 이전인 2010년 10건보다 현저히 줄어든 학교폭력 심의 건수를 나타냈다.

나. 사회 통합

1) 학교 내 통합

학생들의 스포츠 참여는 학교제도 내에서 공동체 의식을 형성하는 데 도움을 준다. 예를 들어 운동회는 학교라는 조직 내에서 경쟁을 통해 집단 공동체성을 향상시키고 학교 내 통합을 촉진시킨다. 또한 학교는 학생선수들의 경기대회 참여를 통해 다른 학생들의 통합을 유도한다. 학교운동부를 향한 대규모 단체 응원전은 학생들의 공동체 의식 형성을 보여주는 가장 흔한 예이다. 한편, 학생선수들은 대회출전을 통해 학교를 대표한다는 소속감을 획득할 수 있을 뿐 아니라 애교심 상승 그리고 상대 학교와의 경기를 통해 감동적인 장면을 연출하기도 한다.

2) 학교와 지역사회의 통합

학교의 스포츠 프로그램은 지역 공동체를 화합하는 데 기여할 수 있으며, 사회적 연대의식을 높이는 기회를 제공한다. 예를 들어, 학교운동부가 전국대회 규모에서 우수한 성적을 거두게 되면 지역사회의 관심을 받게 되며, 학교와 지역사회의 연계를 강화하는 역할을 한다. 또한 스포츠 시설이 부족한 지역사회의 경우 주민에게 체육시설환경을 제공하여 주민의 삶의 질을 향상시키는 데 기여하며 건전한 여가 소비에 이바지한다.

다. 사회 선도

1) 체육에 대한 여학생의 인식 전환

여학생들의 학교체육 활동 참여는 전통적으로 남성의 전유물로만 여겨지던 스포츠에 대한 인식을 전환시키는 데 도움을 주며, 사회의 주요 가치를 습득하는 데 도움을 준다. 또한 스포츠를 통해 남성과 동등한 지위를 획득하거나 하나의 역할모형으로서 타 여학생들에게 영향을 미치기도 한다. 이러한 과정을 통해 스포츠 참여에 대한 긍정적 인식을 형성할 수 있으며, 이는 여성들의 스포츠 참여 증진으로 이어질 수 있다.

2) 평생체육과의 연계

학교체육 활동 참여는 가치 있는 삶을 향유할 수 있도록 도와주며, 인간의 삶의 질 향상에 큰 영향을 미친다. 이러한 측면에서 학교교육제도 내에서 스포츠 활동 참여 도모는 청소년 시기에 평생 동안 즐길 수 있는 스포츠 활동의 기틀을 제공한다고 볼 수 있다. 이 시기에 형성된 스포츠 기능, 지식, 태도는 스포츠 사회화 과정을 통해 삶의 균형과 만족, 개인의 자아실현을 추구하는 데 도움이 되기 때문이다. 결국 학교교육제도를 통한 스포츠에 대한 인식과 경험은 평생체육의 초석이 되며, 스포츠 사회화 과정을 통해 삶에 긍정적인 결과를 가져다주기도 한다.

3) 장애인의 삶의 질 향상

학교체육 활동은 장애인의 신체기능이 약화되는 것을 방지하고 신체적·정신적 측면의 발달을 도모한다. 장애인들이 체육활동을 통해 습득할 수 있는 자기관리 습관은 건강한 사회구성원으로 살아갈 수 있는 원동력이 되며, 장애인들의 여가 선용과 건강증진에도 도움이 된다. 그리고 비장애인들과의 생활에서 경험할 수 있는 심리적 위축감을 해소시키고 나아가 자기계발을 촉진하는 데도 중요한 동기부여를 한다.

2. 스포츠의 교육적 역기능

가. 교육목표의 결핍
1) 승리지상주의
학원스포츠의 가장 심각한 문제는 승리지상주의에서 비롯된다. 교육적 가치보다 '승리'가 과도하게 강조되고 있는 우리나라 학원스포츠 특유의 문화는 학생선수들의 부정적 일탈을 묵인하고 이를 정당화시키는 역할을 한다. 경쟁에서 승리를 쟁취하는 '경쟁논리'를 과도하게 앞세우고 "승리는 성공, 패배는 실패"라는 인식을 심어줌으로써 학생선수들에게 시합, 훈련 중심의 학교생활을 강요하고 있다. 또한 학원스포츠로 대변되는 학교운동부는 대학에 가고 싶어 하는 학생들의 출구로 인식되고 있으며, 이처럼 잘못된 사회 인식은 학원스포츠에 참여하는 학생들을 '학생선수'가 아닌 '운동선수'의 관점에서 바라보게 한다.

2) 참여 기회의 제한
학교교육제도 내에서 체육교육의 이상적인 목표는 학생 모두에게 건강하고 활기찬 학교생활과 체력증진의 기회를 제공하는 것이다. 그러나 학교체육에 내재되어 있는 엘리트주의로 인해 대다수의 학생을 위한 체육보다는 우수선수 육성에 관심을 쏟는 경우가 많다. 학교 체육시설 사용에 관한 우선적 권한도 주로 학교운동부에 참여하는 학생들을 중심으로 주어지고 있어 사실상 학생선수가 아닌 대다수의 학생들은 체육활동 참여에 제한을 받고 있는 실정이다. 최근 학생선수뿐만 아니라 일반 학생들의 체육활동 증진에 대한 관심이 높아져 본격적으로 학원스포츠 활동 참여 기회를 증진하기 위한 방안으로 학교스포츠클럽을 운영하고 있다. 이와 같은 노력에 힘입어 일반학생들의 스포츠 활동 참여기회 제한에 대한 문제점은 어느 정도 완화되고 있는 것으로 보이지만, 학교운동부가 존재하는 학교에서는 아직까지도 체육시설의 부족으로 인해 일반 학생들의 체육활동 참여 기회가 제한되고 있는 측면이 남아 있다.

3) 성차별 내재화(간접교육)
스포츠에 있어서 남녀차별에 대한 문제는 지속적으로 제기되어온 부분이다. 스포츠에서의 남녀차별은 여성의 역할에 대한 고정관념과 성역할 기대에 기인하는데, 우리가 흔히 접하는 대중매체에서도 운동하는 여성을 그들의 운동능력보다 성적인 요소를 부각시키는 모습을 흔히 볼 수 있다.

이와 같은 불평등은 학교체육 내에서도 존재한다. 여학생들은 비활동적이고 수동적이어도 상관없다는 그릇된 고정관념으로 여학생들의 체육활동 증진에는 비교적 소극적인 모습을 보이고 있으며, 여학생 스스로도 이를 정당화시키는 경향이 있다. 예를 들어, 체육수업시간에 여학생들이 신체활동에 참여하지 않고 주변에서 휴식을 취하거나 담소를 나누는 등의 장면은 교사뿐만 아니라 여학생들 스스로 사회의 잘못된 고정관념을 정당화시키고 있는 모습이라고 할 수 있다.

나. 부정행위 조장

1) 스포츠 상업화

학원스포츠는 영리나 금전적인 보수를 취하는 것을 목적으로 운영되지 않아야 하며, 평생교육의 기틀로서 건강증진과 공정, 최선을 다하는 태도에 대한 가치를 함양시키는 것을 최우선 목표로 삼을 필요가 있다. 그러나 학원스포츠는 승리에 대한 경제적·상징적 보상으로 학교에 재정적 이익을 가져다주면서 스포츠의 본질적인 가치가 훼손되고 이윤만을 추구하려 한다는 데 문제점을 드러낸다. 이는 교육목표 성취에 관심이 없고 학교의 명성과 금전적 이윤을 목표로 한 사고에서 비롯된 것으로, 학원스포츠의 상업화를 비판적으로 검토할 필요가 있다.

2) 성과와 학업에 대한 편법과 관행

학생선수들의 성적과 관련하여 학원스포츠에서 행해지는 전형적인 형태의 편법은 학생선수들이 학교 소속으로 대회에 참여하면 학교는 학생선수들에게 일정 수준 이상의 학업성적을 보장해주는 것이다. 따라서 우수한 운동능력을 가진 학생선수는 큰 노력을 기울이지 않아도 학업유지에 어려움을 겪지 않게 된다. 다시 말해 학교는 운동능력이 우수한 학생선수들에게 학업유지, 장학금, 금전적 이익을 보장해주고 대회성적을 요구하는 것과 같은 편법을 관행적으로 사용한다. 또한 일부 학교의 경우, 학생선수들의 상급학교 진학 시 금품을 수수하거나 학생선수 선발에 있어 부정행위를 저지르기도 한다.

3) 선수 일탈과 부정행위

오늘날 학원스포츠의 현실상 승리에 대한 압박이 가중되면 그에 비례하여 일탈이나 부정행위가 증가한다. 그 예로 체급별 경기에서 지나친 체중감량으로 사망하거나, 학교의 기대와 코치 본인의 성공을 위해 학생들을 유급시키거나, 약물복용을 용인하는 사건 등은 과도한 경쟁의식과 승리를 위한 일탈을 정당화시킨 사례라고 볼 수 있다. 이는 학원스포츠 자체의 문제라기보다 일부 선수관리자들에 의해 촉발되는 것으로 학생선수들의 정상적 발달에 악영향을 주는 심각한 문제로 인식되고 있다.

다. 편협한 인간 육성

1) 지도자의 독재적 코칭

학교운동부에 소속되어 있는 일부 지도자는 자신에게 절대적 권한이 주어질수록 운동부를 완벽히 통제할 수 있을 것이란 믿음을 갖는다. 이와 같은 지도자의 독선적 행태는 스포츠의 교육적 적합성을 약화시킬 뿐만 아니라 학생선수들의 개인적·사회적 발달도 저해하는 측면이 있다. 그러나 학생선수, 학부모가 지도자의 독재적인 코칭에 문제를 제기하는 것이 사실상 불가능한 경우도 발생하는데, 이는 지도자들이 학생선수들의 경기출전 및 상급학교 진학 등에 결정적인 영향을 미치기 때문이다.

2) 비인간적 훈련(학습권, 폭력, 성폭력 등)

일부 학교운동부 지도자는 자신의 성공이나 자신의 위치를 확고히 하기 위해 학생선수들에게 무자비한 폭력을 행사하거나 신체운동능력을 고려하지 않고 비인간적으로 훈련을 시키는 경우가 있다. 문제는 이러한 과정을 지켜보는 학교 관리자나 부모도 이러한 훈련에 대해 이의를 제기하지 않는 것인데, 코치의 명성이나 승률이 높을수록 이러한 경우는 빈번해진다. 그 과정에서 학생선수들은 지속적으로 체벌과 폭력, 공포 분위기를 경험하게 되고, 운동하는 기계로 전락하여 학교와 운동부의 부속품으로 이용되어 소모될 수 있다.

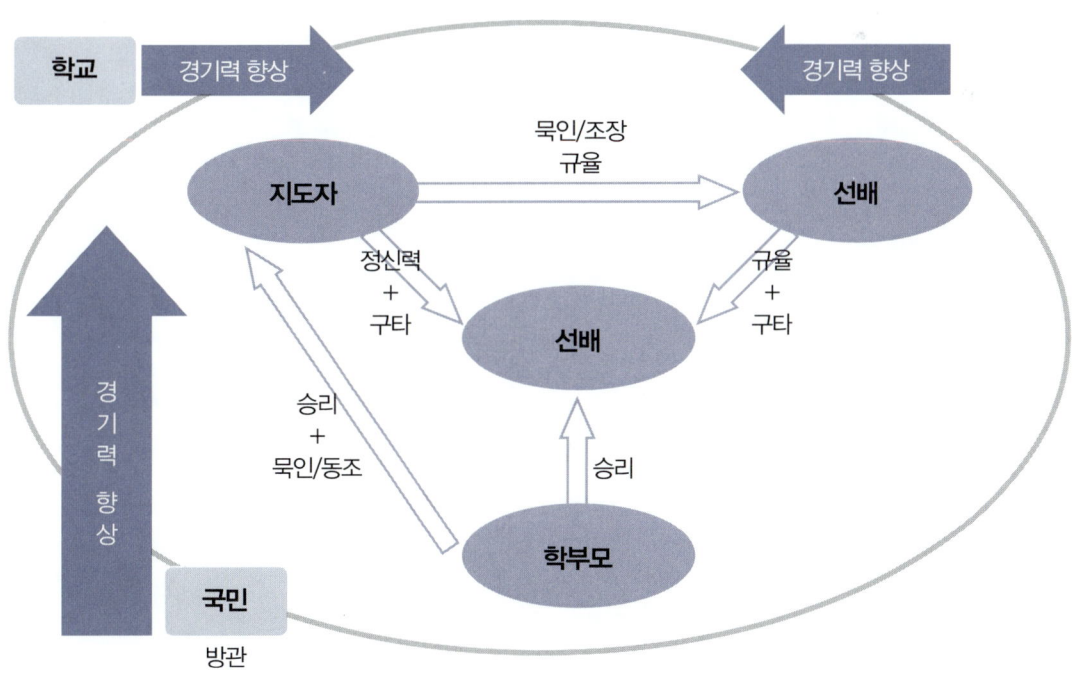

그림 4-3. 비인간적 훈련(구타) 발생 기전(고은하, 2005)

V부
스포츠와 미디어

현대사회는 '미디어의 시대'라고 말한다. 이 말은 현대인들의 삶과 미디어는 밀접한 관계를 갖고 있다는 것을 의미한다. 우리는 아침에 눈을 떠서 잠자리에 들기까지 수많은 미디어의 영향을 받는다. 신문이나 텔레비전 같은 전통적인 미디어를 사용할 뿐만 아니라 인터넷, 스마트폰 등에 이르기까지 다양한 미디어는 우리의 일상생활에 큰 비중을 차지하고 있다.

이렇게 미디어의 영향력이 증대하고 있는 상황에서 스포츠 또한 미디어의 영향력에서 예외가 아니다. 스포츠는 미디어와 상호관계를 맺으며 서로에게 영향을 주고 있다. 미디어는 스포츠의 인기 증가에 기여하는 반면에 한편으로는 스포츠를 상품화시키고, 방송에 적합한 형태로 스포츠의 변화를 유도하고 있다. 반대로 스포츠는 미디어에게 인기 있는 콘텐츠를 제공하며, 미디어의 보급 및 기술의 발전에 기여하고 있다.

이 단원에서는 스포츠와 미디어의 개념과 유형 및 특성에 대해 살펴보고, 스포츠와 미디어가 서로 어떠한 관계를 형성하고 있는지 알아보도록 한다.

1장 스포츠와 미디어의 이해

학습목표
- 스포츠미디어의 유형과 특성을 이해한다.
- 핫 스포츠 매체와 쿨 스포츠 매체의 개념과 특징을 알아본다.
- 스포츠 저널리즘의 개념을 이해한다.

1. 스포츠미디어의 이해

스포츠는 미디어와 결합할 때 더 큰 파급 효과를 가져올 수 있다. 스포츠의 본격적인 발전은 미디어와 스포츠의 결합을 통해 시작되었으며, 이때부터 스포츠는 미디어를 통해 더 큰 경제적·사회적 가치를 지닐 수 있게 되었다. 본 장에서는 스포츠와 미디어가 가지고 있는 개념, 발전과정, 기능 등의 이해를 통해 스포츠와 미디어가 어떤 연계성을 가지고 발전하였는지 살펴보고 스포츠미디어와 관련된 주요 이슈를 알아보고자 한다.

가. 스포츠미디어의 개념

1) 미디어

① 개념

미디어(media)는 중간, 매체, 도구, 수단이라는 뜻을 가진 미디엄(medium)의 복수형으로 매개체, 즉 어떤 것을 둘 사이에서 전달하는 물체나 수단을 의미한다. 일반적으로 우리가 말하는 미디어는 송신자(정보 제공)와 수용자(정보 습득) 간 정보의 전달이 이루어질 수 있도록 정보를 전송하는 매체를 말한다. 이 중 TV, 라디오 등과 같은 미디어는 불특정 다수의 대중을 대상으로 하고 있기 때문에 대중매체(매스미디어: mass media)라고도 불린다.

20세기 초에 미디어와 관련되어 진행된 연구는 인쇄미디어와 전자미디어를 주요 대상으로 삼았다. 인쇄미디어(print media)는 종이 위에 텍스트와 이미지를 사용하여 정보를 전달하는 신문, 잡지, 책 등과 같은 미디어를 의미하며, 20세기 초에는 주로 인쇄미디어를 통해 대중에게 정보를 전달하였다. 이후에 출현한 전자미디어(electronic media)는 인쇄미디어보다 기술적으로 발전된 형태로 텔레비전, 라디오, 영화 등과 같은 미디어를 지칭한다. 21세기에 이르러서는 정보통신 기술의 발달로 전자미디어보다 발달된 형태의 뉴미디어가 등장하여 다양한 부분에서 활용되고 있으며, 미디어의 역할과 기능도 이전보다 확대되었다.

② 기능

미디어는 현대인들의 생활에 많은 영향을 미치고 있다. 또한 정보통신 기술이 급속도로 발전함에 따라 인터넷, 모바일 기기 등과 같은 뉴미디어가 등장하면서 대중에게 미치는 미디어의 영향은 점차 확대되고 있으며, 현대사회에서 미디어의 기능도 강조되고 있다. 이러한 맥락에서 미디어의 역할과 기능은 다음의 4가지로 구분하여 정리할 수 있다.

첫째, 경제적 이익을 창출한다. 미디어의 사유화가 가능한 국가에서 미디어가 추구하는 주된 가치는 이윤추구이다. 미디어는 주로 광고 판매를 통해 이윤을 창출하며, 광고 판매를 촉진하기 위해 가능한 한 많은 대중이 관심을 가질 수 있는 미디어콘텐츠를 제작하여 제공한다.

둘째, 문화와 가치관을 효과적으로 전파한다. 미디어는 정보를 전파하기 위한 효과적인 수단이라고 할 수 있으며, 사회구성원으로서 준수해야 할 사회규범, 문화 등과 관련된 정보를 대중에게 효과적으로 전달한다. 또한, 사회의 지배적인 이데올로기를 전파하는 기능을 통해 공통의 가치관을 강화시키며, 이를 통해 지배적인 문화가 지속될 수 있도록 한다.

셋째, 공익적 목적의 서비스를 제공한다. 국가적 차원에서 운영되는 미디어는 공공서비스를 제공하는 역할을 수행하며, 대중에게 새로운 지식과 경험, 생활정보 등의 콘텐츠를 제공하여 공공의 복지 증진에 기여한다.

넷째, 대중에게 재미(오락)와 즐거움을 주기 위하여 스포츠, 엔터테인먼트 프로그램 등과 같은 콘텐츠를 제공한다.

2) 스포츠미디어
① 개념

스포츠미디어는 스포츠에 담긴 인간의 정서, 지식, 가치 등을 미디어를 통해 대중에게 전달하는 것을 말한다. 미디어가 없는 스포츠는 생각할 수 없을 정도로 스포츠와 미디어는 매우 밀접한 관계를 가지고 있다. 대중은 미디어를 통하여 간접적으로 스포츠를 경험할 수 있으며, 스포츠와 관련된 지식, 좋아하는 선수나 팀의 정보 등을 접할 수 있다.

② 기능

최근 들어 정보통신 기술이 발전하면서 스포츠미디어가 수행하는 기능은 점차 확대되고 있는 추세이다. 스포츠미디어의 기능은 정보 기능, 통합적 기능, 정의적 기능, 도피 기능으로 구분하여 설명할 수 있으며, 각각의 내용은 다음과 같다.
- 정보 기능: 미디어는 대중에게 스포츠와 관련된 정보를 제공한다. 대중에게 제공되는 정보는 미디어의 유형에 따라 그 내용이 상이하지만, 일반적으로 선수에 대한 소개, 경기 내용 및 결과, 경기 규칙 등에 관련된 정보를 포함한다.
- 통합적 기능: 스포츠는 미디어를 통해 대중에게 공유할 수 있는 경험을 제공함으로써 사회집단을 통합하는 기능을 한다.
- 정의적 기능: 스포츠는 미디어를 통해 대중으로 하여금 즐거움, 흥미, 관심을 느끼게 한다.
- 도피 기능: 미디어를 통해 스포츠는 대중에게 일상생활에서 접할 수 없는 새로운 경험을 제공한다. 이러한 경험을 통해 대중은 대리만족을 경험하며 일상생활에서 느끼는 불안, 좌절, 스트레스 등을 해소한다.

나. 스포츠미디어의 변화

1) 스포츠미디어의 발전

스포츠와 미디어는 서로 긴밀한 관계를 맺으며 발전하고 있다. 이러한 발전 과정을 시대별로 살펴보면, 초기에는 신문을 비롯한 인쇄미디어가 텍스트를 중심으로 스포츠경기 결과, 선수 정보 등을 대중에게 전달하였다. 그러다가 라디오, 텔레비전 등의 전자미디어가 등장하면서 소리와 영상을 사용하여 스포츠 관련 정보를 전달하였다. 이는 미디어가 대중에게 스포츠를 홍보하는 형태라고 할 수 있으며, 스포츠를 콘텐츠로 활용하기 위해 스포츠조직 및 선수를 재정적으로 후원한다.

1970년대에 이르러 상업적 목적을 가지고 있는 기업에서 소비자와의 커뮤니케이션을 위해 스포츠를 활용하기 시작하면서 이를 소재로 한 광고가 등장하게 되었으며, 1980년대에는 스포츠가 시청자의 흥미를 유발할 수 있는 중요한 방송 콘텐츠로 각광받았다. 그리고 1990년대에 위성방송이 출현하면서 스포츠는 거리와 시간의 제약에서 벗어나 전 세계로 방송될 수 있는 기반이 구축되었으며, 이에 따라 스포츠는 점차 거대화·상업화되었다.

미디어 발전의 영향으로 스포츠의 상업화 경향이 두드러지면서 방송사는 수익 향상을 위해 스포츠 콘텐츠를 적극적으로 활용하였다. 특히, 미디어는 올림픽, 월드컵 등 많은 사람들이 관심을 갖고 있는 스포츠 메가 이벤트 중계권을 확보하기 위해 많은 투자를 하고 있다.

2) 한국 스포츠미디어의 발전 과정

우리나라의 미디어에서 스포츠를 다루기 시작한 것은 1890년대 「독립신문」, 「황성신문」, 「대한매일신보」 등의 인쇄미디어가 계몽운동의 일환으로 체력, 체조교육 등의 필요성을 기사화하면서 시작되었다.

> **참고자료 및 읽을거리**

스포츠미디어의 발전 및 변화

연대	발전 및 변화
1885	• 신문에 정기적으로 스포츠 기사 게재
1920	• 라디오 중계방송
1950	• TV 대중화 초기 • 스포츠와 미디어 간 동반자적 관계 형성
1960	• 스포츠신문 보급 및 TV 대중화 • 스포츠와 미디어 간 공생관계 형성 • 1960년 로마올림픽경기를 외국으로 중계방송 • 1964년 도쿄올림픽 위성방송 중계
1970	• 기업의 스포츠 커뮤니케이션 전략 도입 • 스포츠 광고 출현
1980	• 새로운 영상문화 출현과 쇼 스포츠 개념 등장 • 스포츠 프로그램에 대한 방송사의 경영가치 중시 인식 형성
1990	• 미디어 간 스포츠중계권 경쟁 초기 • 스포츠 프로그램에 대한 방송사의 높아진 가치 형성
2000	• 사이버 스포츠산업 발전 • TV 중계 중심에서 인터넷, 모바일 등 다양한 미디어를 통한 중계 발달 • 프로스포츠 국제화 시대 도래

우리나라의 스포츠 중계는 1927년 9월 경성방송국에서 라디오로 중계한 '전 조선 야구선수권 쟁탈전'이 시초이며, 이어서 1933년 4월에는 전수대학과 조선권투구락부의 권투경기, 1939년에는 캐나다 '웨스턴 농구단'과의 경기가 라디오로 중계되었다. 그리고 1960년대에 이르러서는 스포츠신문이 등장하였고, 이로써 스포츠와 미디어는 본격적으로 결합하게 된다.

신문의 경우, 1969년 「일간스포츠」가 창간되면서 스포츠가 독립적으로 보도되기 시작하였으며, 텔레비전의 경우에는 1982년 프로야구의 출범과 더불어 프로축구, 민속씨름, 농구, 배구 등이 인기를 끌면서 스포츠미디어로서의 역할을 수행하기 시작하였다. 특히 1980년대에는 정부가 정책적으로 스포츠에 개입하면서 스포츠, 미디어, 기업의 3자 구도가 형성되었으며, 1990년대는 이러한 관계가 심화되어 나타났다.

이후에도 스포츠는 미디어의 핵심 콘텐츠로 여겨지고 있으며, 최근에는 케이블TV, 인터넷, 모바일 등 다양한 미디어가 등장하면서 스포츠미디어의 영역이 확대되고 있다.

3) 뉴미디어의 등장과 스포츠

인터넷, 모바일 등과 같은 뉴미디어의 등장은 대중이 스포츠를 수용하는 방식의 변화를 가져왔다. 신문, 잡지, 텔레비전 등과 같은 기존의 미디어를 접할 때 대중은 주로 미디어가 주는 정보를 일방적으로 받아들이는 수용자로서의 역할만을 수행했다면, 뉴미디어를 접하는 대중은 미디어의 수용자 역할을 수행할 뿐 아니라 정보에 적극적으로 개입하고, 때로는 미디어콘텐츠를 생산하는 생산자의 역할을 담당하기도 한다. 다시 말해, 뉴미디어의 등장으로 정보의 생산자와 소비자는 양방향적인 커뮤니케이션이 가능하게 되었으며, 미디어콘텐츠의 생산자와 소비자의 경계는 무너지게 되었다. 예를 들어, 스포츠를 소비하는 대중은 신문이나 텔레비전을 통해 스포츠경기를 시청하고 관련된 정보를 습득하는 동시에 인터넷 블로그, 개인 홈페이지 등을 통해 미디어콘텐츠를 생산하는 주체가 되기도 한다.

다. 스포츠미디어 관련 주요 이슈

1) 스포츠 메가 이벤트의 미디어 이벤트화

미디어는 시청자의 관심이 높은 올림픽, 월드컵 같은 스포츠 메가 이벤트의 중계권을 확보하기 위해 노력한다. 스포츠 메가 이벤트는 많은 사람이 관심을 가지고 시청하는 전 세계적 이벤트로서 이를 중계하기 위한 방송권은 매우 높은 가격에 거래되고 있으며 경쟁도 매우 치열하다.

올림픽이나 월드컵 같은 스포츠 메가 이벤트가 지금과 같은 성공을 거둘 수 있었던 이유는 전 세계인들이 미디어를 통해 스포츠경기를 시청할 수 있었기 때문이다. 올림픽의 경우 전 세계 인구의 90%가 지켜보는 지구촌 축제로 불리고 있으며, 월드컵축구대회는 단일 종목으로는 세계적으로 가장 인기 있는 대회로, 2006년 독일월드컵 결승경기는 전 세계의 약 7억 명 이상이 시청한 것으로 나타났다.

2) 스포츠 방송 중계권

미디어는 광고를 통해 대부분의 수입을 얻는다. 그렇기 때문에 미디어는 높은 광고료 수입을 얻기 위해 시청률이 높은 미디어콘텐츠를 선호하는 경향이 있다. 스포츠는 대중적 인기가 높아 시청률을 높이는 데 유리하며, 특정 계층을 대상으로 광고를 진행하기 원하는 광고주의 요구를 충족시킬 수 있다. 이로 인해 미디어는 광고주와 스포츠를 소비자와 광고주 모두 동시에 만족시킬 수 있는 콘텐츠로 인식된다.

한편, 방송사가 스포츠를 중계하기 위해서는 특정 지역에서 경기에 대한 배타적 방송 권리를 행

참고자료 및 읽을거리

국내 방송사들의 올림픽 중계권 구매 현황(정영남, 2008 재구성)

대회	방송권료	전 대회 대비
1988 서울(하계)	345만	–
1992 알베르빌(동계)	15만 6천	–
1992 바르셀로나(하계)	750만	117% 인상
1994 릴레함메르(동계)	16만	3% 인상
1996 애틀랜타(하계)	975만	30% 인상
1998 나가노(동계)	55만	244% 인상
2000 시드니(하계)	1,375만	41% 인상
2002 솔트레이크시티(동계)	75만	36% 인상
2004 아테네(하계)	1,550만	13% 인상
2006 토리노(동계)	90만	20% 인상
2008 베이징(하계)	1,800만	16% 인상
2010 밴쿠버(동계)	200만	122% 인상
2012 런던(하계)	3,100만	72% 인상

사할 수 있는 중계권이 필요하다. 또한 중계권을 확보한 방송사는 중계권을 재판매하여 수익을 창출하는 전략을 사용하기도 한다.

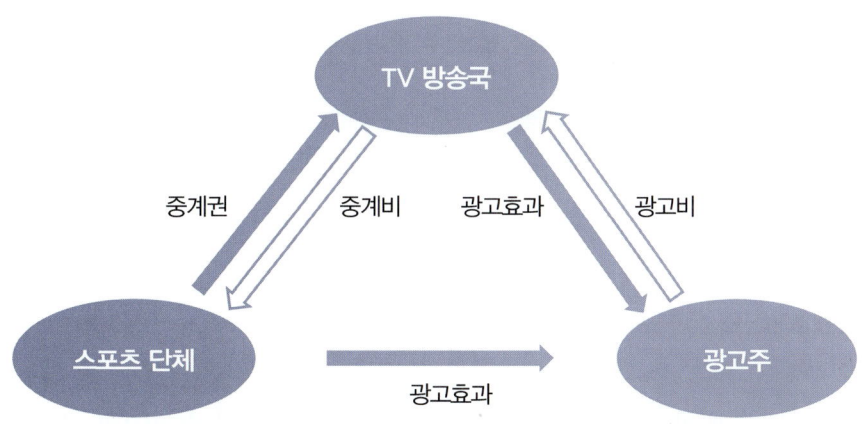

그림 5-1. TV와 스포츠 단체 및 광고주의 관계(정영남, 2008)

중계권 확보를 위한 방송사들의 치열한 경쟁으로 중계권료는 기하급수적으로 상승하고 있으며, 이에 따른 여러 문제점이 발생하고 있다. 월드컵의 경우, 2002년 한·일 월드컵 당시 우리나라 방송사는 3,500만 달러에 방송권을 구매하였지만, 2014년 브라질월드컵에서는 중계권료가 1억 4,000만 달러로 2002년보다 약 4배가량 상승하면서 국내 방송사들의 재정운영에 부담을 주고 있다. 또한 방송사에서는 해외 스포츠의 중계권을 구매하는 데 많은 투자를 하고 있으며, 이는 상대적으로 국내 프로스포츠 리그에 대한 투자를 감소시키고, 방송에서 국내스포츠 리그 중계의 비중을 약화시키는 결과를 초래하였다.

3) 보편적 접근권

높은 시청률을 보장하는 스포츠 프로그램에 대한 과잉경쟁, 과다한 중계권료 지출, 국민의 시청권 등에 대한 논쟁이 계속되면서 제도적 장치로 '보편적 시청권'의 필요성이 제기되었다.

'보편적 시청권'이란 올림픽, 월드컵과 같이 국민의 관심이 큰 스포츠경기 등에 대한 방송을 국민이 시청할 수 있는 권리를 말하며(방송법 제2조 제25호), 2007년 방송법 개정과 2008년 방송법 시행령 개정으로 보편적 시청권 제도가 도입되었다.

표 5-1. 보편적 시청권의 대상과 금지 내용

적용 대상행사 (방송법 제76조)	• 보편적 시청권의 대상인 국민관심행사는 '보편적 시청권 보장위원회'의 심의를 거쳐 방송통신위원회가 고시로 지정 • 동·하계올림픽, FIFA 월드컵, 야구WBC, 아시안게임, 축구A매치 등
금지행위 내용 (방송법 시행령 제60조의3)	• 국민관심행사에 대하여 국민 전체 가구 수 중 고시하는 비율(올림픽·월드컵: 전체 가구의 90/100, 야구WBC·아시안게임·축구A매치: 75/100) 이상이 시청할 수 있는 방송수단을 확보하지 아니하는 행위 • 중계방송권을 확보하였음에도 불구하고 정당한 사유 없이 국민관심행사를 실시간으로 방송하지 아니하는 행위 • 정당한 사유 없이 중계방송권의 판매·구매를 거부·지연시키는 행위 • 정당한 사유 없이 국민관심행사에 대한 뉴스보도나 해설 등을 위한 자료화면을 제공하지 아니하는 행위

2. 스포츠미디어의 유형과 특성

스포츠미디어는 크게 인쇄미디어, 전자미디어, 뉴미디어로 구분할 수 있으며 미디어의 발전에 따라 스포츠미디어가 가지고 있는 특성도 변화하였다. 스포츠미디어의 유형은 인쇄미디어, 방송미디어, 뉴미디어로 나누어 살펴볼 수 있으며, 미디어별로 각기 다른 특성을 나타내고 있다.

가. 스포츠미디어의 유형

1) 인쇄미디어

인쇄미디어는 스포츠에 대한 정보를 얻을 수 있는 주요 수단이며, 성격에 따라 신문, 잡지와 정기간행물로 나눌 수 있다.

① 신문

최초로 스포츠가 미디어에 등장한 것은 신문을 통해서였다. 신문이 제작되기 시작 한 초기 무렵, 신문에 스포츠와 관련된 내용이 실리는 경우는 매우 드물었다. 문헌을 통해 알려진 바에 의하면 스포츠가 미디어에 최초로 등장한 사례는 1733년 보스턴 가제트(Boston Gazette)사가 영국에서 열린 권투경기에 대한 내용을 보도한 것이다.

1833년 퓰리처(Pulitzer)의 「뉴욕 월드(New York World)」는 스포츠 전담 부서를 운영하여 신문의 주요 콘텐츠로 스포츠를 다루었으며, 「뉴욕 저널(New York Journal)」은 1895년 최초로 별도의 스포츠 섹션을 마련하기도 하였다. 이후 대부분의 신문사는 스포츠를 담당하는 기자 및 편집자를 고용하였고, 보다 체계화된 형태로 스포츠 관련 기사를 보도하기 위해 노력하였다.

1950년대에는 TV가 등장하면서 스포츠를 보도하는 신문의 기사 내용은 급격하게 변화하였다. TV를 통해 영상으로 경기를 접할 수 있었기 때문에 신문은 스포츠경기를 그대로 전달하기보다는 스포츠경기를 분석하는 내용을 주로 보도하였다.

② 잡지와 정기간행물

최초로 스포츠를 소개한 정기 간행물은 주로 자전거경주, 낚시, 사격, 사냥 등에 관련된 내용을 다룬 미국의 「The America Farmer」이다. 1819년 「The America Farmer」에 최초로 스포츠에 대한 내용이 소개된 이후 스포츠와 관련된 내용은 정기간행물에 빈번히 등장하게 되었다. 1954년에 발간된 스포츠 전문 잡지인 「Sports Illustrated」는 스포츠경기 정보, 스포츠경기 분석 및 예측 등을 전문적인 시각으로 다루고 있으며, 가장 성공적인 스포츠 전문 잡지로 알려져 있다.

2) 방송미디어

방송미디어는 주요 전달 수단으로 전파를 사용하는 미디어를 지칭한다. 대표적인 방송미디어로는 라디오, TV, 영화 등이 있으며 인쇄미디어에 비해 대량의 정보를 대중에게 한 번에 전달할 수 있다는 장점을 가지고 있다. 하지만 정해진 시간 내에 정보를 전달해야 한다는 특성 때문에 시간적 제약을 극복하기 어려운 단점을 가지고 있다.

① 라디오

1920년대에 들어서면서 대중의 스포츠에 대한 관심이 높아지자 미국에서는 라디오방송국에서 스포츠경기를 중계하기 시작하였다. 라디오방송국들은 청취자에게 즐거움을 주기 위해 스포츠를 방송 콘텐츠로 활용하였으며, 스포츠를 상품화함으로써 금전적 이익을 얻었다.

다시 말해 라디오는 스포츠를 홍보하는 도구가 되었으며, 스포츠는 라디오의 청취율과 보급률을 높이기 위한 수단이 되었다. 라디오는 1930년대 텔레비전이 출현하기 전까지 스포츠 중계의 핵심적인 역할을 하였으나, 텔레비전이 보급되고 뉴미디어가 등장하면서 스포츠 중계에 있어 라디오의 영역은 상대적으로 축소되었다.

우리나라의 경우에는 1927년 2월 16일 경성방송국에서 라디오 중계를 시작하였는데, 그 당시 라디오 보급률이 낮았음에도 불구하고 라디오 중계를 듣기 위해 온 마을 사람들이 라디오 앞에 모여서 귀를 기울였다고 한다.

② 텔레비전

오늘날 텔레비전은 극적인 볼거리를 찾는 현대인들에게 가장 인기 있는 미디어로 성장하였으며, 극적인 모습을 통해 더 많은 재미를 느낄 수 있는 스포츠는 텔레비전과 밀접한 관계를 가지게 되었다. 스포츠가 텔레비전을 통해 최초로 중계된 것은 1936년 베를린올림픽이었다. 비록 그 당시 주최국 독일을 비롯한 몇 개의 지역에서만 방송되었지만, 시청자의 반응은 열광적이었다. 1951년 이후 미국의 미식축구 경기가 텔레비전을 통해 중계되기 시작하였으며, 1964년 도쿄올림픽부터는 인공위성을 통해 전 세계적으로 스포츠 중계를 시청하는 것이 가능해졌다.

스포츠경기에 참여하는 선수들의 움직임과 극적 요소들이 텔레비전을 통해 시각화되면서 시청자는 박진감, 생동감, 현란함 등을 느낄 수 있었으며 스포츠 중계는 큰 인기를 얻게 되었다.

한편, 스포츠가 벌어들이는 수익의 가장 큰 부분은 텔레비전 중계료 수익이다. 스포츠경기 중계는 다른 콘텐츠에 비해 제작비용이 적게 들면서도 일정한 시청률을 보장해준다는 점에서 방송국 입장에서는 매력적인 콘텐츠라고 할 수 있다. 특히 국가대표 경기와 유명 스타선수가 출전하는 경기는 단기성 이벤트임에도 불구하고 시청률이 높기 때문에 방송국들은 이러한 스포츠 이벤트의 중계권을 확보하기 위해 노력하고 있다.

3) 뉴미디어

뉴미디어는 단어 그대로 '새로운 미디어'를 의미한다. 정보통신이 발달하면서 새로운 뉴미디어는 계속 등장하고 있으며 기존의 뉴미디어도 발전을 거듭하고 있다. 대표적인 뉴미디어로는 인터넷, 모바일 기기, 비디오 게임 등이 있다.

① 인터넷

세계적으로 인터넷 이용자 수는 계속해서 증가하고 있다. 오늘날 인터넷은 엄청난 양의 정보를 제공하고 있으며, 스포츠는 인터넷의 핵심적인 콘텐츠 요소로 각광받고 있다.

주요 인터넷 포털 사이트에서는 독립적인 섹션에 스포츠 코너를 마련하여 주요 경기 기사, 주요 선수 정보, 기록, 순위 등을 제공하고 있다. 또한 최근에는 인터넷 데이터 전송기술이 발전하면서 인터넷 웹사이트를 통해 경기를 중계하는 것이 가능해졌다. 우리나라의 경우 네이버, 다음 등의 대형 포털 사이트에서는 국내 프로리그는 물론 해외 유명 스포츠리그의 중계권을 구매하여 경기를 중계하고 있다.

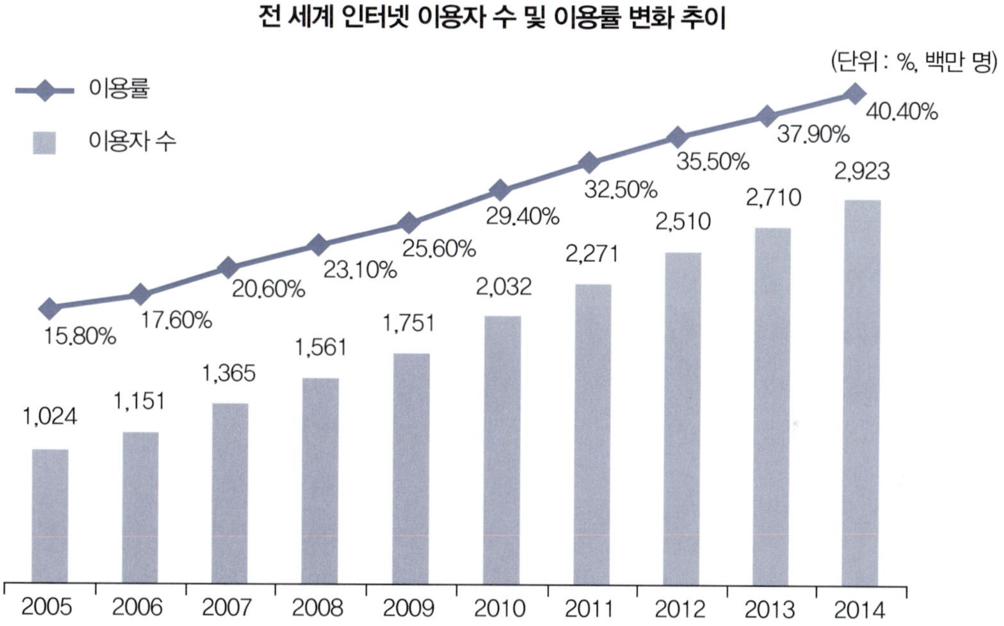

전 세계 인터넷 이용자 수 및 이용률 변화 추이

(단위: %, 백만 명)

연도	이용자 수	이용률
2005	1,024	15.80%
2006	1,151	17.60%
2007	1,365	20.60%
2008	1,561	23.10%
2009	1,751	25.60%
2010	2,032	29.40%
2011	2,271	32.50%
2012	2,510	35.50%
2013	2,710	37.90%
2014	2,923	40.40%

그림 5-2. 전 세계 인터넷 이용자 수 및 이용률 변화 추이(한국인터넷 백서, 2014)

② 모바일 기기

정보통신 기술이 발전하면서 스마트폰, 태블릿 PC 등과 같은 모바일 기기를 통해 스포츠미디어를 접할 수 있는 기회도 증가하였다. 컴퓨터가 가지고 있는 대부분의 기능을 지닌 최신 모바일 기기는 보다 편리하게 스포츠 정보, 기사, 경기 중계 등의 서비스를 이용할 수 있게 해준다. 또한 모바일 기기를 통해 시간과 장소에 구애받지 않고 인터넷을 이용하여 스포츠미디어에 접근할 수 있다.

또한 모바일 기기의 중요한 특징 중 하나는 자신에게 필요한 어플리케이션(application)을 편리

그림 5-3. 스마트폰을 이용한 스포츠 중계방송 시청

하게 활용할 수 있다는 점이다. 어플리케이션이란 휴대폰의 응용 소프트웨어를 의미하는데, 실생활에 도움을 줄 수 있는 유용한 것들이 제작되어 유료 혹은 무료로 배포되고 있다. 스포츠에 관련된 어플리케이션도 다수 등장하였으며, 이용자들은 본인의 관심에 따라 관련된 어플리케이션을 활용하여 운동 방법, 스포츠경기 관람 예매, 주요 선수 기록 비교 등의 다양한 정보를 얻게 된다.

나. 스포츠미디어의 특성

1) 핫 매체 스포츠와 쿨 매체 스포츠

매클루언(McLuhan, 1966)은 그의 저서 『매체는 메시지다(The Medium is the Massage)』를 통해 "매체와 사회는 불가분의 관계가 있다."고 설명하면서 매체에 대한 이해의 중요성을 언급하였다.

또한 매클루언은 미디어를 특성에 따라 핫 매체(hot media)와 쿨 매체(cool media)로 구분하였으며, Loy와 Birrel(1974)은 매클루언의 이론을 토대로 각 미디어별 특성에 적합한 스포츠를 핫 매체 스포츠와 쿨 매체 스포츠로 구분하여 설명하였다.

핫 매체 스포츠는 정적인 스포츠, 개인 스포츠, 기록 스포츠, 공격과 수비가 구분된 스포츠를 의미한다. 이러한 형태의 매체 스포츠에서는 전달하려는 정보가 분명한 정도를 뜻하는 스포츠의 정의성이 높게 나타난다. 그리고 스포츠를 관람하는 수용자의 감각 참여성과 감각 몰입성이 낮은 특성이 있으며, 수용자가 미디어를 통해 받아들이는 정보가 쉽게 수용된다는 특징을 가지고 있다.

쿨 매체 스포츠는 동적 스포츠, 팀 스포츠, 득점 스포츠, 공격과 수비가 구분되지 않는 스포츠를 포함한다. 쿨 매체 스포츠는 경기가 빠른 속도감을 가지고 있고 변화의 가능성이 높기 때문에 미디어가 전달하는 정보가 분명한 정도(스포츠의 정의성)는 낮지만 수용자의 감각 참여성과 감각 몰입성은 높다.

표 5-2. 핫 스포츠와 쿨 스포츠의 특성 비교(임번장, 2010)

특성	핫 매체 스포츠	쿨 매체 스포츠
스포츠의 정의성	높다	낮다
스포츠 관람인의 감각 참여성	낮다	높다
스포츠 관람인의 감각 몰입성	낮다	높다
경기 진행 속도	낮다	높다
경기 진행 형태	단선형	복선형
스포츠 유형	정적 스포츠 개인 스포츠 기록 스포츠 공격과 수비가 구분된 팀 스포츠	동적 스포츠 팀 스포츠 득점 스포츠 공격과 수비가 구분되지 않는 스포츠
스포츠 종목	검도, 골프, 권투, 레슬링, 배드민턴, 볼링, 빙상, 사격, 수중발레, 사이클, 스키, 스케이트, 태권도, 승마, 씨름, 야구, 양궁, 역도, 요트, 유도 등	경마, 농구, 럭비, 배구, 자동차경주, 미식축구, 아이스하키, 하키, 축구, 핸드볼 등

2) 스포츠미디어의 소비 경험과 결과

스포츠미디어의 소비가 대중의 삶에 어떠한 영향을 미치는지에 대해 많은 논의가 이루어지고 있다. 일반적으로 미디어를 통한 스포츠 소비가 실제 스포츠 참여로 이어지는 데 긍정적인 영향을 준다고 믿고 있지만, 모든 스포츠미디어의 소비가 무조건 실제 스포츠 참여로 이어지는 것은 아니다. 다만, 많은 학자들은 부모, 교사, 지도자 등이 스포츠미디어의 경험에 올바르게 관여할 때 스포츠미디어의 소비가 참여 스포츠로 이어질 수 있는 가능성이 있다고 주장하고 있다.

3) 스포츠미디어별 특성

신문 및 인쇄미디어, 라디오, 텔레비전 같은 대표적인 미디어의 비교를 통해 미디어의 특성을 이해할 수 있다.

신문 및 인쇄미디어는 값싼 비용으로 신속하게 제작이 가능하며, 오락미디어로서 독자에게 심리적으로 쉽게 수용된다는 장점이 있다. 하지만 신문 및 인쇄미디어는 독자에게 미디어를 전달하기 위한 일정한 시스템이 구축되어 있어야 하며, 미디어가 전달하는 정보를 받아들이는 독자의 문자 해독 수준에 따라 수용에 어려움을 겪을 수도 있다는 단점이 있다.

라디오는 가장 널리 전달될 수 있는 소식원의 역할을 하며, 수신기 가격과 프로그램 제작비가 저렴하다는 장점이 있다. 또한 오락미디어로서 청취자가 쉽게 수용할 수 있으며, 상상력을 유발한다는 특징이 있다. 반면에 라디오는 이전의 인쇄미디어보다 발전된 네트워크가 필요하며, 시각적이지 않다는 단점이 있다.

텔레비전은 영상을 통해 정보의 전달이 효과적으로 이루어질 수 있으며, 대중에게 가장 친숙한 미디어이다. 하지만 신문이나 라디오와 비교했을 때, 텔레비전 시청을 위한 수신장비의 가격은 상대적으로 높은 편이며, 프로그램 제작비 또한 높다는 단점이 있다.

표 5-3. 미디어별 특성 비교(정영남, 2008)

미디어	장점	단점
신문 및 인쇄매체	널리 보급되고 받아들여지는 소식원 오락미디어로서 심리적으로 쉽게 수용 값싸게 생산 분배 가능 신속한 제작 기능 속보성 지역활동과 상호협동 기능	• 비교적 분배 네트워크 필요 • 문자해독력이 문제 • 훈련된 생산요원 필요
라디오	가장 널리 전달되는 소식원 수신기 가격 저렴 프로그램 제작비 저렴 오락미디어로서 수월한 심리적 수용 상상력 유발 기능	• 발전된 네트워크 요구 • 비시각적 미디어 • 훈련된 요원 필요
텔레비전	널리 보여주는 소식원 대중적인 미디어 오락미디어로서 수월한 심리적 수용 시각적 미디어로 창조적인 생산 이용	• 매우 발전된 네트워크 요구 • 수신기 및 수신료 고가 • 프로그램 제작비 높음 • 훈련된 요원 필요

4) 스포츠미디어의 전개 과정

전통적으로 스포츠는 신체활동을 통한 건강 유지, 교육·오락 등의 기능을 담당하였다. 하지만 미디어의 보급은 '하는 스포츠'에서 '보는 스포츠'로의 변화를 야기하여 스포츠가 가지고 있는 전통적 기능을 확대시켰다. 이러한 변화는 스포츠시장의 산업화에 큰 영향을 미쳤으며, 미디어를 매개로 하는 미디어스포츠를 발전시켰다.

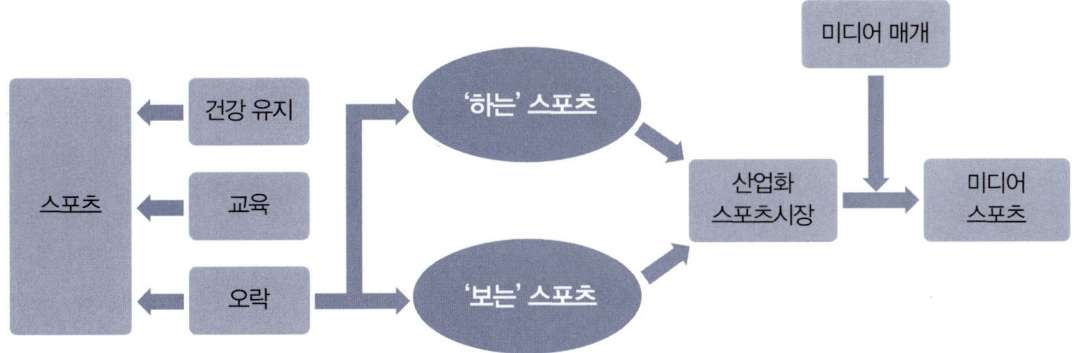

그림 5-4. 미디어스포츠의 개념 및 전개과정(김원제, 2005)

3. 스포츠 저널리즘의 이해

가. 스포츠 저널리즘의 의미

과거에는 저널리즘이 "신문, 잡지 등과 같은 출판물을 통해 시사적인 정보를 대중에게 전달하는 활동"이라는 좁은 의미로 사용되었다. 하지만 20세기에 이르러 미디어가 발전하면서 등장한 라디오와 텔레비전 등의 방송미디어는 저널리즘의 개념을 확장시켰으며, 최근에는 인쇄미디어와 방송미디어를 포함한 각종 미디어를 통해 이루어지는 모든 커뮤니케이션 활동이라는 의미로 사용되고 있다. 스포츠를 이에 대입시켜보면, 스포츠 저널리즘은 "미디어를 통해 이루어지는 스포츠와 관련된 커뮤니케이션 활동"으로 의미를 정리할 수 있다.

우리는 스포츠가 인터넷 포털 사이트 검색어 순위에서 상위에 노출되는 것을 쉽게 볼 수 있는데, 이를 통해 스포츠에 대한 대중의 관심이 높다는 점, 그리고 미디어에서 스포츠가 차지하는 비중이 매우 크다는 점을 알 수 있다. 대중은 스포츠선수를 단순히 운동만 하는 사람으로 생각하지 않는다. 유명 스포츠선수는 연예인보다 더 많은 인기를 얻고 있으며, 대중은 선수들의 경기력에 대한 관심을 넘어서 그들의 일거수일투족에 관심을 갖는다.

한편, 대중은 스포츠 기사가 객관적인 정보만 제공한다고 생각하지만, 실제로 스포츠 기사는 항상 객관적인 정보만 제공하지는 않는다. 따라서 스포츠 저널리즘에 대한 올바른 이해를 통해 보다 객관적인 시각에서 스포츠와 관련된 보도를 바라볼 필요가 있다. 예를 들면, 특정한 선수의 이적을 다루는 기사를 접할 때 우리는 그것을 단순한 정보로 생각할 수 있다. 하지만 정보는 전달하는 방법과 누군가의 의도에 따라 편집되고 각색될 수 있기 때문에 선수의 이적을 다루는 단순한 정보일지라도 편집자의 의도 혹은 다른 제3자의 의도가 정보에 개입될 수 있다는 사실을 인지하고 있어야 한다.

나. 스포츠 저널리즘 관련 쟁점

1) 정확성, 공정성, 객관성의 결여

스포츠 저널리즘의 정확성과 공정성 그리고 객관성의 결여 문제는 그동안 스포츠와 관련된 정보가 사회적 문제로 인식되기보다는 대중의 관심을 끌기 위한 정보로 인식되었기 때문에 발생한다고 볼 수 있다. 미디어는 대중이 흥미를 느낄 수 있는 자극적인 정보를 위주로 콘텐츠를 구성하고 대중의 관심을 유도하기 위해 노력하기 때문에 객관적이고 정확한 보도가 이루어지기 어려운 측면이 있다.

하지만 대중은 스포츠 저널리즘을 통해 정확하고 공정한 객관적인 보도를 기대하고 있기 때문에 스포츠 저널리즘은 다루고 있는 정보에 대해 최대한 객관적인 입장을 취하기 위해 노력해야 하며, 스포츠 보도에 있어서 과장, 축소, 편파적인 태도를 경계해야 한다.

 참고자료 및 읽을거리

엠바고(embargo)
저널리즘에서 엠바고란 취재원과 합의를 통해 보도 시점을 조정하는 것을 말한다. 스페인어로 '상선의 출항 금지'를 뜻하는 'embargar'에서 기원한 단어로, 일반적으로 저널리즘에서 사용되는 용어이다. 엠바고는 충분한 취재 시간 확보를 통해 미디어 보도의 정확성을 향상시킨다는 긍정적 측면을 가지고 있지만, 언론을 통제하는 기능으로 악용되어 국민의 알 권리를 침해한다는 부정적 측면도 가지고 있다.

2) 개인 사생활 침해

대중의 호기심을 자극하기 위한 흥미 위주의 기사는 개인의 사생활을 침해하는 문제로 이어질 수 있다. 개인의 사생활 침해 문제는 스포츠 보도의 초점이 유명 인기 스포츠스타의 개인생활로 이어질 경우 발생할 가능성이 커진다. 하지만 스포츠 저널리즘은 대중의 흥미를 자극하고자 스포츠스타의 개인 사생활 같은 자극적인 정보를 얻고자 하며, 이를 위해 몰래카메라 같은 불법적인 방법을 사용하여 사회적 문제를 야기하기도 한다.

3) 스포츠선수의 상품화

미디어는 대부분의 수입을 광고수입에 의존하며, 높은 광고 수익을 얻기 위해서는 대중의 관심이 필수적으로 요구된다. 이 때문에 스포츠 저널리즘은 대중의 관심을 끌기 위해 스포츠콘텐츠를 상품화하려는 경향이 있으며, 이와 같은 경향은 여성 선수를 보도하는 경우에 두드러지게 나타난다. 미디어는 여성 선수의 특정 부위를 강조한 사진 또는 영상을 사용함으로써 선수 자체보다 외모나 몸매에 대한 관심을 유도하여 여성 선수를 상품화하기도 한다.

참고자료 및 읽을거리

옐로 저널리즘

옐로 저널리즘(Yellow Journalism)이란 대중의 본능을 자극하고 호기심에 호소하는 흥미 위주의 보도를 말한다. 옐로 저널리즘 혹은 황색 저널리즘은 1890년대 뉴욕의 두 신문사의 경쟁에서 비롯된 과열된 보도 행태를 지칭하는 표현으로 처음 사용되었다. 일반적으로 옐로 저널리즘은 상업적인 목적으로 쓰인 자극적인 기사를 지칭하며, 최근 인터넷 기사를 언급할 때 자주 등장하는 '낚시성 기사'도 일종의 옐로 저널리즘에 해당한다.

2장 스포츠와 미디어의 상호관계

📖 **학습목표**
- 스포츠에 대한 미디어의 영향을 이해한다.
- 미디어에 대한 스포츠의 영향을 이해한다.
- 스포츠와 미디어의 관계를 설명할 수 있다.

1. 스포츠와 미디어의 상호작용 및 공생관계

가. 미디어가 스포츠에 미치는 영향

미디어의 발전은 스포츠에 대한 관심을 증대시키는 데 기여하기도 했지만, 한편으로는 미디어에 대한 스포츠의 의존을 심화시킨 측면도 있다. 스포츠가 미디어에 의존한다는 것은 미디어의 요구에 따라 스포츠의 모습이 변화될 수 있음을 의미한다. 실제로 스포츠의 경제적 가치를 상승시키기 위해 미디어는 많은 부분에서 스포츠의 변화를 유도하였다.

또한 미디어는 스포츠를 상품화하여 스포츠의 불균형적 발전을 초래하였으며, 미디어의 상업화 바람은 스포츠가 가지고 있는 아마추어 정신을 퇴색시키기도 했다.

1) 스포츠 인구 증가

주로 경기장에 직접 찾아가서 경기를 관람해야 했던 과거와 달리 미디어의 발달로 적은 비용으로도 가정에서 혹은 경기장이 아닌 다른 곳에서도 스포츠를 관람할 수 있게 되었다. 따라서 스포츠 경기를 관람하는 인구가 증가하였으며, 이러한 스포츠 관람 인구의 증가는 스포츠가 보급되고 생활의 일부로 확산되는 데 결정적인 기여를 하였다. 스포츠 관람 인구의 증가는 비단 보는 스포츠의 참여자를 증가시켰을 뿐만 아니라, 하는 스포츠에 참가하는 인구를 증가시키는 데도 긍정적인 기여를 해왔다.

2) 스포츠의 상품화

① 스포츠의 불균형 발전 초래

미디어는 시청률 보장이 가능한 인기종목, 팀, 선수를 집중적으로 보도하고 상대적으로 대중에

표 5-4. 런던올림픽 간 지상파 방송 3사의 종목별 중계편성(상위 5그룹, 하위 5그룹) (방송통신위원회, 2012)

구분	KBS1	KBS2	MBC	SBS
수영	59건	35건	232건	75건
육상	132건	70건	112건	76건
유도	42건	48건	36건	201건
축구	58건	41건	55건	34건
양궁	16건	79건	40건	37건
테니스	1건	2건	0건	1건
트라이애슬론	1건	2건	0건	0건
근대5종	0건	0건	1건	0건
승마	0건	0건	1건	0건
요트	0건	0건	0건	0건

게 인기가 없는 스포츠는 소외시켜 스포츠의 불균형적 발전을 초래하였다. 이러한 미디어의 경향은 올림픽 중계에서 두드러지게 나타난다. 예를 들어, 런던올림픽에서 대중이 많은 관심을 가지는 수영 종목 중계는 총 401건으로 전체 중계의 16.5%의 차지하였으나, MBC는 테니스, 트라이애슬론, 요트의 3개 종목, SBS는 사이클, 카누, 조정, 트라이애슬론, 요트의 5개 종목, KBS는 근대 5종, 승마, 요트 3개 종목의 중계는 단 한 건도 이루어지지 않았다(표 5-4 참조).

② 아마추어 정신의 퇴색

미디어는 스포츠 참여의 의미보다는 승부의 경쟁적인 요소를 극대화하기 위해 노력한다. 따라서 미디어는 패자보다는 승자, 2등보다는 1등을 선호하게 되는데, 이와 같은 미디어의 선호는 스포츠에서 승리지상주의를 확대시켜 스포츠 본연의 아마추어 정신을 퇴색시킨다.

3) 스포츠 규칙 변경

미디어는 스포츠를 통해 보다 많은 경제적 이익을 얻기 위해 스포츠경기가 방송에 적합하도록 다양한 변화를 요구한다. 미디어의 요구에 의한 경기 규칙의 변화는 종목에 따라 다양한 형태로 나타났다.

농구경기의 경우, 본래는 전·후반으로 나누어 경기를 진행했지만 미디어의 광고시간 확보를 위해 쿼터제를 도입하였다. 예를 들어, 우리나라의 프로농구 리그는 종전에 전·후반 20분씩 총 40분으로 경기를 진행하던 것을 10분씩 4쿼터로 변경하여 이전보다 더 많은 광고가 편성될 수 있도록 하였다.

V-league(한국배구 리그)의 경우에는 원활한 중계방송이 가능하도록 랠리포인트제(rally point scoring system)를 도입하였다. 이러한 변화는 기량이 비슷한 팀의 경우 경기 시간이 길어져 경기 종료 시간을 예측할 수 없었던 배구경기 중계의 어려움을 해소하기 위한 것이었다.

골프의 경우에도 방송에 적합하도록 경기 규칙을 변경하였다. 이전의 골프경기는 주로 하나의 홀마다 승부를 정하는 매치플레이(match play) 방식으로 진행되었다. 매치플레이 경기 방식은 한 선수가 전체 18홀 중 과반수 이상의 홀에서 승리하면 바로 경기가 종료되었기 때문에 경우에 따라서는 10번 홀 이전에 경기가 종료되기도 하였다.

따라서 미디어는 골프경기의 종료시간을 예측하기가 매우 어려웠다. 경기 중계에서 경기 종료 시간을 예측할 수 없다는 문제점은 방송사가 광고시간을 배정하는 데 어려움을 주었으며, 경기 중계를 선호하지 않는 이유가 되었다. 하지만 방송국과 골프경기의 운영주체는 이와 같은 문제점을 해소하기 위해 각 홀의 타수를 기록하여 18번 홀이 끝날 때 총 타수가 가장 적은 선수가 우승하는 스트로크 플레이(stroke play) 방식으로 경기의 규칙을 바꾸는 데 합의하였다.

이 밖에도 농구의 3점 슛 제도 도입, 탁구에서의 타임아웃 제도 도입 등도 미디어의 요구에 의한 스포츠 규칙의 변화 사례로 볼 수 있다.

4) 스포츠 용구의 변화

텔레비전을 통해 스포츠경기를 관람하는 시청자들의 경기적 재미를 극대화하기 위해 경기에서 사용되는 스포츠 용구의 색깔을 시청자의 눈에 잘 띄도록 변경하였다.

유도의 경우 종전에는 경기에 참가하는 두 선수 모두 흰색 도복을 동일하게 착용하여 띠를 통해서만 선수를 구별할 수 있었지만, 시청자들이 보다 쉽게 구별할 수 있도록 참가 선수들이 각각 흰색과 청색을 나누어 입도록 경기 규정이 개정되었다.

탁구의 경우 이전에는 주로 흰색 탁구공을 사용하였지만, 흰색일 경우 눈에 잘 띄지 않는다는 이유로 주황색으로 변경되었고, 탁구대 또한 이와 같은 이유로 초록색에서 청색으로 바뀌었다. 또한 테니스경기에서는 텔레비전 시청자들이 공의 움직임을 명확하게 볼 수 있도록 주로 형광 노란색 공을 대회 공인구로 사용하고 있다.

그림 5-5. 스포츠 용구의 색깔 변화

5) 경기 일정의 변경

스포츠경기 시청률은 광고료 수입에 직접적인 영향을 미친다. 따라서 미디어는 수익을 극대화하기 위해 최대한 많은 텔레비전 시청자들이 스포츠경기를 관람할 수 있도록 스포츠경기의 일정에 영향을 준다.

예를 들어, 1988년 서울올림픽 중계권을 획득한 미국 NBC 방송국은 IOC에 경기 일정을 변경해줄 것을 요구하였다. NBC는 미국인들이 가장 많이 시청하는 인기종목의 결승전 시간을 미국 시간대에 맞게 변경하여 미국 내 시청률을 높이려고 하였으며, IOC는 중계권료 수익의 가장 큰 비중을 차지하고 있는 미국의 황금시간대에 경기가 실시될 수 있도록 경기 일정 변경을 승인하였다. 이에 따라 미국인들이 많은 관심을 가지고 있는 육상경기와 복싱경기의 결승전은 한국시간으로 낮 시간에 이루어지게 되었다.

6) 스포츠 기술의 발달 및 확산

미디어의 발달은 스포츠 기술의 발달 및 확산에 영향을 주었다. 텔레비전 중계는 이전 경기 장면을 반복적으로 분석할 수 있는 미디어 자료를 제공하며, 감독과 선수들은 미디어 자료를 통해 경기를 반복적으로 분석하고 검토하여 자신의 팀 전술 및 기술을 향상시키는 데 활용한다.

또한 스포츠 중계는 여가스포츠 참여자들에게 전문적 기술을 습득할 수 있는 기회를 제공해주는 측면이 있다. 스포츠 중계를 통해 여가스포츠 참여자들은 전문 선수들이 사용하는 경기 기술을 접할 수 있으며, 이를 통해 참가하는 스포츠의 재미를 더욱 크게 느끼기도 한다.

나. 스포츠가 미디어에 미치는 영향

1) 미디어콘텐츠 제공

스포츠에 대한 인기가 높아지면서 스포츠에 대한 미디어의 관심도 높아졌으며, 미디어는 스포츠를 효과적인 수익성 콘텐츠로 인식하게 되었다. 또한 스포츠는 다양한 장르에 영향을 미치고 있는데 스포츠를 소재로 한 영화, 만화 등이 그 사례라고 할 수 있다.

① 콘텐츠 제공

스포츠에 대한 대중의 관심이 높아지면서 스포츠는 미디어의 주요 콘텐츠로 인식되고 있다.

특히, 미디어의 수익성 확보에 스포츠 관련 콘텐츠는 중요한 역할을 한다. 스포츠는 지역 연고팀들 간의 경기, 국가 대항전, 유명 스타선수의 경기 등 대중의 관심을 끌 수 있는 다양한 흥행 요인들을 가지고 있다는 점에서 다른 미디어콘텐츠들과 차별성을 가진다. 또한 올림픽, 월드컵 같은 스포츠 메가 이벤트 중계가 '황금알을 낳는 거위'로 인식되면서 미디어시장에서의 중계권 확보를 위한 경쟁이 치열하게 이루어지고 있다.

스포츠는 방송뿐만 아니라 영화, 만화, 비디오 같은 미디어에도 영향을 미친다. 스포츠를 소재로 삼은 최초의 영화는 1895년 뉴욕에서 제작된 복싱영화로 상영 시간은 4분이었다. 이후 1936년 베를린올림픽을 다룬 영화가 성공을 거두면서 스포츠를 소재로 하는 영화가 제작되기 시작하였다. 우리나라의 경우 권투를 소재로 하여 1959년에 제작된 「피 묻은 대결」이 최초의 스포츠영화이며, 이후 야구를 소재로 한 「사나이의 눈물」(1963년), 축구를 소재로 한 「맨발의 영광」(1967년) 등이 제작되었다. 근래 들어 「국가대표」, 「말아톤」, 「우리 생애 최고의 순간」 등에서 스포츠는 영화의 중요한 소재로 사용되고 있으며, 「슬램덩크」, 「슛팅」, 「아웃복서」 등 스포츠를 소재로 한 만화들도 큰 인기를 끌고 있다.

2) 미디어 보급의 확대

스포츠는 미디어의 보급 및 확산에 기여하였다. 스포츠의 인기가 상승하면서 대중은 신문, 잡지, 라디오, 텔레비전 등의 미디어를 통해 스포츠를 접할 수 있게 되었으며, 이들은 미디어의 주요 소비자가 되었다. 특히 월드컵, 올림픽 등의 스포츠 메가 이벤트는 미디어의 확산에 촉매제 역할을 하였으며, 멕시코에서 개최된 1968년 하계올림픽대회는 컬러텔레비전 보급에 큰 영향을 미친 것으로 알려졌다.

3) 미디어 기술의 발전

스포츠는 미디어의 기술 발달에도 영향을 미쳤다. 스포츠 중계의 초창기에는 대부분의 스포츠 경기가 한 대의 카메라로 중계되었다. 하지만 보다 생생한 화면을 시청하기 원하는 시청자들이 요구가 늘면서 2대 이상의 카메라를 통해 스포츠 중계를 하기 시작하였는데, 이는 한 대의 카메라로는 볼 수 없는 스포츠경기의 다양한 모습을 시청자들에게 전달하기 위한 시도였다. 이후 스포츠 중계는 보다 생동감 있는 중계를 원하는 시청자들의 요구에 따라 정지화면, 느린 화면, 클로즈업, 이중화면 등의 다양한 방송기법을 개발하여 이를 적용하였다.

특히 월드컵, 올림픽 같은 대규모 스포츠 이벤트의 중계는 첨단 방송 장비의 발전에 영향을 주었다. 1990년 이탈리아월드컵에서는 3차원 그래픽 기술을 경기 중계에 적용하여 시청자에게 입체적인 영상을 제공하였다. 그리고 1998년 프랑스월드컵에서는 슈퍼 라이브 슬로 모션(super live slow motion) 기술을 통해 선수의 동작, 공의 궤적 등을 생동감 있게 재현하였으며, 중계 방송사인 ABC와 ESPN은 3차원 애니메이션 중계 기법을 새롭게 개발하여 다양한 각도에서 선수의 움직임을 살펴볼 수 있게 하였다.

2. 스포츠와 미디어 윤리

대중은 스포츠미디어가 있는 그대로의 사실을 전달해준다고 생각하기도 한다. 하지만 스포츠미디어는 자신들의 의도에 맞게 미디어콘텐츠를 선택하고 각색하여 대중에게 전달하기 때문에 미디어를 비판적으로 바라볼 필요가 있다.

가. 스포츠미디어의 윤리적 문제

스포츠미디어는 스포츠가 가지고 있는 요소를 극대화하고 스포츠를 상품화하기 위하여 특정 인기선수를 중심으로 정보를 제공하거나, 경기에서 승리를 지나치게 강조하는 것과 같은 전략을 활용한다.

1) 특정 인기스타 중심 보도

스포츠미디어는 과도하게 특정 인기스타를 중심으로 미디어콘텐츠를 구성한다. 미디어가 대중에게 인기선수를 중심으로 보도하는 이유는 대중의 높은 선호가 시청률의 상승으로 이어지고, 이는 다시 광고료 수익의 증가로 이어질 수 있기 때문이다. 그렇기 때문에 미디어는 대중이 좋아할 만한 선수를 위주로 미디어콘텐츠를 구성하는데, 이때 미디어는 대중의 흥미와 관심을 유도하는 데 적합한 선수를 선별하기도 한다. 미디어적 가치가 높은 선수를 선별하는 기준에는 선수의 경기 능력뿐 아니라 그 선수가 가지고 있는 경제적 가치, 외모, 배경 등도 포함된다.

2) 승리지상주의

스포츠는 본질적으로 협동, 단결, 즐거움 같은 내재적 가치들을 강조하지만 미디어를 통해 비추어지는 스포츠는 이와 반대로 경쟁, 승리, 성공 등의 외재적 가치를 강조한다. 이는 스포츠경기에 대한 미디어의 보도 경향을 살펴보면 더욱 명확히 알 수 있다. 올림픽의 경우 미디어는 메달을 딴 선수들의 성공, 승리만을 집중적으로 보도하며, 메달을 획득하지 못한 선수들의 노력과 성과에는 많은 관심을 기울이지 않는다.

3) 전문성 결여

많은 스포츠 종목들이 프로화되면서 이를 다루는 미디어의 전문성도 강화되고 있다. 하지만 올림픽 같은 다양한 종목을 보여주는 경우 스포츠 해설에서 전문성의 결여가 문제가 된다. 스포츠 중계에서 전문성이 결여되면 경기적인 측면에서 다루어주어야 할 핵심 정보가 아닌 주변 이야기 또는 침묵으로 일관하는 경우가 발생한다. 이러한 문제는 비인기 종목에서 더욱 여실히 나타난다.

또 다른 문제점은 스포츠 보도·중계가 대중의 수준에 미치지 못하는 경우가 발생한다. 인터넷 등을 통해 대중의 수준이 높아지면서 추측성 혹은 호기심을 자극하는 정보는 독자의 수준에 미치지 못하고 있다. 정보에 대한 접근, 커뮤니티 등에서의 독자들의 분석은 전문가 수준에서 이루어지고 있다.

나. 이데올로기의 전파

스포츠미디어의 이면에 숨어 있는 메시지를 식별하는 것은 쉽지 않다. 그렇기 때문에 스포츠미디어를 통해 특정 이데올로기 또는 가치관이 전파되기 쉬우며, 스포츠미디어는 자본주의, 젠더, 민족주의 등과 같은 이데올로기를 강화하는 역할을 한다.

1) 자본주의 이데올로기 강화

미디어는 자본주의 체제에서 나타나는 물질만능주의와 소비주의를 자연스럽게 대중의 삶 속에 전달하는 기능을 한다. 물질만능주의는 경제적 가치를 중시하여 인간 본연의 가치를 상실한 상태를 의미하며, 스포츠 선수와 팀의 계약, 연봉 등과 관련된 미디어의 보도는 대중의 호기심을 자극하며 물질만능주의 가치관을 효과적으로 전파한다고 할 수 있다.

또한 미디어는 스포츠경기의 스폰서에 대한 언급, 경기장 곳곳에 있는 광고 노출 및 타임아웃과 주요 시간에 광고를 노출시키면서 기업들의 이익을 대변하는 역할을 한다. 미디어에서 노출되는 다양한 상품들, 예를 들면 유명선수의 유니폼, 착용한 신발 등은 대중의 소비를 자연스럽게 부추긴다.

2) 젠더 이데올로기(성차별 이데올로기)

미디어는 스포츠를 통해 여성에 대한 고정관념을 강화한다. 미디어에 의해 강화된 고정관념은 스포츠에 드러나는 남성성을 규정하고, 남성의 지배적 위치를 확인하는 주요 수단으로 사용된다. 스포츠와 관련된 보도를 살펴보면 남성 스포츠에 비해 여성 스포츠의 보도량이 월등히 적으며, 여성 선수들에 대한 보도는 선수의 기량에 초점을 두기보다는 주로 여성 선수의 외모, 복장 등에 초점을 맞추어 보도된다는 것을 알 수 있다.

3) 민족주의, 국가주의 이데올로기 강화

미디어에서 보도·중계하는 스포츠는 민족주의 혹은 국가주의 이데올로기를 강화하는 수단으로 사용된다. 스포츠 자체가 민족주의적 속성을 가지고 있다고 규정짓기는 어렵지만 스포츠가 미디어와 결합하게 되면 민족주의 국가주의적 특성을 나타내는 경우가 있다. 1963년 베를린올림픽

참고자료 및 읽을거리

보도 안하고 외모만 강조, 여성선수 '성차별' 보도 심각

스포츠 보도에서 여성 선수에 대한 성차별이 심각하다는 주장이 나왔다. 언론진흥재단이 9일 발간한 윤성옥 경기대 언론미디어학과 교수 연구팀의 '여성 스포츠 관련 언론보도 분석 연구' 자료집을 보면, 여성 선수들의 경우 실력보다 외모를 중시하는 보도 태도가 많았다.

여성 선수들을 '미녀스타', '미녀새', '미녀궁사' 등으로 부르며 미모를 부각시키거나 '여신', '신데렐라', '요정', '꽃사슴' 등으로 여성성이 강조된 호칭을 부여하는 것 등이 실력보다 외모를 중시하는 보도 행태라는 점에서 문제점으로 꼽혔다.
특히 '스무 살 처녀 김장미', '열아홉 살 북한 소녀 림정심', '열여덟 손연재', '태극 낭자들' 등 어린 나이나 처녀성을 강조하는 표현도 있었다고 연구팀은 지적했다.
연구팀은 여성 스포츠선수에 대한 보도가 남성 스포츠선수 관련 보도보다 현저히 적다는 것도 문제라고 지적했다. 올림픽을 치르지 않은 기간인 올해 7월 28일~8월 13일 KBS 1TV와 MBC, SBS의 저녁 종합뉴스에서 여성 스포츠 보도는 15.5%로 남성 78.5%와 큰 차이를 보였다.

런던올림픽 기간인 7월 28일~8월 13일에는 여성 스포츠 관련 보도가 26.7%로 평상시보다 늘어났지만, 남성 스포츠 보도(57.5%) 분량과 견줘서는 절반에도 못 미치는 수준이었다. 연구팀은 "여성 선수의 실력과 기량이 남성 못지않게 세계 수준급이며 런던올림픽 참가 선수 1만 931명 중 여성 선수가 44.3%라는 점과 견줘봐도 기준에 한참 못 미친다."고 지적했다.

여성 스포츠 보도가 일부 선수에게 지나치게 집중됐다는 점도 문제점으로 지적됐다. 런던올림픽 기간에는 기보배(양궁·32건), 신아람(펜싱·26건), 손연재(리듬체조·20건), 김연경(배구·16건), 김장미(사격·11건) 선수 등에게 보도가 집중됐다. 올림픽을 치르지 않는 2013년 동일 기간에는 박인비(골프·15건) 선수 외에는 10건 이상 보도된 여성 선수가 없었다.

에서 미디어는 나치의 정치적 선전을 위한 창이 되었고, 게르만 족의 우수성을 알리고자 하는 민족주의적 이데올로기를 확산시키는 데 일조하였다.

월드컵, 올림픽, 아시안게임 같은 스포츠 메가 이벤트는 민족주의를 내세워 국가주의 이데올로기를 강화하는 데 효과적인 수단이 될 수 있다. 경기 전·후에 울려 퍼지는 국가 연주 및 선수의 유니폼에 부착된 국기 등은 민족주의를 전파하는 수단이 된다. 이러한 행위들은 국가를 통합하는 긍정적인 측면으로 부각될 수도 있지만, 지나칠 경우 국수주의에 빠질 수 있다는 점에서 경계해야 한다.

4) 영웅 이데올로기

스포츠미디어는 인기스타 혹은 우수한 기량을 가진 선수를 스포츠 영웅으로 구성하는 과정에서 몇 가지 이데올로기를 재현한다.

첫째, 미디어는 스포츠 영웅화를 통해 남성이 우수하다는 전통적인 가치를 재현한다.

둘째, 미디어는 스포츠 영웅이 누리는 금전적 가치와 명예를 강조하여 스포츠가 신분상승의 수단이 될 수 있음을 이야기한다.

셋째, 미디어는 스포츠 영웅의 성공을 국가적인 성공과 연계시켜 민족의식, 동포애, 애국심 등을 자극한다.

넷째, 미디어는 소수를 차지하는 스포츠스타들을 부각시켜 엘리트주의 문화를 조장한다. 다시 말해, 소수에게 부가 집중되어 있는 자본주의 사회를 정당화하며, 소수에 의해 다수가 존재한다는 것을 학습시킨다.

VI부
사회계층의 이해

스포츠 참여의 기회는 누구에게나 평등하게 제공되며, 개개인의 실력에 따라 계층 간의 사회적 상호작용을 증진시킬 수 있다. 하지만 실질적으로 스포츠 참여 및 성취 기회는 모든 사람에게 평등하게 제공되는 것은 아니며 사회·문화적 특성에 따라 제도적으로 공공연하게 차별이 일어나고 있다.

이처럼 스포츠에서 참여 기회의 불평등 및 차별 현상은 일반사회의 불평등 및 차별 체계와 유사한 구조적 특징을 지니고 있으며, 이는 스포츠가 사회제도의 일부분임을 나타낸다.

스포츠계층이란 사회계층의 한 형태로서 사회의 희소가치가 스포츠 체계에 속한 성원들 사이에 불균등하게 분배되어 구조화되고 제도화된 체계를 이루고 있는 현상을 의미한다.

이 단원에서는 스포츠에서 발생하는 사회적 불평등 현상과 관련하여 사회계층 및 스포츠계층의 개념에 대해 알아본다. 또한 스포츠와 관련하여 나타나는 불평등 현상을 상호 대비되는 두 가지 이론을 바탕으로 고찰하며, 스포츠계층이 제도화되어가는 과정에 대해 살펴보도록 한다.

이와 함께 스포츠 상황에서 일어나는 사회적 불평등 현상의 다양한 특성에 대해 살펴보고, 스포츠의 사회이동과 관련하여 사회이동의 유형과 사회이동 기제로서의 스포츠의 영향에 대해 심층적으로 분석하도록 한다.

1장 스포츠계층의 이해

 학습목표
- 사회계층의 개념을 알아본다.
- 사회계층의 이론을 알아본다.
- 사회계층의 형성 과정에 대해 알아본다.
- 스포츠와 사회계층의 관계에 대해 이해한다.

1. 사회계층과 스포츠계층

사람이 살아가는 사회에서는 특정한 사회계층 구조가 형성되어 있으며, 사회에 속한 성원들은 사회계층 구조 속에서 각자의 역할에 맞는 임무를 수행하고 있다. 스포츠는 이러한 사회계층의 축소판이라고 할 수 있으며 전체 사회와 유사한 구조를 지니고 있다. 본 장에서는 사회계층과 스포츠계층의 개념과 사회계층을 설명하는 이론, 그리고 사회계층의 형성 과정에 대해 알아보고, 사회계층에 따른 스포츠 활동 참가의 차이에 대해 살펴보도록 한다.

가. 사회계층의 이해

1) 사회계층의 정의

사회계층은 사회적 불평등에 포함되는 하위 영역의 형태로 나타난다. 사회계층의 단계에 따라 얻게 되는 권력, 부, 사회적 평가 및 심리적 만족의 정도는 상이하게 나타나며, 여기에서 발생하는 불평등으로 인해 사회의 위계질서가 여러 층으로 다양하게 나누어지는 상태를 '사회계층'이라고 한다. 사회계층 내에서 나타나는 불평등은 제도화되는 경향이 있으며, 사회계층 현상은 일반적으로 계급(stratum)과 계층(class)의 두 가지 개념을 포함한다.

2) 계층과 계급의 차이

계층은 사회적 지위의 높고 낮음에 따른 분류의 개념으로 정의되며, 계급은 실질적으로 상대방을 지배하거나 상하의 복종관계를 지니고 있는 사회집단의 하나로 정의된다. 계층과 계급은 서로 비슷하면서도 상이한 개념으로서 두 가지 개념에 대한 차이점은 다음과 같다.

① 계층

계층은 분류적이고 조작적인 개념이며, 계층 구조는 수직적 관계를 따르는 연속적 상하의 구조를 지니고 있다. 다시 말해, 계층은 사회적 희소가치들을 누가 얼마만큼 많이 가지고 있는가에 따라 순서대로 서열화시킨 개념이다. 계층에 속한 성원들은 서로를 연결하는 집합의식을 지니고 있지 않으며, 기능주의의 주요 관심의 대상이 되어왔다. 기능주의에서의 계층은 유기적으로 통합적인 사회를 전제하며, 색출적·조작적·명목적인 개념으로 이해된다. 또한 기능주의는 실재적으로 통합된 사회구조의 모델을 제시한다.

② 계급

계급은 계층과는 달리 경제적 기반에 의해 가진 자와 가지지 못한 자를 구분하며, 상호 지배·복종의 관계에 있는 사회적 집단을 의미한다. 특히, 계급에서는 주관적 소속감이 강조된다. 특정 사회계층에 소속되어 있는 사람이 자신의 계층에 대해 뚜렷한 의식이나 소속감이 없을 때에는 특정계층의 성원이지만, 자신의 계층에 대한 뚜렷한 소속감이 있으면 그는 계급의식이 형성된 사람으로 특정계급에 속하게 된다.

이러한 계급은 집단들 간의 경제적 차이와 계급의식에 의해 결정되며, 사회구성원들의 직업과 부의 소유 정도가 계급을 구분하는 중요한 기반이 된다.

즉, 계급은 실체가 뚜렷한 성격의 개념이며, 계급 구조는 절대적·대립적 관계를 전제한다. 계급 성원 간에는 그들의 의식을 서로 연결하는 집합의식이 존재하며 갈등주의의 주요 관심의 대상이 되어왔다. 갈등주의에서의 계급은 서로 상반된 이해관계로 인해 분열된 사회를 전제하며, 계급은 실제로 존재하는 성격을 지닌다. 또한 갈등주의는 명목적인 계급사회의 모델을 제시한다.

표 6-1. 계층과 계급의 차이

계층	계급
• 분류적·조작적 개념	• 뚜렷한 실체를 지닌 개념
• 연속적 상하의 구조를 전제로 함	• 절대적·대립적 관계를 전제로 함
• 집합의식 존재	• 집합의식 존재하지 않음
• 기능주의의 주요 관심 　- 유기적으로 통합적인 사회 전제 　- 색출적·조작적·명목적인 개념 　- 실재적인 통합된 사회구조 모델 제시	• 갈등주의의 주요 관심 　- 상반된 이해로 분열된 사회 전제 　- 실재하는 성격의 개념 　- 명목론적 계급사회 모델 제시

3) 계급에 대한 사회학적 분석

① 카를 마르크스(Karl Marx)의 사회계급 이론

사회계급은 생산수단의 소유 여부에 따라 구별되는 위치에 있으며, 이로 인해 사회적 불평등이 생겨나게 된다. 마르크스는 계급을 경제적인 생산수단인 사유제도에 착안하여 자본가 계급과 노동자 계급으로 분류하였으며, 자본가와 노동자의 지배적 관계를 지배자와 피지배자라는 불평등의 관계뿐만 아니라 착취와 피착취의 관계로도 해석하였다. 또한 이러한 경제구조 속에서 생산수단의 소유 여부에 따른 개인의 위치는 그들의 생활양식, 정치적 성향, 신념, 가치관 등과 같은 사회적 속성을 규정하게 된다.

② 막스 베버(Max Weber)의 사회계급 이론

사회계급은 생산수단의 한 요인에 의해 결정되는 것이 아니라, 재산·신분·권력 등의 요인이 사회계급을 결정하는 데 영향을 미치게 된다. 베버는 권력·위신·지식 등 사회적 자원의 소유 정도에 따라 개인이 문화적 향유를 누릴 수 있는 생활의 기회가 달라지며, 그러한 생활 기회의 차이로부터 생활양식의 차이가 발생한다는 것을 강조하고 있다. 또한, 베버의 계급 이론에서는 생활 기회와 생활양식의 차이가 계급구분의 지표로 활용되고 있다.

③ 라이트(Wright)의 사회계급 이론

현대 자본주의 생산에서 경제적 자원에는 투자나 화폐자본에 대한 통제, 물리적 생산 수단에 대한 통제, 노동력에 대한 통제가 존재하며, 이 3가지 차원의 통제를 통해 실제로 존재하는 주요 계급을 밝혀낼 수 있다.

라이트에 따르면 자본가 계급에 속하는 사람들은 3가지 차원에 대한 통제력을 모두 갖추고 있으나, 노동자 계급에 속하는 사람들은 이 중 어느 것에 대한 통제력도 갖고 있지 못하다는 것을 강조하고 있다.

④ 최근 학자들의 사회계급 이론

최근의 일부 학자들은 경제적 측면이나 고용 측면뿐만 아니라 생활양식이나 소비패턴 같은 문화적 요인들의 관계도 고려하여 계급을 분석해야 한다고 주장하고 있다. 이들은 오늘날 문화행위의 상징이나 상표가 일상생활에 중요한 역할을 담당하게 되었고, 한 사람의 정체성이 고용 같은 전통적인 계급지표보다는 생활양식의 선택기호, 즉 '어떤 옷을 입고, 무엇을 먹으며, 자신의 몸을 어떻게 가꿀 것인가, 그리고 어디에서 쉴 것인가' 하는 것에 의해 더 많이 결정된다는 것이다.

나. 스포츠계층의 개념

1) 스포츠계층의 정의

일반적으로 스포츠 참여의 기회는 누구에게나 평등하게 제공되며, 개개인의 실력에 따라 계층 간의 사회적 상호작용을 증진시킬 수 있는 것으로 알려져왔다. 하지만 실질적으로 스포츠 참여 및 성취 기회는 모든 사람에게 평등하게 제공되는 것은 아니며, 사회·문화적 특성에 따라 제도적으로 공공연하게 차별이 일어나고 있는 것이 사실이다.

이처럼 스포츠에서 참여 기회의 불평등 및 차별 현상은 일반사회의 불평등 및 차별 체계와 유사한 구조적 특징을 지니고 있으며, 이는 스포츠가 사회제도의 일부분임을 나타낸다. 따라서 스포츠 내에서의 사회계층은 스포츠제도라는 특정 사회 내에서의 성, 연령, 근력, 신장, 인성, 사회·경제적 지위, 특권 선호도 같은 사회적·문화적·생물학적 특성이 특정한 집단이나 개인 및 스포츠 종목에 차별적으로 배분됨으로써 상호 서열이 발생하는 위계적 체계를 이루는 것을 의미한다. 또한 스포츠계층이란 사회계층의 한 형태로서 사회의 희소가치가 스포츠 체계에 속한 성원들 사이에 불균등하게 분배되어 구조화되고 제도화된 체계를 이루고 있는 현상을 의미한다.

> **베블런(Veblen)의 유한계급론**
>
> 베블런은 개인이 부를 소유하고 거기에 걸맞는 명예를 얻기 위해서는 자신이 가진 자원을 다른 사람에게 보여주어 그들로부터 인정받아야 한다는 것을 강조한다. 즉, 개인이 생활하는 동안 돈이 필요 없는 물건에 사용되어 사회적 지위·위세·명예의 근간이 되는 소비 형태를 부각시켜 다른 사람들로부터 인정받아야 한다는 것이다. 베블런은 쓸데없이 돈을 쓰는 것이 명성을 얻게 되는 원인이 된다고 지적하면서 '유한계급론'을 내세우고 있다.
>
> 베블런의 유한계급론에서 '유한'이라는 뜻은 생산에 임하지 않는 시간의 소비를 의미한다. 이는 상류계급의 무위나 나태함에 대한 시간적 소비가 아니라 예절과 교양을 쌓기 위한 훈련에 투입되는 시간적 소비를 나타낸다. 이들은 일상생활에서 다양한 지식을 생산해내고, 예절, 교양, 품위 있는 어법과 행동을 통해 형식적이고 의례적인 관계를 발달시켜나가기 위한 훈련에 많은 시간을 소비하게 된다(Veblen, 1983).

2) 스포츠계층의 특성

스포츠계층은 복합적이고 다차원적인 사회문화적 현상으로서 다양한 사회적 차원을 수반하게 된다. 스포츠계층의 특성은 사회계층의 특성 파악을 기초로 하여 살펴볼 수 있으며, 이와 관련하여 투민(Tumin)은 사회계층의 특성을 사회성, 고래성, 다양성, 보편성, 영향성의 5가지 측면으로 제시하고 있다.

① 사회성

스포츠계층은 생물학적인 차이에서 발생하는 불평등으로 설명되지 않는 다양한 사회문화적 현상을 포괄하고 있다. 즉, 스포츠계층은 그 체계가 항상 사회의 이면과 연관을 맺고 있다. 특정한 지위가 다른 지위와 비교해 더 큰 권력과 부, 그리고 위광을 가지게 되는 것은 체력, 체격, 지능, 연령, 성별 등의 생물학적 차이로 설명하기에는 무엇인가 부족하다.

따라서 스포츠계층을 설명하는 데 있어서 신념이나 가치, 태도와 같이 스포츠 내에서 사회적으로 바람직하다고 인정되는 가치들이 개인의 생물학적 특성과 서로 어우러질 때 서열을 판가름할 수 있게 된다. 예를 들어, 선수 출신의 스타선수가 은퇴 후 팀의 코치나 감독을 맡게 되는 것은 그 선수의 뛰어난 운동기술과 육체적인 경쟁에서 우월했기 때문만은 아니다. 스타선수가 되기 위해 그동안 그가 기울인 노력, 훈련 방법, 스타선수로서의 노하우, 자기관리, 인격 등의 다양한 사회·문화적 특성이 운동기술, 육체적인 경쟁과 함께 어울려 코치나 감독 등의 지도자가 될 수 있는 것이다.

또한 스포츠계층의 사회적 특성이라고 하는 것은 보수의 분배가 스포츠의 규범이나 관행에 의해 결정된다는 것을 의미한다. 스포츠제도 내에서는 연봉 책정, 신인선수 계약, FA 계약 시 선수들의 능력에 따른 보수체계의 규범과 관행이 있으며, 이를 통해 엄청난 금액의 보수를 받는 선수와 보잘것없는 금액의 보수를 받는 선수가 생겨나는 불평등한 사회적 구조가 발생하게 된다.

특히 보잘것없는 보수를 받는 선수와 같이 스포츠조직 내에서 하위계층의 서열을 차지하고 있는 집단들은 자신들의 권리와 이익과 관련해 불합리한 대우를 받고 있더라도 조직에 순응하고 살아가는 것을 쉽게 찾아볼 수 있다. 이는 스포츠 조직 내에서 형성된 규범과 권력이 지속적으로 하위계층의 선수들에게 영향을 미치고 있음을 의미하며, 반대로 이들을 관리하고 지배하는 집단에서는 규범과 권력을 강화시킬 수 있는 통제 능력을 소유하고 있음을 의미한다.

② 고래성(역사성)

스포츠는 사회의 가치와 태도를 반영하는 사회제도의 일부이다. 이러한 측면에서 사회계층에 따른 참여와 관람의 불평등은 일반 사회의 불평등의 역사와 함께한다. 역사적으로 스포츠 참여는 엘리트스포츠와 대중 스포츠로 구분되어왔다. 이렇게 스포츠 참여를 이분화하는 것은 경제적·실용적 측면을 반영하는 것으로서 시대의 사회문화적 배경에 따라 상이하게 나타난다. 특히 사회계층과 관련하여 스포츠 참여와 관람의 특권이 시대별로 다르게 나타나는 것은 스포츠에서의 불평등을 역사 속에서 찾을 수 있음을 의미한다.

다음의 〈표 6-2〉에서 살펴볼 수 있듯이 스포츠 내에서의 사회계층 현상은 역사 속에서 지속적으로 발생되어왔고 이를 통해 현대 스포츠의 제도화된 불평등은 귀속성의 개념을 통하여 설명이 가능하다. 이러한 귀속성의 특성은 다음과 같은 특징을 지닌다.

첫째, 특정한 사회와 시대에 따라 운동선수의 지위는 다양하게 변화되며, 특정 스포츠에서 역할을 담당할 수 있는 기회는 일정 사회 계급의 구성원과 밀접한 관계를 지닌다. 예를 들어, 고대 그리스시대와 로마시대 및 오늘날의 프로스포츠 선수들은 높은 지위와 사회적 위광이 부여되는 반면에 고대 그리스시대와 로마시대 후기와 19세기 초반 운동선수들은 비교적 낮은 지위를 지니고 있었다. 우리나라의 경우에도 전통적인 유교 사상에 입각하여 1970년대까지만 해도 운동선수의 지위는 사회적으로 낮은 위치에 있었으나, 프로스포츠가 정착되고 선수들의 해외진출이 잦아지면서 운동선수들의 지위는 지속적으로 높아지고 있는 것이 사실이다. 특히 월드컵이나 올림픽과 같이 규모가 큰 국제대회에서의 지속적인 우수한 성과는 운동선수들의 지위를 급격하게 상승시켜주는 원동력이 되고 있다.

둘째, 특정한 스포츠에 참여하고 있는 상류 지배 계층은 다른 계층에서 그 스포츠에 참여하기 시작하면 더 이상 참여하기를 원하지 않게 된다. 이에 상류 지배 계층은 자신들이 참여하는 스포츠에 다른 계층이 참여하게 되면 그들이 쉽게 접하기 어려운 고비용의 스포츠로 옮겨가는 경향이 있다.

셋째, 서로 다른 계층 및 민족 간의 스포츠경기를 금지하기도 했다. 1800년대 후반까지 영국에서는 노동자 계급과 중·상류계급 간의 축구클럽 경기 교류가 금지되었으며 1970년대까지 남아프리카공화국에서는 백인과 유색인, 그리고 흑인과의 스포츠경기 교류가 법적으로 금지되었다.

표 6-2. 역사 속에서 스포츠의 사회계층 현상

시대 구분	내 용
그리스시대	• 그리스 시민에게만 참여와 관람 허용 • 여성과 노예는 경기 참가 금지 • 여성의 경우 헤라 경기에만 부분적으로 참가 허용
로마시대	• 최대 수용인원 26만 명의 대형 경기장 • 스포츠에 대한 관심이 상당하였으며 사회계급 존재
중세시대 (11~12세기)	• 귀족과 상류계층만 쥬스트와 토너먼트에 참여 가능 • 귀족 여성들의 스케이팅, 마상경기 관람이 부분적으로 허용 • 중세 후기에는 여성 스포츠 금지 • 스포츠 참여의 남녀 불평등이 명확히 드러난 시기
15~18세기	• 노동으로 인해 하류계층과 서민의 스포츠 참여 제한 • 빅토리아 여왕 시대에는 스포츠가 사교의 중추적 역할 담당 • 명문대학교 학생에게 스포츠 참여의 사회계층적 특권이 주어짐
현대	• 회원자격을 엄격히 제한하는 클럽 발생 • 상류계층만 참여하는 사설 스포츠클럽 형성 • 스포츠 내에서의 엘리트주의의 지속

③ 보편성(편재성)

현대 스포츠에서 재화와 용역의 분배방식에 대한 불만은 지속적으로 제기되고 있는 문제점 중의 하나이다. 이는 스포츠 내에서 계층이 존재하고 있음을 나타내며, 스포츠계층은 언제 어디서나 발생할 수 있는 보편적인 성격을 지니고 있다.

스포츠는 아래로 전파되는 유행과도 비슷한 속성을 지닌다. 초기의 학원스포츠는 영국 귀족들의 자녀들을 대상으로 일부 특권층에게만 독점되어왔지만, 오늘날의 학원스포츠는 일부 계층만 독점할 수 있는 특혜가 아닌 모든 학생들이 자유롭게 즐길 수 있다.

스포츠계층은 스포츠 종목 간, 그리고 스포츠 종목 내에서 다양하게 나타난다. 스포츠 종목 간에서의 계층은 소위 인기종목과 비인기종목의 스포츠로 구분되는 인기에 따른 종목의 분류이다. 예컨대 야구, 축구, 농구, 배구 등 프로스포츠가 있는 종목은 인기종목으로 나눠지고 펜싱, 유도, 핸드볼, 럭비 같은 일부 스포츠는 비인기종목으로 구분된다. 하지만 씨름의 예에서 알 수 있듯이 한때는 인기종목이었던 씨름이 현재는 비인기종목으로 전락한 것은 인기종목과 비인기종목의 경계가 모호함을 보여준다.

스포츠 종목 내에서 나타나는 계층 현상은 띠를 매개로 하여 급이나 단이 나눠지는 태권도, 유도, 주짓수, 합기도 등의 스포츠와 체급별로 구분되는 권투, 레슬링, 유도, 종합격투기 등의 스포츠에서 나타난다. 특히 복싱이나 종합격투기의 경우에는 체급에 따라 대전료와 중계권료 등에 차등이 생겨나게 되는데, 이는 스포츠 종목 내에서 발생하는 계층 현상을 잘 설명해주는 예라고 할 수 있다.

표 6-3. 종목 간 편재성과 종목 내 편재성

구 분	내 용
종목 간 편재성	• 야구, 축구, 농구 등의 스포츠는 인기 스포츠로 분류 • 대중이 접하기 어려운 펜싱, 역도, 핸드볼 등은 비인기 스포츠로 인식
종목 내 편재성	• 띠를 매개로 층을 형성하는 태권도, 유도, 주짓수 등의 스포츠 • 체급에 따라 위광이나 보상에 차이가 발생하는 권투, 종합격투기 등의 스포츠

④ 다양성

일반적으로 계층이란 지배 집단이 특정한 역사적 조건 내에서 만들어낸 불평등의 구조를 나타내기 때문에 다양한 형태의 계층이 존재했다. 현대사회도 사회마다 서로 다른 계층구조를 가지게 되는데, 이를 계층의 다양성이라 한다.

사회계층은 보통 카스트제도, 신분제도, 계급의 3가지 주요 형태로 구분되며, 이러한 사회계층의 형태는 스포츠 사회에도 적용이 가능하다. 우선 카스트제도는 완전히 닫힌 사회집합체나 거의

표 6-4. 사회계층의 주요 형태

구 분	내 용
카스트제도	• 완전히 폐쇄되거나 계의 폐쇄된 사회 집합체 • 전통적인 믿음(종교)에 의하여 차별적 특권이 약속된 계층 체계 • 수평 이동은 가능하나 수직 이동은 불가능
신분제도	• 법률적으로 성문화되고 토지관계에 기초를 둔 계층 체계 • 신분 내의 서열에 따라 권리, 특권, 책임을 지니는 계층의 한 형태 • 최소한의 상하 이동만 허용
계급	• 현대 산업사회에서 발견할 수 있는 대표적인 계층 체계 • 사회경제적 요인과 관련된 지위 역할을 기초로 한 불평등 체계 • 개인의 지위나 생활에 대한 배당이 성취적임 • 상류 계층으로의 사회이동이 가능

닫혀가는 사회집합체를 의미하는 것으로, 종교에 의하여 차별적 특권이 주어지는 계층체계이다. 스포츠에서 카스트제도의 형태로는 1900년대 초까지 극심했던 미국 스포츠계의 인종차별을 들 수 있다. 흑인은 거의 유일하게 복싱에만 참가할 수 있었고, 만약 백인에게 이겼을 경우 즐거워하면 안 되는 규율을 강요받았다.

신분제도는 중세 유럽에서 토지관계에 따라 계층이 구분된 체계로서 신분 내의 서열에 따라 권리, 특권, 책임이 구분되는 계층의 한 형태를 의미한다. 신분제도 내에서는 최소한의 상하 이동만 가능하며 중세의 봉건제도, 우리나라의 반상제도 등이 이에 속한다. 스포츠에서 신분제도의 형태로는 준신분제도로서의 스포츠조직의 지위 체계를 들 수 있다. 하나의 팀에서도 선수, 감독, 구단주, 프런트 직원, 주무 등의 역할이 구분되며, 각각의 역할을 수행하는 구성원들은 다른 구성원들과 팀의 체계에 대한 책임을 지니고 있다.

끝으로 계급이란 현대사회에서 나타나는 계층체계의 하나로서 수입, 직업, 거주지, 학력, 사회적 평판 등과 같은 사회·경제적 요인을 기반으로 한 불평등 체계를 의미한다. 계급사회는 카스트제도나 신분제도와는 달리 수직적인 사회이동이 가능하다. 따라서 계급에 입각한 사회에서는 개인의 능력, 노력의 정도에 따라 사회적 상승이 가능하며 이는 오늘날 스포츠의 특징과도 부합되는 특징이다.

⑤ 영향성

영향성이란 권력, 재산, 평가 및 심리적 만족의 불평등에 의하여 나타나는 결과를 의미하며, 계층이라는 신분의 위계는 경제적 차이뿐만 아니라 생애기회와 생활양식에도 영향을 미쳐 개인의 삶

전반을 좌우할 수도 있다. 여기에서 생애기회란 어떠한 개인이 자신의 수명이나 삶의 질에 대한 기대와 관련된 것으로 영아사망률, 육체질환, 정신질환, 결혼, 이혼 등에 대한 빈도와 비율을 나타낸다.

또한, 생활양식이란 특정한 개인이 살아가는 생활방식으로서 언어, 의상, 주거, 여가, 사회적 유대 등을 포함한다. 생활기회는 스스로의 의지로 인해 나타나기보다는 비자발적으로 결정되는 경향이 강하며, 생활양식은 개인의 성향에 따라 차이가 나타나게 된다.

이러한 생활양식과 생활기회의 차이는 사회적 배경이 비슷한 사람 간의 교류를 통해 차이가 발생하게 된다는 점에서 스포츠계층 현상과 연관성을 지닌다. 결과적으로 일반사회에서 발생하는 다양한 현상과 마찬가지로 스포츠에서의 역할과 선호도는 사회계층의 영향을 받으며, 사회계층의 여가활동 참여의 차이에 따라 스포츠 참여의 의미와 형태가 다르게 나타난다.

표 6-5. 사회계층의 영향성

구 분	내 용
생애기회	• 특정 개인이 기대할 수 있는 수명이나 삶의 본질과 관련된 것 • 자발적 의지가 아닌 비자발적 · 비인격적으로 결정되는 경향
생활양식	• 특정 개인의 생활 방식 • 개인의 기호, 취미, 가치에 따라 차이가 나타남 • 사회적 배경이 비슷한 사람끼리 교류함으로써 차이가 발생함

다. 스포츠계층의 이론적 이해

스포츠에서 나타나는 사회적 불평등은 차별적인 규범과 평가가 개입되는 제도적인 특성을 지니고 있다. 스포츠계층의 발생과 다양한 형태에 대해서는 많은 사회학자 및 스포츠사회학자들에 의해 연구되어왔으며, 스포츠계층이 어떠한 사회적 목적에 부합되는지 지속적으로 관심을 가져왔다. 스포츠계층을 바라보는 관점은 크게 기능주의와 갈등주의 이론으로 구분할 수 있으며, 두 이론에 대한 관점은 서로 상반되게 나타난다.

1) 사회계층에 대한 기능주의적 접근
① 사회계층에 대한 관점
기능주의 이론은 사회진화론자들에 의해 주장되는 보수주의적 불평등관에 기초를 두고 있다. 구조화된 불평등 현상으로서의 사회계층은 인간의 본질에서부터 비롯되는 자연주의적 불평등 제도가 생겨나게 되는 이유를 설명하고, 사회 분화 및 분화에 대한 차별적인 평가의 상호작용으로 인

해 사회계층이 발생하게 된다는 관점을 나타낸다. 분화가 일어난 사회의 평가는 특정한 개인의 주관적인 판단으로 이루어지는 것이 아니며, 사회를 구성하는 공동체가 지향하는 가치기준에 따라 희소가치 배분의 차등이 일어나기 때문에 이를 공평하고 공정하게 바라본다.

② 사회계층의 영향

기능주의 이론의 대표적인 학자인 데이비스(Davis)와 무어(Moore)는 한 사회나 집단 내에서 사회계층의 역할과 능력은 동일하지 않기 때문에 이로 인해 발생하게 되는 결과에 따라 차별적으로 보수를 부여하는 것이 합당하다고 주장한다. 또한 차별적으로 보수를 부여하게 되면 다른 사회 성원의 동기를 유발할 수 있으며, 이들을 사회에서 필요로 하는 적재적소에 배치할 수 있다고 주장한다.

즉, 사회에서의 지위가 높거나 타인이 가지고 있지 못한 희소한 능력을 지닌 사람을 위광이나 부 같은 보수를 통해 사회가 필요로 하는 자리로 유인할 수 있다고 보는 것이다. 예를 들어, 미식축구의 쿼터백, 야구의 선발투수, 축구의 최전방 공격수 등은 경기의 결과를 좌우할 수 있는 위치에서 중요한 기능을 담당하고 있으므로 이들에게 더 많은 보수를 지불하는 것을 정당하다고 간주한다. 즉, 누구나 똑같은 재능을 가지고 있지 않기 때문에 재능 있는 선수를 유인하고 배치하기 위해서는 특권과 더 나은 보수를 제공해야 한다는 것이다.

이는 올림픽에서 메달을 획득하면 병역 면제나 보상금을 지급하는 것과 같은 맥락에서 이해할 수 있다. 선수들은 병역 면제나 연금이라는 보상을 얻기 위해 우선적으로 국가대표가 되기 위해 노력하게 되고, 국가대표가 된 선수들은 팀이나 자신의 승리를 위해 최선을 다하게 된다. 이를 통해 올림픽에서 메달을 획득하게 되면 승리에 공헌한 선수들에게 위광이나 부가 제공되고, 이는 국가대표에 선발되지 못한 다른 선수들의 동기를 유발할 수 있는 계기가 된다.

또한, 류현진 선수의 메이저리그 진출, 박지성, 기성용, 손흥민 선수의 유럽 빅리그 진출을 통한 위광과 부의 축적은 스포츠가 사회적 상승이동의 수단을 제공할 수 있다는 기능주의적 계층이론의 관점의 한 단면을 보여준다.

③ 스포츠의 사회계층 현상

기능주의적 계층이론의 관점으로부터 유도되는 스포츠의 사회계층 현상은 다음의 3가지로 설명할 수 있다. 첫째, 스포츠에서 나타나는 계층은 일반사회의 가치체계를 반영하고 있으며 이는 사회통합과 체제유지의 기능을 담당한다. 둘째, 스포츠에서의 보상체계는 사회에서의 차별적 보상체계의 필요성을 강화시키는 역할을 담당하며 스포츠는 일상사회의 계층 구조를 강화하는 기능을 지닌다. 스포츠에서의 보상은 성공을 강조하여 재능 있고 유능한 인재의 참여를 유도하는 역할을 수행한다. 셋째, 스포츠에서의 성공은 보상과 위광을 제공해주기 때문에 스포츠 참여는 사회적 상승이동을 위한 수단이 된다.

2) 사회계층에 대한 갈등이론적 접근
① 사회계층에 대한 관점

기능주의적 계층이론가들은 스포츠계층이 스포츠 체계의 안정과 유지에 기여한다고 주장하지만, 갈등이론가들은 이들과 반대되는 입장을 고수한다. 스포츠계층은 스포츠 내에서 어떠한 이익집단이 다른 이익집단을 지배하고 착취하는 과정에서 발생하게 되며, 자신들의 이익을 유지하고 증진시키기 위한 노력을 통해 스포츠계층이 유지된다는 것이다.

갈등이론의 관점은 스포츠 내에서 발생하는 갈등에 초점을 맞추고 있으며, 권력, 위광, 부, 특권 등이 공평하게 분배되지 않기 때문에 스포츠계층이 발생하게 된다고 주장한다. 즉, 권력, 위광, 부, 특권 등을 소유하고 있는 상류계층에서는 이를 지키기 위해 노력하고, 반대로 하류계층에서는 이를 획득하려는 과정에서 스포츠계층이 발생하게 된다는 것이다.

② 사회계층의 영향

노동자 집단에서 그들이 지배계층에 의해 착취되고 있다는 사실을 인식하게 되면 계급 간의 갈등이 발생하게 된다. 미국에서 발생한 선수연맹과 구단주 사이의 갈등, 우리나라의 프로야구 선수협의회와 구단과의 갈등은 스포츠조직 내에서 발생하는 계급 간의 갈등을 보여주는 단적인 예로 볼 수 있다.

또한 스포츠는 자본가의 이익 추구를 위한 도구나 착취 또는 현상 유지를 위한 수단으로 사용되기도 한다. 예를 들어 프로야구 구단의 이익 감소를 우려해서 9구단인 NC 다이노스, 10구단인 KT 위즈 창단을 집단으로 반대했던 우리나라의 프로야구 구단, 아시아 국가의 선수 영입 시 포스팅 입찰 금액을 제한한 메이저리그 사무국, 배구선수 김연경 사태에서 나타난 배구 구단과 선수 사이의 불화 등은 구단과 선수 사이에 발생하는 갈등을 보여주는 대표적인 예이다.

한편, 스포츠 내에서 갈등론적 사회계층 현상과 관련된 또 다른 현상으로는 인종차별을 들 수 있다. 미국 프로스포츠에서 특정 포지션에 대한 백인 선수의 독점 현상 또는 흑인 선수의 참여 제한은 스포츠 내에서의 인종적 이데올로기를 반영하는 결과라고 할 수 있다.

③ 스포츠의 사회계층 현상

갈등론적 계층론자들이 주장하는 스포츠에 있어서의 사회계층 현상은 다음의 4가지로 설명할 수 있다. 첫째, 스포츠는 권력 집단이 대중을 통제하기 위한 수단으로 이용된다. 둘째, 스포츠는 불

> **생활체육 소외계층 지원 사업**
> 생활체육 소외계층 지원 사업은 소외계층의 건전한 여가활동 여건을 조성하여 사회구성원으로 활동할 수 있는 적응 능력을 배양하고, 자원봉사자의 지속적인 지도와 프로그램을 제공하여 사회에 대한 긍정적 인식을 갖도록 하는 데 목적이 있다. 이 사업은 2005년까지 '소외계층 운동용품 보내기'와 '소외계층 생활체육 프로그램 운영' 사업으로 추진되다가 2006년부터 생활체육 소외계층 지원 사업으로 통합 및 운영되고 있다. 2009년도에는 불우청소년의 생활체육 활성화를 위해 '불우청소년 생활체육 체험 캠프'를 운영하였으며, 2010년부터는 불우청소년 대상 '행복나눔 생활체육교실'을 운영하고 있다(체육백서, 2013).

평등한 사회적 배분구조를 스포츠를 통해 반영하며 이를 강화하는 역할을 수행한다. 셋째, 스포츠는 대중에게 자본가의 이념을 주입시키려 하고 그들의 이익을 추구하기 위한 도구 및 착취의 수단으로 사용된다. 넷째, 같은 스포츠에 참여하더라도 참여자 간의 소외를 조장하기도 한다.

라. 스포츠계층의 형성 과정

스포츠에서 나타나는 사회적 불평등은 형성 과정에 있어서 차별적인 사회적 규범과 평가가 관여하는 사회적·제도적 결과물이다. 스포츠계층은 스포츠의 발생 단계에서부터 나타난 현상이며, 스포츠의 체계를 유지시켜주는 사회과정이 사회 내에 존재하고 있다. 이러한 스포츠 내에서의 사회과정은 지위의 분화, 서열화, 평가, 보수 부여의 4가지 측면에서 살펴볼 수 있다.

1) 지위의 분화

① 지위 분화의 의미

스포츠라는 사회체계에 속해 있는 구성원들 사이에는 자신들이 담당하고 있는 역할의 분업이 이루어지고 있다. 즉, 지위의 분화는 구단주, 감독, 코치, 선수 등의 스포츠와 관련된 구성원들이 각자 맡은 바 특정한 책임과 권리를 가짐으로써 다른 지위와 구별되는 과정을 의미한다. 각 구성원이 담당하는 사회적 지위 또한 고정되어 있는 것이 아니라 다양한 형태로 분화된다. 예를 들어, 야구에 있어 코치는 투수 코치, 포수 코치, 주루 코치, 타격 코치 등으로 분화되며, 선수는 투수, 포수, 내야수, 외야수, 후보 선수 등으로 구분되어 같은 지위 내에서도 서로 구별되는 과정을 거치게 된다.

② 지위 분화의 특징

지위의 분화는 다음의 4가지 조건이 충족될 때 가장 효과적으로 그 기능을 발휘하게 된다. 첫째, 지위에 따른 업무가 명확하게 구분되어 있어야 한다. 둘째, 각자가 맡은 역할에 대한 책임과 권한이 분명하게 분류되어야 한다. 셋째, 지위를 담당하는 구성원들이 자신의 역할을 효과적으로 수행할 수 있는 기본적인 구조가 만들어져 있어야 한다. 넷째, 구성원이 맡은 임무를 성실히 수행할 수 있도록 유도할 수 있는 보상이 있어야 한다.

예를 들어, 프로스포츠 팀에는 우수한 선수를 영입하기 위한 스카우트 체계가 마련되어 있고, 선수들이 체계적으로 훈련하여 경기에서 최상의 결과를 내기 위한 구조적 장치가 설정되어 있다. 구단주, 감독, 코치, 선수들의 책임과 권리는 명확하게 구분되어 있으며, 동일한 과업 집단 내에서도 기능적인 전문성에 따라 역할의 분화가 이루어진다. 즉, 야구에서 투수의 직책은 동일한 직책 내에서 그 역할에 따라 선발 투수, 불펜 투수, 구원 투수 등으로 구분된다.

2) 서열화

지위가 개인의 역할에 따라 분화되면 지위에 대한 비교가 가능하게 된다. 이러한 역할 비교를 통해 지위의 서열이 형성되며, 이를 스포츠계층의 형성과정 중에서 발생하게 되는 서열화라고 한다. 서열화의 중요한 목적은 적재적소에 필요한 인재를 배치하는 일을 용이하게 하는 데 있으며, 개인의 기능이나 재능, 포지션에 따라 주어진 임무를 분화함으로써 효율적으로 선수를 훈련시키고 관리할 수 있게 된다.

스포츠에서 개인이 가진 재능의 정도나 능력을 정확하게 판단하기에는 어려움이 따른다. 또한 스포츠의 전술과 전략은 고정되어 있는 것이 아니라 계속해서 변화되기 때문에 포지션에 대한 중요성 역시 전술에 맞춰 변화되기 마련이다. 하지만 스포츠에서 이러한 변화가 발생한다 하더라도 다음의 3가지 기준에 의거하여 각 지위를 서열화하는 것이 가능하다.

① 개인적 특성

어떠한 역할을 효과적으로 수행하기 위해서는 개인 본연의 특성인 지식이나 체력, 체격 등에 의해 서열이 정해질 수 있다. 예를 들어 축구에서 우수한 미드필더 자원이 되기 위해서는 체력, 체격, 순발력, 지구력 등의 신체적인 능력뿐만 아니라 경기의 흐름을 읽고 경기를 조율할 수 있는 통찰력을 지니고 있어야 한다. 아무리 뛰어난 신체적 능력을 지니고 있더라도 경기를 이해하고 응용하는 능력이 부족하다면 높은 서열의 선수가 되기에는 무리가 따르게 된다.

② 개인의 기능이나 능력

서열은 맡은 바 역할을 효율적으로 수행하기 위해 요구되는 숙련된 기능이나 능력에 의해 결정되기도 한다. 야구에서 포수는 투수의 스타일, 구질, 성격 등을 파악하고 있어야 하며, 상대 타자의 장단점을 파악하여 약점을 공략할 수 있어야 한다. 또한 훌륭한 포수는 이러한 능력뿐만 아니라 타격 능력, 강한 어깨 등을 지니고 있어야 포수로서의 서열이 높아지게 된다.

③ 역할의 사회적 기능

개인이 수행하는 역할이 다른 개인이나 팀 전체 혹은 사회에 미치는 영향과 효과에 의해 서열이 정해질 수 있다. 예를 들어 개인적인 기능이나 능력이 다른 선수들에 비해 조금 뒤떨어지는 선수라 하더라도 훈련 중에 보여주는 노력하는 자세, 리더십, 팀에 대한 충성심 등의 경기 외적 능력이 뛰어나 주장을 맡게 된다면, 이 선수는 팀의 승리에 미치는 영향에 의하여 평가를 받게 된다.

표 6-6. 지위의 서열화

구분	내 용
개인적 특성	• 특정 역할을 효과적으로 수행하기 위한 조건 • 역할을 담당해야 하는 개인이 지녀야 할 지식이나 체력 등의 개인적 특성에 의해 서열 형성
개인의 기능이나 능력	• 역할을 효율적으로 수행하기 위해 필요한 조건 • 숙련된 기능이나 능력에 의해 서열 형성
역할의 사회적 기능	• 역할 수행이 타인이나 사회 전체에 미치는 영향에 의해 평가 • 구성원의 행위가 팀의 승리에 미치는 영향에 의해 평가

3) 평가

① 평가의 의미

평가란 개인이 가지고 있는 가치나 유용성의 정도에 따라 각기 다른 위치에 지위를 적절하게 배열하는 일을 의미한다. 이러한 평가에 기준이 되는 등급은 지위의 우수한 정도, 좋고 나쁨, 특색의 유무, 여론의 선동 능력 등에 의해 결정되며 이는 사회적 가치의 도덕적 판단과 관련되어 있다. 평가는 연령, 성, 민족, 계급을 대표하는 사회범주와 스포츠 사이에서 차별이 존재하는 원인이 된다.

② 평가적 판단의 종류

평가적 판단의 요소는 위광, 호감, 인기의 3가지 요소로 구성된다. 첫째, 위광은 명예를 의미하며 사람들로부터 공경 받는 행위를 말한다. 스포츠 체계에 있어서는 팀을 우승으로 이끈 선수보다는 감독이나 구단주에게 존경을 나타내는 경우가 이해 해당된다. 둘째, 호감은 특정한 포지션이나 역할 모형에 대한 이상적인 선택을 의미한다. 호감에 지위의 평가와 위광에 의한 지위의 평가는 서로 상이하게 나타날 수 있으며, 평가자가 서열화된 기준을 가지고 있을 때 서로 일치된 평가가 이루어질 수 있다. 셋째, 인기는 특정 지위나 선수 혹은 감독이 매스컴이나 대중의 주목을 받거나 명성을 얻고 있는 정도를 의미한다. 프로야구의 다승왕, 홈런왕, 프로축구나 농구·배구의 득점왕, MVP 등의 선수는 다른 선수들보다 많은 인기를 받게 되며, 매스컴이나 언론 등을 통해서도 많은

표 6-7. 지위의 평가

구분	내 용
권위	• 주로 명예를 의미함 • 공경 받는 행위로서 지위의 위계가 확립된 상태에서 구현
호감	• 특정 역할이나 역할 모형에 대한 이상적인 선택 • 가치 판단은 현실적인 가능성과 사회적 안락을 적절히 고려 • 호감에 의한 지위의 평가와 위광에 의한 평가는 차이가 나타남 • 호감과 위광은 평가자가 서열화된 기준을 가지고 있거나 가질 수 있을 때 상호 일치
인기	• 특정 지위가 대중의 주목을 받고 있는 정도 • 선수 혹은 감독이 명성을 얻고 있는 정도

지지를 얻게 된다.

4) 보수부여

보수부여는 분화되고 평가된 각 지위에서 생활하는 데 필요한 보수가 배분되는 과정을 의미한다. 보수는 일반적으로 다음의 3가지로 분류될 수 있다. 첫째, 봉급, 상금, 상품 등의 재화나 용역에 관한 권리 또는 책임을 의미하는 재산. 둘째, 팀의 대표로서의 주장의 권한 또는 타인의 반대에도 자신의 의지대로 추진할 수 있는 감독의 선수선발 및 선수기용 권한. 셋째, 타인으로부터 받는 비물질적 보수인 인기나 명성 등으로 분류된다.

스포츠 내에서 보수부여 과정은 개인의 지위나 중요도, 팀에 대한 공헌도가 높을수록 수입, 권력, 인기 등의 보수가 증가한다는 사실과 관련이 있다.

> **구별 짓기**
>
> 부르디외(Bourdieu)의 구별 짓기가 함축하는 의미는 남들로부터 자신을 구별하여 두드러지게 하는 것이 계급분화와 계급구조를 유지하는 기본원리 중의 하나라는 것이다(Bonnewitz, 2000).
> 이것은 단순히 '나의 문화'와 '너의 문화'가 객관적으로 다르다는 것이 아니라, '나의 문화'는 가치 있고 향유할 만한 것이지만, '너의 문화'는 쓸모없고 가치 없다는 식의 규범적 차원의 차이를 의미한다.
> 결국 이것은 하나의 문화만을 진정한 의미의 문화로 삼으면서 다른 나머지 문화들을 문화영역 바깥으로 밀어내는 논리로 작용할 수 있다.

2. 사회계층과 스포츠 참가

가. 스포츠와 경제적 불평등의 이해
1) 계급관계의 역학
많은 사람들은 자신이 원하는 스포츠 활동을 자신의 의지대로 선택한다고 생각한다. 하지만 그 이면에는 그들의 선택의 근거가 되는 경제적·사회문화적 배경이 존재한다. 다시 말해, 사회에서 어떤 선택의 결과는 자신이 가지고 있는 경제적·사회문화적 배경에 의해 제한된다고 할 수 있다. 경제적 자원을 바탕으로 스포츠를 계획하고, 운영하고 후원하는 대부분의 사람들은 스포츠를 통해 자신들이 가지고 있는 생각이 대중에게 반영되기를 기대하며, 결국 대중은 경제적 자원을 소유한 일부 자본가들이 가지고 있는 가치를 스포츠를 통해 받아들이게 된다.

2) 계급과 이데올로기
스포츠에서의 계급 이데올로기는 스포츠가 사회의 특정 가치를 확인하고 전파할 수 있는 수단으로 사용될 수 있다는 것을 의미한다. 스포츠경기는 승리와 패배가 분명하게 나타나는데, 패배한 선수의 경우 게으르고 자격이 부족한 사람으로 인식되는 반면에 승리한 선수는 능력을 갖추었으며 이에 따른 보상을 정당한 것으로 여겨진다. 이러한 믿음은 스포츠와 마찬가지로 일반사회에서도 최고인 사람만이 성공할 수 있으며, 자격이 부족한 사람은 실패할 수밖에 없다는 믿음을 확산시킴으로써 사회의 경제적 불평등을 내재화하고, 이를 정당화시키는 데 기여한다.

나. 경제적 계층에 따른 스포츠 참가 유형
1) 스포츠 참가 및 관람 유형의 차이
사회계층에 따른 스포츠 참가 유형의 선호도를 살펴보면, 하류층에 비해 상류층이나 중류층에서 스포츠에 대한 직접적인 참여를 선호하는 경향이 높게 나타난다. 왜냐하면 스포츠에 직접적으로 참여할 수 있는 것은 무엇보다 시간적·경제적 여유가 가능할 때 보장되기 때문이다. 관람 스포츠는 손쉽게 다가갈 수 있어 접근이 편리하고 비용이 많이 들지 않을 뿐만 아니라 TV나 인터넷 같은 미디어를 통한 시청이 가능하지만, 참여 스포츠는 장비의 구매, 이동, 시설 이용 등을 위해 많은 비용이 요구된다.

또한, 참가 유형과 마찬가지로 관람 유형도 경제적·시간적 여유가 가능할 때 더 많은 참여가 가능하기 때문에 계층 간에 서로 다른 차이가 나타나게 된다. 다음의 〈표 6-8〉을 살펴보면 중·상류층에서 1차적 관람의 선호 비율이 하류층보다 두 배 정도 높게 나타남을 알 수 있다. 하지만 누구나 손쉽게 접할 수 있는 대중매체를 통한 2차적 관람은 계층 간 큰 차이가 나타나지 않는다.

표 6-8. 사회계층에 따른 스포츠 참가 유형의 차이(구창모, 1985)

참가 및 관람 유형	사회계층			계(%)
	상류층(%)	중류층(%)	하류층(%)	
참여	31.0	21.5	19.1	24.1
관람	71.8	68.3	84.0	75.9
1차적 관람(경기장)	28.2	31.7	16.0	25.7
2차적 관람(대중매체)	71.8	68.3	84.0	74.3

스포츠경기는 관람객 모두에게 동일한 서비스와 감동을 제공하는 것처럼 보이지만, 스포츠를 관람하는 경기장에서도 사회적 계층(특히, 경제적 계층)에 따른 차이가 분명히 나타난다. 예를 들어, 우리나라의 한 프로야구 팀의 입장권 가격을 살펴보면, 가장 가격이 낮은 외야석의 경우 7,000원에 불과하지만, 가장 비싼 VIP석은 7만 원으로 10배가량의 가격 차이를 보인다. 이러한 가격 차이는 해외 인기 스포츠경기 또는 월드컵 같은 메가 스포츠 이벤트의 경우 더욱 큰 차이를 보이고 있으며, 입장료에 따른 관람석 차이는 경기장 내에서 경제적 계층을 구분하는 보이지 않는 경계선의 역할을 하게 된다.

2) 스포츠 참가 종목의 차이

다음의 〈표 6-9〉에서 나타난 바와 같이 사회계층 간 스포츠 참가 종목의 차이는 일부 종목들에서 매우 두드러지게 나타나는 특징을 보인다. 상류층에서는 테니스, 골프, 탁구, 수영 같은 개인종목의 참가가 많은 반면, 중·하류층의 경우 축구나 야구 같은 단체종목에 참가를 많이 하고 있다.

이렇듯 상류층에서 비교적 개인 및 대인 스포츠에 참여하는 비율이 높게 나타나는 이유는 경제적 요인, 사회화, 소비 특성, 직업 특성으로 설명이 가능한데, 구체적으로 살펴보면 다음과 같다.

첫째, 개인 스포츠의 참가는 단체 스포츠에 비해 많은 비용이 요구된다. 요트, 패러글라이딩, 골프 같은 자연친화적 스포츠는 자연과 함께 즐기는 스포츠이기 때문에 초기 개발에 비용이 많이 들고, 단체 스포츠에 비해 공공성이 떨어져 정부로부터 지원을 받기도 힘들어 높은 비용이 들 수밖에 없다. 게다가 활동에 참가하기 위해 구비해야 할 장비도 비교적 높은 가격에 구입해야 하며, 회원권 거래, 회원제 등과 같은 운영 방식은 중·하류층의 접근을 제약하게 되는 원인이 되고 있다.

둘째, 상류층에서는 다른 계층의 구성원들이 쉽게 접근하기 힘든 골프, 요트, 스키 같은 특정 종목을 강조하는 분위기가 형성되어 있어 이러한 환경 속에서 자라난 상류층 자녀들은 스포츠 사회화 과정에서 자연스럽게 이러한 종목을 몸에 익히고 스포츠를 통한 즐거움을 경험하게 된다. 이들

표 6-9. 사회계층에 따른 스포츠 참가 종목의 차이(구창모, 1985)

종목		사회계층			계(%)
		상류층(%)	중류층(%)	하류층(%)	
단체	축구	18.6	27.0	37.5	27.5
	야구	7.7	10.0	11.7	9.7
개인 및 대인	복싱	3.3	8.0	13.3	7.9
	테니스	11.5	8.0	1.5	5.9
	골프	15.8	1.0	0.0	5.9
	탁구	4.9	4.0	1.6	2.5
	수영	6.0	3.5	0.7	3.6

은 사회화 과정에서부터 동호회, 클럽 등에 가입해 활발히 참가함으로써 이러한 종류의 스포츠에 익숙해지고, 이러한 문화는 다시금 자녀들에게 대물림되는 반복이 일어나게 된다.

셋째, 유한계급에 대한 연구를 실시한 베블런이 주장한 바와 같이 상류층에게는 다른 사람에게 보여주기 위한 과시적 소비의 성향이 있다. 이들은 스포츠 자체에서 즐거움을 찾기보다는 그 스포츠를 즐김으로써 자신이 시간적·경제적 여유가 충분한 사람이라는 점을 다른 사람에게 과시하는 데서 즐거움을 찾는다.

넷째, 개인 사업, 자영업, 전문직 등의 직업적 특성으로 인해 일과가 불규칙한 상류층은 소수 인원이 즐길 수 있는 개인 스포츠를 보다 선호하게 된다. 이에 반해 비교적 출퇴근 시간이 일정하고 일과 중 집단생활을 하는 중·하층의 사람들은 단체 스포츠에 적합하다고 할 수 있다.

소득수준에 따라 경제적 계층이 분화되면서 저소득계층의 스포츠 참여는 상대적으로 제약된다. 예컨대, 2012 국민생활체육 참여 실태조사에 따르면 월 200만 원 이하의 소득자들은 45.0%의 생활체육 참여율(월 2~3회 참여 기준)을 보이고 있는 반면 600만 원 이상의 고소득자들은 60.5%의 참여율을 보이고 있다. 이는 소득수준과 생활체육 참여율 간에는 정비례관계가 성립되고 있다는 것을 의미하며, 이를 통해 저소득계층은 고소득계층에 비해 생활체육에 참여하는 데 더 많은 제약을 가지고 있다는 사실을 알 수 있다. 일반적으로 저소득계층은 생활체육에 참여하기 위한 경제적 자원이 부족한 경우가 많으며, 정신적/시간적 여유도 부족하기 때문에 생활체육 참여율이 고소득층에 비해 낮게 나타나는 것으로 보인다.

Ⅵ부 사회계층의 이해

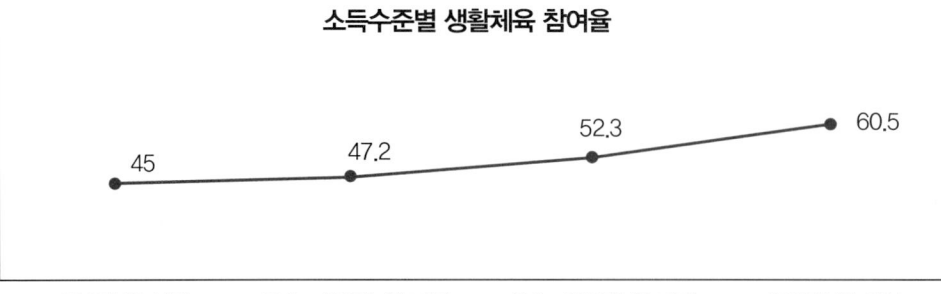

그림 6-1. 소득수준별 생활체육 참여율(월 2~3회 이상 참여하고 있는 응답 비율)
(출처: 2012 국민생활체육참여실태조사, 문화체육관광부)

소외계층 운동용품 보내기

정부는 전국의 아동, 노인, 사회복지시설 등의 소외계층에게 운동용구를 지원하여 체육활동을 통한 여가선용 여건을 조성해주고, 명랑하고 활기찬 삶을 영위할 수 있도록 소외계층 운동용품 보내기 사업을 추진하고 있다. 지원 대상 단체는 보건복지가족부 등 유관기관에 등록된 단체를 근거로 선정하고 있다. 운동용품 지원 품목은 사전에 실시한 설문조사 결과를 활용하거나 대상별 희망 용품 등을 고려하여 선정 및 지원하고 있다. 또한 운동용품 지원 대상 시설에 생활체육지도자를 파견하여 지원 용품을 활용할 수 있도록 프로그램 순회 지도를 병행하여 실시하고 있다.

2013년 소외계층 용품지원은 총 2,626개소에 41종 16만 419점의 운동용품이 지원되었으며, 그동안 재정적 어려움 등으로 생활체육에 참여할 수 없었던 사람들의 참여 기회 확대에 기여하였다(2013, 체육백서).

소외계층 용품 지원 추진 실적

연도	지원 대상	지원 내용
2013	노인시설	2,626개소 41종 16만 419점

2장 스포츠와 사회이동

 학습목표
- 스포츠와 사회이동의 유형에 대해 알아본다.
- 사회이동 기제로서의 스포츠에 대해 이해한다.
- 스포츠의 부정적 영향에 대해 알아본다.

1. 사회이동의 유형

스포츠의 기능에 대한 믿음 중 가장 보편적인 것은 스포츠 참여를 통해 사회계층을 상승시킬 수 있다는 점이다. 이러한 믿음은 조직적인 스포츠 참여를 수단으로 하여 다른 사회제도 내에서 성공적인 경력을 쌓는 데 도움을 받을 수 있다는 사고와 스포츠 그 자체가 명성과 부를 획득할 수 있는 기회를 제공해준다는 믿음에서 비롯된다.

예를 들어, 아프리카 지역의 아이들은 일반적인 교육을 통해 사회계층을 상승시킬 수 있는 기회가 다른 지역의 아이들에 비해 낮기 때문에 유럽 축구 무대에서 활약 중인 아프리카 선수들을 롤모델로 하여 어려서부터 사회계층 상승의 통로로서 축구에 참여하게 된다.

이러한 스포츠와 사회이동의 결합은 화려한 스포츠 경력을 지닌 성공적인 운동선수를 집중적으로 조명하거나 거액의 계약금, 이적료, 상금 등에 큰 관심을 가지는 대중매체에 의하여 대중에게 전파된다.

한편, 넓은 의미에서 볼 때 사회이동은 집단 또는 개인이 사회적으로 변화되어가는 모습을 의미한다. 사회이동의 양이나 정도 또는 이동의 폭은 각각의 사회에 따라 서로 다르게 나타나지만, 어떠한 사회에서도 사회이동은 일어나고 있다. 따라서 현대사회에서의 사회이동은 과거에 비해 정상적이고 대중에게 널리 퍼져 있는 사회현상이라고 할 수 있다.

가. 이동 방향 기준

사회이동은 매우 복잡하고 다양한 차원의 사회현상이기 때문에 학자의 성향과 관점에 따라 여러 가지 유형으로 구분될 수 있다. 그중에서 가장 일반적인 분류방법은 사회가 이동하는 방향을 기준으로 하여 구분하는 것으로서 수직이동과 수평이동, 그리고 두 가지 이동이 적절히 배합된 수직적·수평적 이동이 있다.

1) 수직이동

수직이동은 계층 구조 내에서 집단 또는 개인이 가지고 있던 이전의 지위, 즉 계층적 지위에 대한 상하의 변화를 의미한다. 수직이동은 다시 상승이동과 하향이동으로 구분되며 상승이동은 계층적 지위가 높아지는 경우, 하향이동은 계층적 지위가 내려가는 경우를 가리킨다. 예를 들어, 어떠한 야구팀에서 2군에 소속되어 있던 선수가 1군으로 승격되었다든지, 또는 2군 감독에서 1군 감독으로 승진하는 것은 상승이동이고 그 반대의 경우는 하향이동으로 볼 수 있다.

2) 수평이동

수평이동에는 계층적 지위의 변화가 일어나지 않으며 동일하게 평가되는 지위로 단순히 자리만 바꾸게 되는 현상이 일어난다. 예컨대, 어떤 팀의 주전선수로 출전하다가 수준 차이가 많이 나지 않는 다른 팀에 원래 소속되어 있던 팀과 비슷한 수준의 대우를 받고 이동하는 경우가 이에 해당된다.

3) 수직적·수평적 이동

앞서 살펴본 바와 같이 수직적·수평적 이동은 정의와 성격이 다르고 둘 사이의 구분이 가능하기는 하나 실제적으로 깊은 연관성이 있는 경우가 많다. 수평적 이동만 생겨나는 경우보다는 어느 정도의 수직적 이동과 함께 일어나는 수평적 이동이 일반적으로 흔히 볼 수 있는 경우이다. 예를 들어, 어떠한 프로팀의 선수가 비슷한 수준의 다른 팀으로 이적하는 경우, 겉으로 나타난 결과만

표 6-10. 이동 방향의 기준에 따른 사회이동

구 분	내 용
수직이동	• 집단 또는 개인이 지녔던 종전의 계층적 지위에 대한 상하 변화 • 상승이동: 계층적 지위가 상승되는 경우 • 하향이동: 계층적 지위가 하강하는 경우
수평이동	• 법률적으로 성문화되고 토지관계에 기초를 둔 계층 체계 • 신분 내의 서열에 따라 권리, 특권, 책임을 지니는 계층의 한 형태 • 최소한의 상하이동만 허용
수직적·수평적 이동	• 현대 산업사회에서 발견할 수 있는 대표적인 계층 체계 • 사회경제적 요인과 관련된 지위 역할을 기초로 한 불평등 체계 • 개인의 지위나 생활에 대한 배당이 성취적임 • 상류계층으로의 사회이동 가능

파악했을 때는 수평적 이동으로 볼 수 있지만 대부분의 경우 이적하기 전의 팀에 비하여 연봉이나 계약 조건이 변화된다는 점에서 어느 정도는 수직이동을 수반하게 됨을 알 수 있다.

나. 시간 간격 기준

사회이동은 이동이 이루어진 시간적 거리인 기간을 기준으로 하여 유형의 구분이 가능하다. 즉, 사회이동이란 서로 다른 두 시점 사이에서 각각 지니고 있는 현재의 지위를 비교함으로써 파악할 수 있다. 이러한 사회이동을 시간적 간격의 관점에서 구분하면 세대 간 이동과 세대 내 이동의 두 가지 형태로 나누어 설명할 수 있다.

1) 세대 간 이동

세대 간 이동은 같은 가족 내에서 발생하게 되며, 한 세대에서 다음 세대로 넘어가는 과정에서 생겨나게 되는 사회경제적 지위의 변화를 의미한다. 세대 간 이동은 보편적으로 특정한 사건이 발생한 시점으로부터 부모의 교육적·직업적·수입적 성취와 같은 시기에 자녀의 3가지 요인의 성취도를 비교함으로써 측정할 수 있다. 예를 들어, 어떤 운동선수가 자신의 부모보다 더 많은 수입을 얻게 되고 스포츠를 통한 명예 및 교육수준이 더 높아진다면 그 선수는 사회계층이 상승이동 했다고 볼 수 있다.

2) 세대 내 이동

세대 내 이동은 어떠한 개인의 일생에서 생겨나는 사회·경제적 지위의 변화를 의미하는 것으로, 흔히 경력이동이라고도 한다. 예를 들어, 프로팀에 처음 입단했을 때 후보이던 선수가 주전선수가 되고 은퇴 후 코치나 감독이 되었다면 이는 세대 내 상승이동이 일어나게 되었음을 의미한다.

표 6-11. 시간 간격 기준에 따른 사회이동

구 분	내 용
세대 간 이동	• 가족 내에서 한 세대로부터 다음 세대로 이어지는 과정에서 발생하는 사회경제적 지위의 변화 • 특정 시점에서 부모의 교육적·직업적·수입적 성취와 성장한 자녀의 3가지 요인에 대한 같은 시기의 성취도를 비교함으로써 측정
세대 내 이동	• 한 개인의 생애를 통하여 발생하는 사회경제적 지위의 변화 • 경력이동이라고도 함

다. 이동 주체 기준

사회이동은 개인 스스로의 노력에 의해 일어나기도 하고, 개인이 소속되어 있는 집단의 변화를 통해 이동이 발생하기도 한다. 이러한 사회이동은 이동의 주체가 개인인가 집단인가에 따라 개인이동과 집단이동으로 구분할 수 있다.

1) 개인이동

개인이동은 개인의 능력과 노력에 입각하여 사회적으로 상승할 수 있는 기회가 실현되는 경우를 의미하는 것으로, 스포츠를 통한 사회이동의 대부분이 개인이동에 포함된다. 예를 들어, 스포츠는 실력을 위주로 하여 발생하는 사회이동 체계로서 개인의 운동수행 능력이나 노력의 정도에 따라 사회적 상승이동의 기회가 넓어지게 된다.

2) 집단이동

집단이동은 조건이 유사한 집단이 특정한 계기를 통하여 단체로 이동하는 것을 의미한다. 가장이 직장에서 승진한다거나 다른 직장으로 이동이 일어나는 것이 곧 가족의 이동과 동일시되는 경우가 이에 속하게 된다. 예를 들어, 비교적 낮은 위치의 사회계층적 지위에 속해 있는 것으로 생각되던 운동선수가 프로스포츠의 출범으로 인해 부와 명성을 축적하고 지위가 높게 평가되는 것도 집단이동의 결과라 할 수 있다.

표 6-12. 이동 주체 기준에 따른 사회이동

구 분	내 용
개인이동	• 개인의 능력과 노력에 입각하여 사회적 상승 기회 실현 • 스포츠를 통한 사회이동의 대부분이 이 범주에 속함 • 스포츠는 운동수행 능력이나 노력에 따라 사회적 상승이동의 기회가 제공됨
집단이동	• 유사한 조건을 갖추고 있는 집단이 촉매적 계기를 통해 집합적으로 이동하는 것 • 가장의 사회적 이동이 가족의 이동과 동일시되는 경우

2. 사회이동 기제로서의 스포츠

가. 사회적 상승의 원인

스포츠에 있어서 사회적 상승이동은 다양한 원인에 의해 발생하게 되는데, 그중 사회적 상황의 반영과 개인적 상황과 관련된 두 가지 요인에 의하여 영향을 받게 된다.

1) 사회적 상황 반영

스포츠에 있어서 사회적 상승이동은 기본적으로 사회적 상황을 반영하고 있다고 할 수 있다. 특정한 사회적 환경에서 수행할 수 있는 역할이 증가하게 되면 이와 동반하여 사회적 상승이동을 유도하게 된다.

예를 들어, 1989년도까지 7개 구단이었던 프로야구가 2015년에 10개 구단으로 규모가 커지게 되면서 새로운 역할과 지위가 창출되고 이로 인해 2군에 있던 선수나 특정 구단에서 자신이 가지고 있는 실력을 제대로 발휘하지 못하고 후보 선수나 보류 선수로 생활하던 선수들이 새롭게 진입한 구단의 주전으로 상승이동 할 수 있는 기회가 제공된다.

2) 개인적 상황

개인적 상황은 특정 개인의 노력을 통해 상승이동이 일어나게 되는 것을 의미한다. 예를 들어, 사회계층적 배경이 낮은 운동선수들이 자신들의 낮은 지위에도 있음에도 불구하고 스포츠 참가를 통하여 상승이동을 성취하고 있거나 이의 달성을 위하여 노력하는 것이 개인적 상황에 속하게 된다.

> **계급재생산**
> 일반적으로 계급재생산은 한 세대의 계급 위치가 다음 세대로 이어져 내려가는 세대 간의 전승을 의미한다. 하지만 개인이나 가구가 중심이 되지 않고, 전체 구조에 초점을 두어 계급구조가 그대로 유지되거나 확대되는 경우에도 계급재생산이라고 한다.
> 부르디외(Bourdieu)는 이처럼 계급 간에 나타나는 세력관계 구조의 재생산을 계급재생산으로 포괄하여 정의하고 있다. 즉, 계급재생산은 "세대 간의 전승과 한 세대 내 혹은 한 계급범주 안에서 계급 위치가 하나의 계급으로 동질성을 유지하고자 하는 현상"이라고 정의할 수 있다.

나. 사회적 상승 매개체로서의 스포츠

스포츠 참가가 사회적 상승이동 촉진의 연결 역할을 한다는 사실은 신체적 기량 및 능력 발달, 교육 성취도 향상, 직업 후원 기회 제공, 올바른 태도 함양의 4가지 요인에 의하여 설명될 수 있다.

1) 신체적 기량 및 능력 발달

어린 시절부터 조직적인 스포츠 활동에 참가하게 되면 프로스포츠 같은 전문 직업을 가질 수 있는 신체적 기량 및 능력을 고도로 발달시킬 수 있게 된다. 예를 들어, 신체적 기량이 우수하고 운동능력이 뛰어난 선수는 고등학교를 졸업하고 대학에 진학하지 않더라도 프로스포츠 팀에 입단할 수 있기 때문에 비슷한 교육수준의 동년배에 비하여 월등히 많은 봉급과 사회적 주목을 받게 된다. 최근에는 신체적 기량 및 능력이 우수하거나 발전 가능성이 큰 어린 선수들이 해외로 조기 유학을 떠나 선진 스포츠 기술을 접하는 것도 이와 동일한 맥락으로 일어나게 되는 현상이다.

2) 교육 성취도 향상

조직적인 스포츠 참가는 직·간접적으로 교육적 성취도를 향상시킨다. 과거에는 학생선수들이 학업성적이 우수하지 않더라도 전국 규모 대회에서 우수한 성적을 거두면 상급학교로 특기자 진학을 할 수 있는 혜택이 주어졌지만, 최근에는 이와 함께 학습권 보장, 최저학력제 도입 등으로 학생선수들의 교육 성취도가 운동기능과 함께 동반 상승하고 있다.

3) 직업 후원 기회 제공

조직적인 스포츠 참가는 직업적 후원을 받을 수 있는 기회의 폭을 넓혀준다. 예를 들어, 유망한 어린 운동선수들은 기업가나 재산가로부터 재정적 지원을 받는 경우가 있으며, 특히 프로선수의 경우에는 제품이나 기업 홍보를 위해 특정 기업의 광고 모델로 출연하거나 협찬을 받기도 한다.

4) 올바른 태도 함양

조직적인 스포츠 참여는 일반적으로 가치 있게 여겨지는 행동양식 및 태도의 발달을 가능하게 함으로써 사회적 상승이동을 촉진하는 수단이 된다. 예를 들어, 운동선수들이 스포츠 활동에서 은퇴한 후에 평소 운동선수로 생활하며 몸에 익힌 올바른 태도를 바탕으로 다른 직업에서도 맡은 바 역할을 성공적으로 수행하고 있으며 일부 운동선수는 자신의 선수경력을 바탕으로 스포츠 해설자나 저널리스트 등으로 활약하고 있다.

다. 스포츠 사회화의 역기능

스포츠 활동 참여는 교육적 효과를 높여주는 역할을 담당하기도 하지만 과도한 훈련, 부상, 잦은 이동 등으로 인해 오히려 교육 성취도를 저하시키기도 한다. 뿐만 아니라 학생의 공부해야 할 권리인 학습권을 침해 받기도 하고, 학교생활에서 일반 학생들과 형성해야 할 기본적인 인성을 함양하지 못하고 교육의 본래적 기능에서 벗어나는 결과를 초래하기도 한다.

또한, 사회현실을 은폐하기 위한 수단으로 스포츠가 이용되기도 한다. 높은 연봉을 받는 스타선수들의 성공스토리나 특정 대회에서의 우승으로 단번에 스타가 된 사례의 강조는 누구나 노력하면 성공할 수 있다는 스포츠의 신화를 대중에 확산시키게 되며, 이러한 스타선수들의 이면에 존재하는 중도 탈락하거나 두각을 나타내지 못하는 선수에 대해서는 거의 언급하지 않는다.

이는 스타선수들은 소수에 불과하고, 다른 대다수의 운동선수들은 적은 연봉을 받는 평범한 선

표 6-13. 미국 고등학교 선수의 프로 팀 입단 비율 비교(Coakley, 2009)

종목별	고교 선수(명)	프로 진출 선수(명)	비율
풋볼	917,755	150	6,319 : 1
농구	517,271	50	10,345 : 1
계	1,465,026	200	7,325 : 1

수들로 이루어져 있으며, 운동선수로 성공할 확률은 다른 직업에서 성공할 확률보다 오히려 낮게 나타난다는 사실을 은폐하고 있다고 할 수 있다. 그럼에도 불구하고 미디어와 대중의 관심이 일부 성공한 스타선수와 그들의 수입에 집중되면서 운동을 하면 모두가 김연아, 류현진, 박지성 같은 프로선수가 되고, 고액 연봉을 받을 수 있는 것처럼 여기게 되는 것이다.

Coakley(2009)의 스포츠 참가가 사회이동에 기여하는 조건

① 상향적 이동에 기여하는 조건
- 대학을 졸업하거나 운동 과정 중에 가치 있는 것을 배웠을 때
- 성장·발달 과정 중에 가족으로부터 사회적·물질적·정서적으로 일관된 지지를 받을 때
- 영향력 있고 도움을 줄 수 있는 사람과 유대를 가졌을 때

② 하향적 이동에 기여하는 조건
- 스포츠 참가가 교육적 성취를 제한했을 때
- 스포츠 외의 것에 대해 성장·발달 과정 중에 가족들로부터 지지를 받지 못했을 때
- 스포츠 외의 다른 세계를 알지 못할 때

Ⅶ부
스포츠와 사회화

스포츠는 사회의 신념, 가치, 규범 등을 사회구성원들에게 내면화시켜 사회체계의 안정을 유지하는 체제유지의 기능을 가진다. 이러한 스포츠의 기능은 스포츠의 사회화 기능을 통해 이루어지게 된다.

스포츠사회화는 스포츠와 관련된 상황에서 발생하는 사회화를 의미하며, 스포츠를 통하여 집단에 소속된 구성원들이 함께 가지게 되는 공통된 가치관을 집단 안의 다른 구성원과의 상호작용을 통해 학습하고 체화하는 과정에 중요한 관심을 가진다.

따라서 스포츠사회화는 스포츠 활동 참여를 통해 사회집단의 구성원이 되고, 문화를 받아들여 자신의 정체성을 형성해나가는 과정이라 할 수 있다.

이 단원에서는 스포츠사회화 과정의 이해를 돕기 위해 스포츠사회화의 개념에 대해 알아보고, 스포츠사회화를 효과적으로 설명할 수 있는 학습이론, 역할이론, 준거집단이론의 개념에 대해 살펴보도록 한다.

또한 스포츠로의 사회화, 스포츠를 통한 사회화, 스포츠 탈사회화, 스포츠 재사회화에 대한 이해를 바탕으로 스포츠사회화의 과정에 대해 알아보고자 한다.

1장 스포츠사회화의 의미와 과정

 학습목표

- 사회화의 정의 및 특성에 대해 알아본다.
- 스포츠사회화의 정의 및 특성에 대해 알아본다.
- 스포츠사회화의 이론을 이해한다.

1. 스포츠사회화의 의미

가. 스포츠사회화의 이해

1) 사회화의 개념

사회화란 한 사회 속에서 문화가 후대에 전승되고 개개인이 조직화된 생활양식에 적응하는 과정임과 동시에 개인의 발전과 성장을 통해 각자가 성숙한 사회인으로 커가는 과정을 의미한다. 이러한 사회화는 일반적으로 문화적·사회적·심리적 차원의 3가지 관점으로 구분하여 살펴볼 수 있다.

첫째, 문화 동질화 과정으로서의 사회화는 인간의 본성이 특정한 사회문화와 동화되어가는 과정이다. 둘째, 역할 훈련 과정으로서의 사회화는 개인이 사회의 일부를 담당하는 구성원으로서 사회적으로 옳고 그름이 정해져 있는 특정한 역할을 담당하게 되는 과정을 의미한다. 셋째, 충동의 통제 능력 형성 과정으로서의 사회화는 인간의 본성인 이기적이고 충동적인 본능을 사회생활을 통해 제약을 받다가 점차 본인의 욕구를 제어할 수 있는 판단력과 분별력이 만들어지는 과정을 의미한다.

2) 스포츠사회화의 개념

스포츠사회화는 스포츠와 관련된 상황에서 발생하는 사회화를 의미하며, 이는 스포츠를 통하여 집단에 소속된 구성원들이 함께 가지게 되는 신념, 가치관 등을 집단 안의 다른 구성원과의 상호작용을 통해 학습하고 체화하는 과정으로 정의할 수 있다. 이는 개인이 스포츠 활동 참여를 통해 사회집단의 구성원이 되고, 문화를 받아들여 자신의 정체성을 형성해나가는 과정이라고 할 수 있다.

나. 스포츠사회화의 과정

스포츠사회화 과정은 크게 스포츠로의 개인 사회화, 스포츠 참가, 스포츠 참가의 결과, 스포츠 참가의 중단, 스포츠로의 복귀라는 5단계로 나누어 설명할 수 있다.

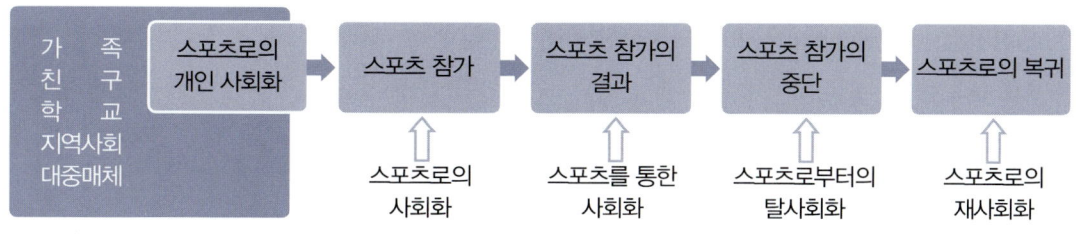

그림 7-1. 스포츠사회화의 모형

1) 스포츠로의 개인 사회화

스포츠로의 개인 사회화는 개인이 스포츠에 참여하게 되는 동기를 갖는 것을 의미한다. 스포츠에 참여하게 되는 동기는 다양한 요인에 의해 발생하게 되며, 개인을 둘러싼 환경의 사회적 주관자인 가족, 친구, 학교, 지역사회, 대중매체 등의 영향을 받게 된다.

2) 스포츠 참가

사회화의 주관자로부터 영향을 받아 스포츠 참여에 대한 동기를 갖게 되면 본격적으로 스포츠에 참여하게 된다. 스포츠에 참여하는 방식, 종목, 형태는 개인에 따라 다양하게 나타나며 사회적 환경에 많은 영향을 받는다. 스포츠에 참여하기 위해서는 이를 위한 사회적 분위기가 조성되어 있어야 한다. 어느 사회가 가지고 있는 이데올로기와 신념은 스포츠 참여의 경향에도 반영되며, 이는 개인의 선호를 결정하는 주요 요인이 되기도 한다. 예를 들어, 여성들에 대한 차별이 존재하는 일부 이슬람 국가에서 여성들은 스포츠 참여에 대한 동기를 가지고 있다고 하더라도 여성들의 스포츠 참여에 대한 부정적인 사회적 인식 때문에 스포츠 참여에 많은 제약을 느낀다.

3) 스포츠 참가의 결과

스포츠 참여가 지속되면 이를 통해 다양한 효과를 얻을 수 있다. 1차적으로는 신체적 효과를 얻을 수 있을 것이며, 나아가서는 스포츠를 통해 다양한 사회화 효과도 얻을 수 있을 것이다. 스포츠 참여자는 사회에서 요구하는 다양한 가치 및 태도를 간접적으로 체험하고 습득할 수 있는 기회를 얻을 수 있다. 스포츠 참여가 참여자 개인에게 미치는 영향은 스포츠에 참가하는 형태, 스포츠 참가 정도, 스포츠 참가 수준에 따라 상이하게 나타난다.

4) 스포츠 참가의 중단

스포츠에 지속적으로 참여하던 사람들도 부상, 흥미의 저하, 갈등, 제약 등으로 인해 스포츠 참가를 중단하기도 한다. 하지만 생활스포츠 참여자들의 경우 스포츠 참가가 이루어지지 않고 있더라도 스포츠 참가가 중단되었다고 말하기는 쉽지 않다. 그 이유는 생활스포츠 참가가 여가생활 혹은 신체건강 등의 강제적인 목표를 가지고 있지 않기 때문이다. 그래서 스포츠 참가의 중단은 일반적으로 운동선수를 대상으로 논의된다. 운동선수는 은퇴를 통해 스포츠 참가를 중단하며 비자발적 은퇴, 자발적 은퇴로 구분하여 설명할 수 있다.

5) 스포츠로의 복귀

스포츠 중단 과정을 거친 운동선수들은 자신들의 삶을 지속하기 위해 다양한 분야로 진출한다. 그중 일부는 운동선수들이 가지고 있는 전문성을 적용할 수 있는 유사 직종으로 복귀하기도 한다. 예전에는 운동선수들이 스포츠로 복귀할 때는 주로 지도자가 되는 경우가 대부분이었지만, 최근 들어 종목에 대한 전문성이 요구되는 스포츠 관련 직종이 늘어나면서 행정가, 분석가, 교수 등의 직업에 진출하는 사례도 증가하였다.

이와 같은 스포츠사회화의 과정은 각 단계별로 스포츠로의 사회화, 스포츠를 통한 사회화, 스포츠로부터의 탈사회화, 스포츠로의 재사회화 과정과 밀접한 관련이 있으며, 구체적인 내용과 특성은 2장, 3장에서 자세히 다루고 있다.

2. 스포츠사회화의 이론적 접근

사회화는 다양한 심리적 과정과 함께 나타나는 복잡한 사회학습 과정으로서 1960년대를 전후하여 많은 연구가 이루어졌다. 이러한 연구들은 사회화 과정이 진행되는 구조를 밝히기 위해 정신분석학, 정신분석적 사회인류학, 규범성숙론적 접근, 인지발달적 접근, 유전적·체질적 접근 그리고 다양한 학습이론적 접근 등의 개념적·이론적 접근방법을 사용해왔다.

이러한 접근방법 중 학습이론, 특히 사회학습이론이 가장 잘 정립되었고 사회화를 효과적으로 설명할 수 있는 이론이라 볼 수 있으며, 역할이론과 준거집단이론도 사회화 과정을 밝히는 데 도움을 줄 수 있다.

가. 사회학습이론

1) 사회학습이론의 주요 관점

사회학습의 접근방법은 단순하게 이루어지는 것이 아니라 이를 통제하는 다양한 변인이 존재한다.

먼저 개인적 특성은 성별, 연령, 출생서열, 사회경제적 지위 등과 같은 개인이 가지고 있는 특성으로서 스포츠 참여나 역할학습에 영향을 미치게 된다. 그리고 주요 타자는 개인에게 영향을 미치게 되는 가족, 동료, 코치, 교사 등을 포함하며 이들의 가치관, 생활태도, 행동이 개인의 인성과 태도 형성에 중요한 역할을 담당하게 된다. 마지막으로 사회화 상황은 스포츠 조직의 구조, 개인의 지위, 참여의 자발성, 사회화 관계의 본질성 등을 포함하며 스포츠 역할학습에 영향을 미치는 주요 변인 중의 하나로 작용한다.

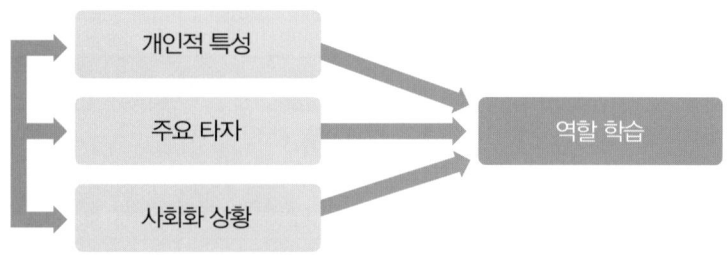

그림 7-2. 사회화 과정의 요소

2) 사회학습이론의 적용

사회학습이론은 개인이 사회적 행동을 어떻게 습득하고 수행하는가를 규명하려는 이론이다. 스포츠에서의 역할을 어떻게 학습하는지를 이해하는 데 적용되는 방법은 강화, 코칭, 관찰학습의 3가지로 구분할 수 있다.

① 강화

우선 강화는 사회적 역할을 습득하고 수행하는 데 있어 상과 벌 등의 보상과 관련된 역할을 강조한다. 즉, 직접적인 상과 벌은 행동의 학습과 수행에 긍정적·부정적 영향을 미치게 되며, 행동이 벌에 의하여 부정적으로 강화되면 이후 그러한 행동이 발생하게 되는 것을 억제되고, 행동이 상에 의하여 긍정적으로 강화되면 그 행동이 지속되는 경향이 높아진다.

② 코칭

코칭은 사회화의 대상이 사회화의 주관자를 통해 가르침을 받는 것을 의미한다. 운동을 좋아하는 부모는 자녀들이 스포츠 활동 참여 시 필요한 기술을 가르쳐주게 되는데, 이러한 직접적인 가르침은 사회화 대상에게 지도자가 적절하다고 판단하는 새로운 지식을 전파하게 된다. 또한 직접적인 가르침은 사회화 대상에게 그동안 접해보지 못한 새로운 운동기능과 반응을 학습하게 하며, 또 다른 운동에 참여하고자 하는 학습동기를 부여할 수 있게 된다.

③ 관찰학습

관찰학습은 특정한 개인이 부과된 과제를 학습하고 수행하는 과정에서 유사한 역할을 가진 다른 사람의 행동을 관찰하고 이를 역할 수행에 반영한다는 접근이다. 관찰학습에 의한 사회적 역할 행동은 단기적인 관찰에 의해 즉각적으로 나타나는 것이 아니라 중요타자의 행동을 주기적으로 관찰하고 이를 자신만의 것으로 습득하는 내면화 과정을 거친 후 나타나게 된다.

표 7-1. 사회학습이론의 3가지 접근방법

구 분	내 용
강화	• 사회적 역할의 습득과 수행에 있어 상과 벌의 역할 강조 • 행동이 벌에 의하여 부정적으로 강화되면 행동이 억제됨 • 행동이 상에 의해 긍정적으로 강화되면 그 행동이 지속적으로 유발되는 경향이 높아짐

코칭	• 피사회화자가 사회화 주관자에 노출되거나 가르침을 받는 것
	• 운동을 좋아하는 부모의 직접적인 지도의 영향
	  - 지도자가 적합하다고 생각하는 새로운 지식 전달
	  - 새로운 운동기능과 반응 학습
	  - 학습자에게 동기 부여

관찰학습	• 개인이 과제를 학습하고 수행하는 행위는 다른 사람의 행동을 관찰한 결과와 유사하게 행동함 • 주요 타자의 행동을 관찰하고 습득하여 내면화한 다음 적절한 시기에 이를 행동으로 나타냄

나. 역할이론

1) 역할이론의 주요 관점

역할이론은 사회 자체를 하나의 유기적인 무대로 간주하고 개인을 무대 속에서 연기하는 배우에 비유한다. 역할이론에 따르면 사회 속에서 각 개인은 자기 자신이 처해 있는 현실적인 상황을 스스로의 경험을 통해 학습하게 되며, 사회화 과정은 서로 간에 영향을 주고받는 상호작용을 통하여 자신이 맡은 역할을 실수 없이 수행하기 위해 노력하는 과정을 통해 이루어진다.

2) 역할이론의 적용

역할이론은 특수한 태도, 의견 및 경향성을 지닌 특정 인간관계에 대해 설명하려는 이론이 아니라 개인이 사회 과정을 통하여 집단에 소속되어 기능을 발휘할 수 있는 구성원으로 변화되어가는 사실을 설명하려는 이론이다. 그리고 역할이론에서는 아동이 사회적 요소를 학습하는 것은 타인을 통해 가능하다고 가정한다.

다. 준거집단이론

1) 준거집단이론의 관점

준거집단이론은 사회화 과정을 이해하는 데 도움이 되는 이론으로서, 역할이론과 함께 과정의 중요성을 부각하고 있다. 즉, 인간은 자발적으로 어떤 집단이나 타인에게 적응하고 이들의 행동, 태도, 감정 등을 자신의 행동이나 태도, 감정 형성을 위한 기준으로 삼게 된다.

준거집단이론은 사회적 협동이나 분열이 특수한 인지적 행위와 함께 발생하게 된다고 주장한다. 하나의 준거집단이 그 구성원의 태도 형성에 얼마만큼의 영향을 미치는지 파악하기 위해서는 구성원이 그 집단과 어느 정도 하나가 되었는지에 달려 있다고 보는 것이다.

2) 준거집단이론의 적용

준거집단이론은 개인의 사회화 과정에 영향을 미치는 집단을 규범집단, 비교집단, 청중집단의 3가지로 구분하여 설명하고 있다. 규범집단은 가족과 같이 규범을 설정하고 가치관을 형성시킴으로써 개인에게 행동의 지침을 제공하는 집단을 뜻하며, 비교집단은 특정 역할 수행의 기술적 의미를 제시해주는 역할 모형 집단을 지칭한다. 마지막으로 청중집단은 특정 개인의 특별한 주목은 받지 않으나 그들의 가치와 태도에 부합되게 행동하려는 집단을 의미한다.

2장 스포츠로의 사회화와 스포츠를 통한 사회화

 학습목표

- 스포츠사회화의 과정에 대해 이해한다.
- 스포츠로의 사회화의 개념 및 특징을 파악한다.
- 스포츠를 통한 사회화를 이해한다.
- 스포츠로부터의 탈사회화, 재사회화의 개념을 이해한다.

1. 스포츠로의 사회화: 스포츠 참여의 시작과 지속

스포츠 활동에서의 사회화 과정은 일차적으로 스포츠 활동의 참가를 전제한다. 스포츠 참가는 개인의 특성에 따라 다양한 형태로 이루어지기 때문에 스포츠에서의 사회화는 스포츠 활동에 참여하는 것을 기본적인 전제로 이루어지게 된다.

스포츠로의 사회화는 사회를 구성하는 개인들에게 스포츠에 참여하고자 하는 흥미와 관심을 유발함으로써 스포츠 참가를 유도하는 사회화 담당자나 스포츠 관련 기관에 의하여 이루어진다. 따라서 이들의 태도, 가치관, 행동은 등은 스포츠에 참가하는 개인의 태도, 가치관, 행동 형성에 중요한 영향을 미치고 있다.

스포츠로의 사회화는 스포츠에 대한 개입이 시작됨에 따라 진행되는데, 이러한 개입을 통하여 스포츠에 대한 참여 형태, 참여 수준, 경기 성향 등이 결정된다. 스포츠에 대한 개입의 수준은 개인

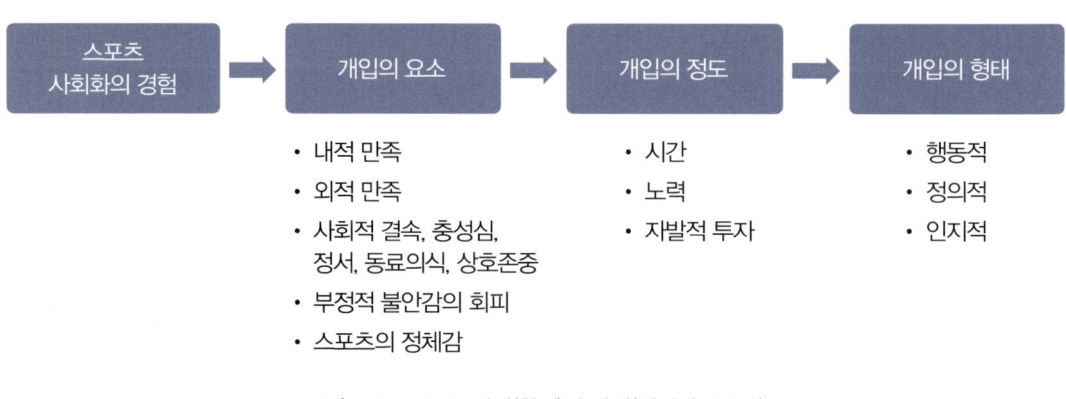

그림 7-3. 스포츠 개입(참여)의 과정(임번장, 2010)

이 스포츠 활동에 쏟는 시간과 재화 그리고 소비하는 에너지의 양을 결정하게 되며, 스포츠에 대한 개입의 과정은 다음과 같다.

가. 스포츠 참여의 요인

스포츠 활동 참여에 관여하는 요소는 내적 만족, 외적 만족, 사회적 결속, 부정적 불안감의 회피, 스포츠 정체감의 5가지로 구분할 수 있다. 이를 구체적으로 살펴보면 아래와 같다.

1) 내적 만족: 즐거움

내적 만족은 스포츠 활동을 통해 얻게 되는 본질적인 즐거움을 의미한다. 스포츠 참여자는 자신의 한계를 파악하고 이에 지속적으로 도전하여 극복함으로써 스포츠 활동 자체의 즐거움을 경험하게 된다. 스포츠 활동에서 얻어지는 즐거움은 스포츠 참여를 촉진하는 중요한 요인이 된다.

2) 외적 만족: 외적 보상

외적 만족은 승리, 금전, 건강 등과 같은 외적 보상에 대한 기대를 의미한다. 이러한 외적 보상에 의한 스포츠 활동 참여는 처음 스포츠에 참여하여 운동기능과 기술이 부족한 참가자보다 비교적 운동수행 능력이 뛰어나고 지속적으로 스포츠 활동을 경험하는 참가자에게 주로 해당되는 요소이다.

3) 사회적 인정

사회적 결속은 자신에게 중요하다고 생각되는 주변 사람으로부터 인정을 받음으로써 일어나는 만족감이다. 주변 사람들로부터의 스포츠 참여에 대한 요청을 수용하고, 그들과의 관계를 증진하기 위하여 요청을 받아들임으로써 스포츠 참여가 이루어질 수 있다.

4) 의무

개인이 가지고 있는 정체성을 약화시킬 수 있는 부정적인 제재는 스포츠 참가의 원인이 되기도 한다. 이러한 경우에는 보통 스포츠 참가가 의무인 경우로, 스포츠 참가가 의무시되고 있는 학생선수 등이 스포츠에 참가하지 않으면 부모, 지도자, 선배 등으로부터 제재를 받게 되는데, 이러한 제재를 받지 않기 위해 의무적으로 스포츠에 참여하게 된다.

5) 스포츠 정체감

스포츠 정체감은 스포츠 활동에 의존하고 있는 개인의 정체의식을 의미한다. 개인이 참여하는 스포츠 내에서의 역할 분담은 다른 사람들과의 사회적 상호작용을 통하여 증진된다. 스포츠에 대한 정체감을 지닌 사람은 이를 지속적으로 유지하기 위하여 운동기능을 발전시키려 노력한다.

나. 스포츠사회화의 주관자

스포츠 참가와 스포츠 역할학습의 과정에서 각 개인에게 영향을 미치는 대상을 주요 타자 혹은 준거집단이라고 일컫는다. 이들의 감정, 사고, 태도, 행동은 스포츠 참가자의 태도, 가치관의 형성 등에 중요한 영향을 미치게 된다.

스포츠로의 사회화 과정에서 주요 타자 혹은 준거집단의 중요성과 영향력은 생애주기에 따라 달라지며 이로 인한 결과 또한 개인에 따라 상이하게 나타나게 된다. 스포츠사회화란 결국 특정한 기능, 특성, 가치 등에 의해 스포츠 역할이 수행되는 과정이므로 이를 전달해주는 개인, 집단, 조직 등이 있어야 하며 이들은 사회화 대상자를 스포츠에 참가하도록 장려, 지도, 강화하게 된다. 이러한 역할을 담당하는 이를 사회화 주관자라고 하며, 이들 주관자의 영향을 생애주기별로 살펴보면 다음과 같다.

1) 가정

가정은 사회화의 가장 중요한 역할을 담당하는 곳으로, 사람은 태어난 이후 지속적으로 사회화가 이루어진다. 가정과 사회화의 관계는 가정의 경제적 위치, 가족 구성원 간의 인간관계, 가정에 대한 문화적 인식의 차이 등을 통해 형성된다. 아동의 스포츠 참가는 이러한 가정에서 스포츠에 대한 인식의 차이에 따라 결정된다.

2) 동료집단

아동이 가장 처음으로 겪게 되는 경험은 가족과 함께하는 가정생활이지만, 이와 유사한 시기에 대등한 인간관계를 경험하는 곳이 동료집단이다. 일반적으로 스포츠의 참가는 친구와 함께 이루어지는 경우가 많으며, 이들은 대등한 관계에서 무의식적으로 경쟁을 학습함으로써 성취동기나 욕구, 우월감, 열등감 등 다양한 정서적 경험을 하게 된다.

3) 학교

학교는 아동들이 처음으로 접하게 되는 공식적인 체육활동 장소이다. 청소년들은 정과체육, 방과 후 체육활동, 학교스포츠클럽 등 학교의 다양한 체육 프로그램에 참여하면서 체력을 향상시키고 스포츠 기능을 학습하게 된다. 나아가 스포츠 참여를 통해 사회가 요구하는 가치관을 배우게 되고, 이에 따른 인격을 형성하게 된다.

4) 직장 및 지역사회

평생 즐길 수 있는 스포츠 활동에 참여하기 위해 직장 및 지역사회에 의한 체육활동의 중요성이 부각되고 있다. 직장에서의 구성원임과 동시에 지역사회의 일원으로서의 체육활동 참여는 개인의 발전과 건강을 유지하는 계기가 되고 있다.

5) 매스컴

매스컴은 스포츠사회화의 대상에게 긍정적인 영향을 미친다. 매스컴은 정보화 사회에서 가장 중요한 요소 중의 하나로, 모든 사람에게 다양한 정보를 제공하고 있다. 특히 스포츠에 있어서는 각종 경기 중계를 통해 사람들에게 스포츠의 다양한 간접경험을 제공하고 있다. 또한 스포츠의 기능과 중요성을 부각하여 스포츠 지식을 획득할 수 있는 주요 전달 매체가 되고 있다.

> **긍정적인 사회화의 요인(Coakley, 2009)**
> 스포츠 참여가 선수들에게 다음과 같은 요소를 제공할 때 긍정적인 사회화의 결과를 가져올 수 있다.
> - 스포츠 참여 이외의 정체성을 탐색하고 개발할 수 있는 기회
> - 경기장이나 라커룸 외의 영역에서 지식을 쌓을 수 있는 경험
> - 새로운 관계의 형성, 특히 스포츠와 무관한 사람들이나 운동선수로의 지위나 정체성에 따른 상호작용을 하지 않는 사람들과의 관계 형성
> - 스포츠를 통해 배운 교훈들이 스포츠 이외의 특정한 상황에 어떻게 활용될 수 있는지에 대한 분명한 실례들
> - 스포츠 이외의 영역에서의 역량을 개발하고 보여줄 수 있는 기회와 스포츠 밖의 멘토나 후견인들에 의하여 발견될 수 있는 기회

2. 스포츠를 통한 사회화: 스포츠 참여의 결과

스포츠를 통한 사회화는 스포츠 활동 참가에 의한 결과나 성과로서 스포츠 참여를 통하여 특정 사회에서 형성되는 가치나 태도 및 행동의 학습에 관한 문제이다. 스포츠 참여를 통하여 어떠한 경험을 하게 되는지, 그리고 스포츠를 통하여 형성되는 태도 및 가치가 스포츠를 통한 사회화의 주요 내용이다.

어떠한 개인이 스포츠 활동에 참가하게 되면 그 경험은 직·간접적으로 개인의 변화를 불러일으키게 된다. 이와 같은 결과는 개인에게 일어나는 변화의 내용을 다양한 측면에서 예측할 수 있게 한다. 예를 들어 체력이 좋아질 수 있으며, 심리적 만족감이나 안정감을 느낄 수도 있다. 이는 그 자체가 매우 중요한 가치를 지닌 변화의 내용이며, 스포츠 참가와 관련된 사회·심리적 요인을 고찰함으로써 스포츠를 통하여 형성되는 태도의 문제를 파악할 수 있다.

가. 스포츠를 통한 사회적 경험

1) 스포츠 참가를 통한 역할 경험

스포츠 활동에 참가하는 개인은 다양한 역할을 경험하게 되며, 그 속에서 자신이 맡은 역할을 수행함으로써 성공을 경험할 수 있는 기회를 제공 받는다. 스포츠에서 개인의 역할에 따른 사회적 경험은 참가 형태, 참가 정도와 유형, 참가 수준으로 구분하여 살펴볼 수 있다.

① 참가 형태

스포츠 참가의 형태는 인간의 외면적·내면적 행동 차원과 관련이 있으며 참가 내용의 특성에 따라 행동적 참가, 인지적 참가, 정의적 참가로 구분할 수 있다.

이를 구체적으로 살펴보면 우선 행동적 참가는 다시 일차적 참가와 이차적 참가로 세분화할 수 있는데, 일차적 참가는 신체활동을 수단으로 하는 게임이나 스포츠에 참가하는 경기자 자신에 의한 활동을 의미하며 이차적 참가는 스포츠 생산자와 소비자로 구분되어 이루어지는 활동을 의미한다.

예를 들어, 경쟁적 스포츠 활동에 참가하는 개인은 승자와 패자로 구분되고, 같은 팀에 속한 선수들도 주전과 후보로 분류되는 것이 일차적 참가에 속하며, 경기 상황에 대한 관여 정도와 영향력의 정도에 따라 지도자와 기업가 등으로 분류되는 것이 이차적 참가에 속하게 된다. 이차적 참가는 크게 스포츠 생산자와 소비자로 구분되는데, 자세한 분류는 다음의 〈표 7-2〉와 같다.

인지적 참가는 학교, 사회기관, 매스컴, 지인과의 대화 등을 통해 스포츠에 관련된 정보를 수집하고 받아들임으로써 이루어지는 참가를 의미한다. 이러한 정보에는 스포츠의 역사, 규칙, 기술, 전술, 선수, 팀, 경기 전적 등이 포함된다.

표 7-2. 이차적 스포츠 참가

구 분		내 용
스포츠 생산자	직접 생산자	경기에서 선수로 참가하지는 않지만 경기의 결과에 직접적으로 영향을 미치는 지도자(감독, 코치), 조정자(심판, 판정단), 건강 관리원(의사, 트레이너, 응급처치사) 등과 같은 역할을 하는 사람
	간접 생산자	실제로 스포츠 상황에 관여는 하지만 활동이 직접적으로 경기 결과에 영향을 미치지 않는 기업가(구단주, 스폰서, 스포츠용품 생산자), 기술 요원(기자, 아나운서, 기록 관리사), 서비스 요원(미화원, 경비원) 등과 같은 역할을 담당하는 사람
소비자	직접 소비자	경기장에서 직접 관람하는 팬
	간접 소비자	매스컴을 통해 경기를 관람하거나 스포츠에 관련한 대화를 통해 스포츠와 관계를 맺고 있는 팬

끝으로 정의적 참가는 실질적으로 스포츠 상황에 관여하지는 않지만 간접적으로 특정 선수나 팀 또는 경기에 대해 감정적인 태도나 성향을 표출하는 참가라 할 수 있다. 스포츠와 관련된 인터넷 기사에 댓글을 달거나 커뮤니티 게시판에서 특정 선수에 대한 의견을 교환하는 것이 정의적 참가의 예라 할 수 있다.

② 참가 정도와 유형

참가 정도는 참가 빈도, 기간, 강도로 구분할 수 있으며 각 요인의 정도에 따라 참가 형태가 상이하게 나타난다. 이를 자세히 살펴보면, 참가 빈도는 특정한 개인이 스포츠 활동에 직접적으로 참가하고 있는 횟수를 나타내며, 스포츠 활동에 얼마나 자주 참가하고 있는지에 대한 빈도 파악을 통해 측정이 가능하다.

참가 기간은 개인이 스포츠 활동에 참가한 시간적 경과를 의미하며, 특정한 종목의 스포츠 활동에 얼마나 오랜 기간 참가했는지를 조사함으로써 측정이 가능하다. 참가 강도는 스포츠에 직접적으로 참가하는 정도 또는 스포츠 활동에 참가하면서 얼마만큼 개입 또는 몰입하는지를 나타내며 한 번 스포츠 활동에 참여하면서 소요되는 시간이나 몇 가지 종목의 스포츠 활동에 참여했는지를 파악하여 측정할 수 있다.

주기적 참가는 일정한 간격을 유지하면서 지속적으로 스포츠 활동에 참가하는 것을 의미하며, 참가 중단은 스포츠 활동에 참가하는 자체를 싫어하고 스포츠 활동에서의 역할에 관심을 가지지 않거나 예전에 스포츠 활동에 참가한 경험이 있더라도 기회의 제한, 불쾌한 경험, 관심의 부족 등으로 인해 현재는 스포츠 활동에 참가하지 않고 있는 상태를 나타낸다.

끝으로 일탈적 참가는 일차적 일탈 참가와 이차적 일탈 참가로 구분할 수 있다. 일차적 일탈 참가는 일반적으로 중년층에서 빈번하게 나타나며, 자신의 직업보다는 원하는 스포츠 활동 참가에 대부분의 시간을 할애하는 상태를 의미한다. 이는 운동중독 현상과도 관련이 있으며, 일차적 일탈 참가에 깊이 관여하는 참가자는 정상적인 일상생활을 해나가기 어려운 단계까지 도달하기도 한다. 이차적 일탈 참가는 여가 선용을 위해 스포츠를 관람하는 것이 아니라 경기 결과에 거액의 내기를 걸고 도박을 할 정도로 스포츠에 중독되어 있는 상태를 말한다.

③ 참가 수준

스포츠 참가의 수준은 조직적 스포츠 참가와 비조직적 스포츠 참가로 구분할 수 있다. 먼저 조직적 스포츠는 역할 학습이나 수행 결과에 초점을 두고 스포츠를 경험하는, 구조적으로 안정된 활동을 의미한다. 조직적 스포츠에서는 팀이나 개인의 승리를 목표로 하고, 팀의 위상을 높이기 위해 노력하게 된다. 또한 자신의 노력 여부에 따른 결과가 상벌과 직접적으로 연결되기 때문에 승리를 위한 구성원 간의 기능 및 기술 개발과 팀워크 및 조화가 필요하며, 일반적으로 조직적 스포츠 참가를 다양하게 경험한 학생들은 사회화의 경험 또한 풍부한 것으로 나타난다.

다음으로 비조직적 스포츠는 활동 자체에서 만족과 기쁨을 얻을 수 있는 자발적인 참여를 통해 구성원들 간의 소통과 교감 등의 상호작용을 강조한다. 구성원들의 참가 정도는 자유의사, 시간, 시설, 장소, 경제적 여유 등의 요인으로 인해 차이가 나타나며, 그들은 함께 스포츠 활동에 참여하면서 서로 간의 친분을 유지하는 경우가 많다.

비조직적 스포츠 참가를 통해서는 근본적으로 성취, 자아실현, 자기만족 같은 내적 보상이 주어지며, 동료 집단이나 구성원으로부터 즉각적인 외적 보상이 이루어진다. 스포츠 내의 사회계층 구조에 있어서도 조직적 스포츠의 의사 결정 과정은 일반적으로 상위 계층에서 주도하지만, 비조직적 스포츠에서는 구성원 개개인과 가장 친밀한 관계를 유지하는 사람이 그 중심 역할을 맡게 된다.

조직적 스포츠와 비조직적 스포츠의 차이점은 전자는 경기의 주요 요소로 승리와 기능을 중요시하는 반면, 후자는 경기의 공정성을 중요시하는 경향이 있다는 것이다. 또한, 조직적 스포츠는 구조적 조직체와 관료적 제도 아래에서 선수, 지도자, 시설, 재정 등을 확보하고 각 구성원의 역할을 강조하여 비교적 지속적이고 안정된 체제를 구축하는 반면, 비조직적 스포츠는 비교적 구성원들의 결합이 안정적이지 못하다.

2) 스포츠 참여와 역할 사회화

스포츠 역할의 사회화는 특정 역할로 사회화되기 위한 4단계의 경험을 통해 설명할 수 있다. 4단계의 경험은 예상 단계, 공식적 단계, 비공식적 단계, 개인적 단계로 구분할 수 있으며, 이를 자세히 살펴보면 다음과 같다.

첫째, 예상 단계는 확실한 지위나 역할이 부여되지 않은 상태에서 어떠한 역할을 수행하고자 하는 고정된 기대를 가지고 있는 단계이다. 또한 현실에서의 개념을 형성해나가는 단계로서, 겉으로 명확하게 나타나는 부분만을 알거나 인식한다. 예를 들어, 학생선수 역할의 이면에는 진로의 불확실성, 과로, 부상, 학습권 침해 등의 어두운 면이 있다는 것을 동료 학생들은 거의 인식하지 못하고 있다.

둘째, 공식적 단계는 개인이 사회적으로 안정된 지위를 맡게 되고, 자신의 능력과 행동에 관련

그림 7-4. 스포츠 역할의 사회화 단계

되는 공식적이고 형식적인 기대를 경험하게 되는 단계이다. 이 단계에서는 주요 타자와 역할 수행자 간에 일치의 정도가 높아 스포츠 역할에 동조하게 되는 것이 특징이다.

셋째, 비공식적 단계는 각 개인 간의 상호작용을 통해 전달되는 비공식적 기대가 존재하는 단계이다. 각 개인은 자신의 과거 경험과 미래의 목표에 적합한 역할을 생각하기 시작하고 자기가 현재 놓여 있는 상황에 적절한 역할을 수행하게 된다. 이러한 역할은 주로 식당, 숙소, 탈의실 같은 경기장 이외의 선수들이 모이는 장소에서 주로 발생하게 된다. 예를 들어, 누군가가 지시하지는 않았지만 신입 선수들은 운동 후 뒷정리를 담당하고 선임 선수들은 경기 기록을 정리하는 등의 비공식적 역할 분담이 일어나게 된다.

넷째, 개인적 단계는 자신의 경험을 바탕으로 역할에 관한 경험이나 자신의 역할에 대한 기대를 스스로 조절할 수 있는 단계이다. 이 단계에서는 자신의 성격 및 신체적 특성에 따라 역할 기대와 개념을 수정할 수 있게 된다. 즉, 다른 타인이 자신에게 기대하는 정도에 영향을 줄 수 있게 되며, 자신의 역할과 정체감을 점차적으로 일치시켜나가게 된다.

나. 스포츠를 통한 사회적 가치 습득

1) 가치 반영 및 전달 체계

스포츠는 사회적 상황, 신념, 규범, 가치, 태도, 심미감, 인지적 경험 등을 내면화시킴으로써 전체 사회를 지배하고 있는 가치를 전달하는 사회 제도의 역할을 수행한다. 즉, 스포츠는 성공과 경쟁 등의 과정을 통하여 스포츠 활동에 참여하는 개인에게 일상생활에 적합한 가치와 태도를 배워나갈 수 있게 한다. 또한, 사회 전체의 정치·사회적 가치 체계를 상징적으로 나타내는 중요한 사회·문화적 제도라고 할 수 있다.

사회 체계로서의 스포츠는 그 본질과 구조 및 조직에 있어서 일반 사회와 유사한 체계를 이루고 있다. 이는 기업, 의식주, 언어, 논리적 가치 같은 전체 사회의 서로 다른 분야에까지 영향을 미치기 때문에 스포츠 활동 그 자체뿐만 아니라, 사회의 다양한 영역과 상호작용을 하게 된다.

한편, 스포츠의 가치 반영 및 전달 체계의 기능은 갈등문화주입이론에서 강조하는 놀이의 중요성을 통해 설명할 수 있으며, 이 이론에서는 사회화 과정에 있어서 스포츠나 게임을 성취 지향 사회의 표본으로 여기고 있다. 놀이의 갈등문화주입이론의 대표적인 학자인 로버츠(Roberts)는 스포츠의 비교문화적 입장에서 다양한 게임을 경험할 수 있는 문화일수록 아동의 교육에 있어서 경쟁을 강조한다고 보고하면서 아동들이 어린 시절부터 스포츠에 참가하게 되면 성인이 되어 일반 사회에서 경험하게 되는 심리적 갈등을 해소할 수 있으며, 사회에 적응할 수 있는 잠재능력을 키울 수 있는 준비 과정을 제공한다고 주장하고 있다.

즉, 사람들은 스포츠를 통해 사회가 어떤 것이라는 것을 보다 쉽게 이해할 수 있으며, 각 개인에게 적합한 역할을 간접적으로 체험할 수 있게 된다. 따라서 스포츠는 목표를 향한 노력을 가능하게 한다는 점에서 전체 사회의 가치를 반영하고 전달해주는 축소판이라고 할 수 있다.

2) 스포츠 참여와 가치의 사회화

사회화란 어떠한 개인이 특정 사회 체계에 참여하여 그 사회 체계가 가지고 있는 지배적인 가치, 태도, 규범 등을 학습하고 내면화함으로써 인성을 발달시켜나가는 과정이다. 사회화 과정은 가족, 학교, 지역사회, 매스컴 등과 같은 사회화의 주관자와 사회화의 대상 사이의 상호작용에 의하여 사회 제도 내에서 다양하게 이루어진다. 이는 현대사회에서 스포츠가 일반 사회의 가치, 태도, 규범, 행동 양식을 명시적 또는 묵시적인 방법을 통하여 일상생활 속으로 끌어들이는 효율적인 사회 제도의 방안 중에 하나임을 나타낸다.

한편, 가치라고 하는 것은 특정 상황 속에서의 규범에 대한 기대를 나타내는 것으로서 바람직한 것이 무엇인가에 대한 사회적 평가의 기준이 될 수 있다. 이에 사회적 가치는 현대사회에서 스포츠를 통해 전체 사회 구성원에게 효과적으로 전달되어왔다.

스포츠의 사회적 가치에 대한 연구는 현재까지 다양한 학자들에 의해 진행되어왔으며, 그중 대표적인 학자인 웹(Web)은 현대사회의 기본이 되는 지배 이념으로서 공정, 기능 및 승리의 3가지 가치를 제시하였다. 그는 스포츠와 경제 구조는 기본적으로 일반 사회와 공통된 주요 가치를 공유하고 있으며, 스포츠 경험은 성인의 경제·정치 참여에 필수적인 태도와 신념을 전달해주는 가치 있는 역할을 담당한다고 주장하였다.

즉, 현대사회에서의 스포츠는 특정 사회 내의 확신적 가치를 있는 그대로 표현하는 수단을 제공해줌으로써 사회 구성원으로 하여금 일반 사회 제도의 복잡하고도 변화되는 기능을 용이하게 이해할 수 있도록 도움을 주는 역할을 담당한다. 나아가 현대사회의 급속한 사회 변화에 효과적이고 능동적으로 대처해나갈 수 있는 사회적 경험과 훈련의 기회를 제공해주고 있다.

다. 스포츠 참여와 태도의 형성

태도는 개인 상황, 사회적 문제, 사회 집단, 그 밖에 대상 등으로부터의 자극으로 형성되며 감정, 행동, 인지로 구성되어 있다. 감정은 교감신경에 의해 일어나는 반응을 의미하며, 행동은 생각이나 느낌이 신체적으로 표출되는 것을 말하고, 인지는 자각적인 반응을 뜻한다.

태도가 가지고 기능은 ① 환경에 순응하고 생활 변화에 적응하는 기능, ② 자신이나 사회 현실을 바라볼 때 느끼게 되는 심리적인 고통으로부터 자신을 방어하는 자기 방어 기능, ③ 내면화된 가치나 이상적 자아를 적극적으로 표출하려는 가치 표현 기능, ④ 지식이나 사물을 평가하는 탐구 기능으로 구분하여 설명할 수 있다.

또한 스포츠는 다양한 메커니즘을 통해 개인의 태도를 변화시킨다. 첫째, 기존에 유지하던 일관된 태도는 스포츠의 정서 순화기능을 통해 변화될 수 있다. 둘째, 부모, 교사, 지도자 등의 주요 타자를 모방하는 스포츠 행동은 개인의 태도를 변화시킨다. 셋째, 자신이 가지고 있는 입장이 변화하면서 태도가 형성되기도 한다. 넷째, 반복적인 경험에 의해 발생한 특정 조건은 태도 변화의 가능성을 높인다. 다섯째, 스포츠 집단의 규범이나 관습을 내면화하는 과정을 통해 태도가 형성된다. 마지막으로, 개인의 소속된 집단에서 부여한 역할에 의해 태도 변화가 일어날 수 있다.

1) 정서 순화기능에 의한 태도 형성

스포츠 활동은 정서 순화의 기능이 있으며, 레크리에이션으로서의 역할을 담당할 수 있기 때문에 스포츠 활동을 통하여 일상생활에서의 긴장으로부터 해방되어 인간관계를 원만히 하고 밝은 분위기를 조성하며 태도 변화의 가능성을 높이게 된다.

2) 모방에 의한 태도 형성

부모, 교사, 지도자, 동료 선수 등의 태도는 의식적 또는 무의식적으로 모방될 수 있다. 의식적 모방은 우수한 선수들의 기능이나 행동을 흉내 내거나 존경하는 지도자의 태도나 행동을 의도적으로 모방하여 자신의 것으로 내면화하는 경우이다.

무의식적 모방은 부모, 교사, 코치 등이 자신에게 기대하고 있는 태도나 행동 등을 무의식적으로 수용하는 경우와 자신의 결점이나 약점을 보완하기 위하여 자신보다 뛰어난 선수나 코치의 태도, 행동을 자신의 것과 동일시하여 무의식적으로 이루어지는 경우를 의미한다.

3) 입장의 변화에 의한 태도 형성

일반적으로 사람들이 어떠한 행동을 할 때 그 행동에는 자기중심의 입장과 집단의 입장이 동시에 포함되는데, 일반적으로 자기 자신의 입장을 우선적으로 생각하게 된다. 스포츠 상황에서는 자신과 상대방의 공통되는 입장이나 집단의 입장이 강조되므로 자기중심의 입장에서 사고하는 것이 습관화된 사람은 태도의 변화가 요구되기도 한다.

4) 특정 조건에 의한 태도 형성

태도는 다양한 경험의 반복에 의하여 고정되거나 강한 자극으로 인한 정서적 경험을 통하여 형성될 수 있다. 운동경기에서 실패한 경험이 많은 사람은 경기 수행에 대한 불안이나 긴장을 강하게 표현할 수 있으며, 마라톤경기 중 탈진을 경험한 사람이 마라톤에 대해 불안을 느끼게 되는 것은 특정 조건에 의해 태도가 형성된 예이다.

5) 동조 행동에 의한 태도 형성

스포츠 집단에는 전통이나 관습 등 집단으로서의 행동 규범이 존재하게 되는데, 선수는 이러한 행동 규범에 동조하는 경향이 생겨 집단적 태도가 형성되고 행동 규범이 관습화될 수 있다.

만약 어떠한 개인이 규범에서 이탈된 행동을 하게 되면 동료들은 그의 행동 규범이 자신의 규범을 위협하는 것으로 여겨 그의 행동 규범과 집단의 행동 규범을 일치시키려 하거나 집단에서 그를 배척하려 할 것이다. 이와 같이 구체적인 강압적 외압이 없더라도 강한 사회적 압력을 느껴 동료들의 행동에 보조를 맞춰 행동이 이루어질 수 있다. 옳지 않다고 생각되는 행동이더라도 주변에서 다 같이 하기 때문에 따라 하게 되면 이는 동조 행동에 포함된다.

스포츠에 대한 오해 – 모든 스포츠 활동은 인성발달에 긍정적인 영향을 미친다(Coakley, 2009).

조직적 스포츠 참여는 다른 활동에서 얻을 수 없는 독특한 학습 경험을 제공한다는 가정은 스포츠와 사회화를 연구할 때 다음과 같은 중요한 사항들을 간과하게 한다.

1. 스포츠 프로그램과 팀이 매우 다양한 방식으로 조직화될 수 있기 때문에 스포츠 참가는 긍정적이거나 부정적인 다양한 경험을 동시에 제공한다. 따라서 스포츠 참가 결과에 대한 절대적인 일반적 명제, 즉 스포츠 참여는 개인의 인성을 발달시킨다는 점을 도출할 수 없다.
2. 스포츠 참가를 결정한 사람들이나 참가에 선발된 사람들은 그렇지 않은 사람들에 비하여 종종 상이한 특징을 지니고 있다. 따라서 스포츠는 고도로 조직화되고 경쟁적인 활동에 적합하거나 코치에 의하여 선호되는 특정한 인성 특성을 이미 지니고 있는 사람들을 선발하는 방식으로 이루어지므로 선수들의 인성을 발달시키는 것이 아닐 수도 있다.
3. 같은 팀에서 동일한 프로그램에 참여하더라도 선수 개인에 따라 스포츠 경험에 주어지는 의미는 다양하다. 따라서 선수가 배우게 되는 교훈과 그러한 교훈을 자신들의 삶에 적용하는 방식 또한 매우 다양하게 나타난다.
4. 사람들이 성장하고 나이가 들면서 종종 자신들의 스포츠 경험에 부여하는 의미를 변화시키게 되고, 또한 새로운 생각과 가치를 형성하면서 그러한 가치와 생각들을 새로운 방식으로 자신들의 삶 속에 결합시키게 된다.
5. 사회화는 스포츠 참여에 수반되는 사회적 상호작용을 통해 일어나게 된다. 따라서 스포츠 참가의 의미와 중요성은 개인의 사회적 관계와 그러한 참여가 일어나는 사회적·문화적 맥락에 의존하게 된다.
6. 스포츠에서 발생하는 사회화 과정은 다른 활동을 통해서도 발생한다. 그러므로 스포츠에 참여하지 않은 사람들도 운동선수들의 경험과 비슷한 발달 경험을 가질 수 있다.

---

6) 역할 행동에 의한 태도 형성

개인은 자신이 소속된 집단이 자신에게 기대하는 요구에 부합되는 행동을 하려는 경향이 있으며, 집단 내에서의 지위와 역할이 변화됨에 따라 그에 맞는 태도나 행동을 취하는 경향이 있다. 예를 들어, 운동기능이 뛰어나지 못해 팀 활동에 소극적인 태도를 지녔던 사람이 운동기능이 향상된 뒤에는 팀의 활동에 적극적으로 나서고 지도적인 태도를 취하는 경우가 역할 행동에 해당한다.

라. 스포츠사회화와 스포츠 경기의 가치 성향

스포츠에 참가하는 개인이 가지고 있는 경기에 대한 태도는 공정과 기능, 승리로 구분할 수 있으며, 스포츠를 통해 추구하는 방향성은 업적 지향과 참가 지향을 통해 설명할 수 있다. 또한 스포츠에서 경쟁을 통하여 얻고자 하는 가치에 따른 스포츠 참가의 태도는 비전문화와 전문화 또는 아마추어와 프로의 성향으로 구분하여 이해할 수 있다.

1) 경기에 대한 태도
① 공정

공정이란 경쟁적 스포츠가 성립되기 위한 기본적 전제 조건이며, 스포츠맨십과 페어플레이를 최고의 가치로 수용하는 참가자의 태도를 의미한다.

페어플레이는 어떠한 희생에도 불구하고 승리해야 한다는 생각에 대한 단호한 거부이다. 따라서 페어플레이는 문서화된 규칙뿐만 아니라, 문서화되지 않은 관습까지 엄정하게 지켜야 함을 의미한다. 나아가 이는 스포츠의 본질이며, 경기의 결과를 초월하여 경기에 임하는 가치의 표현이다. 또한 페어플레이는 스포츠 참가자의 책임과 의무를 동반하는 평등하고 공정한 행동을 의미한다.

② 기능

기능은 스포츠 참가의 목적 그 자체임과 동시에 목적의 수단으로 여겨지는 이중적 특성을 지닌다. 공정성 측면에서 기능의 발휘는 목적 그 자체가 되며, 이는 경쟁에 있어 수단이 된다. 경쟁의 과정은 기능을 최대로 발휘하고 공정하게 상대방과 실력을 겨룰 때, 그리고 경쟁의 결과보다 과정에 한층 더 가치를 두게 될 때 효과적으로 이루어지게 된다.

③ 승리

스포츠 활동은 과정보다 경쟁을 통해 얻게 되는 승리 또는 성공의 획득이 한층 더 중요시될 수 있다. 이러한 경우 숙련된 개인의 기능이나 소질은 성공을 위해서는 꼭 필요한 요건이 되며, 이는 경쟁을 통한 결과물의 일부로서 목적을 위한 수단이 된다.

또한 승리와 성공은 현대사회에서 매우 중요한 공통적 가치로 볼 수 있는데, 그 이유는 승리는 경쟁의 본질이며 궁극적으로 지향해야 할 가치로 인식될 뿐만 아니라, 성공을 좌우하는 기준이 되기 때문이다. 하지만 지나친 경쟁은 선수들의 페어플레이 정신을 약화시키고 수단과 방법을 가리지 않고 승리를 쟁취하려는 승리지상주의의 가치관을 형성하게 되므로 지양할 필요가 있다.

2) 스포츠 참여의 지향

현대 스포츠 프로그램의 조직과 구조는 프로스포츠, 대중매체 등의 영향으로 경쟁의 과정보다는 경쟁의 결과를 지나치게 강조함으로써 성공을 중요시하는 직업세계의 가치관으로 접근해가는 경향이 있다. 이에 스포츠 자체를 즐기고 공정하게 경기하는 순수 경쟁의 과정보다는 경쟁의 결과물이나 경기를 통한 업적이 더욱 가치 있게 받아들여지고 있다.

이는 스포츠가 도덕적 판단 및 사회규범의 기능과 구조를 제시하는 가치전달체계로서의 기능뿐만 아니라, 사회적 지위의 획득과 부를 축적하고자 하는 욕구를 자극하는 역할도 함께 수행하기 때문이다. 따라서 스포츠 활동에 참가하는 개인은 서로 다른 가치를 지향하고 있으며, 이러한 가치 지향은 어떠한 가치를 목적으로 하는가에 따라 참가 지향과 업적 지향으로 구분되게 된다.

① 참가 지향

참가 지향은 스포츠 본연의 가치를 추구하고 정정당당하게 경기에 임하는 참가자의 태도를 의미한다. 순수한 참가 동기에 의해 스포츠를 즐기고 상대방과 정당하게 경쟁하며, 이에 따르는 결과로 얻어지는 물질적·경제적 이익보다는 참가 자체에 의미를 부여하는 것이다.

참가 지향을 통해 스포츠 자체를 즐기고 최선을 다해 공정하게 경기하는 스포츠 참가자는 자기실현과 자기만족을 추구하게 된다. 이는 쿠베르탱이 경기에 있어서 중요한 것은 승리하는 데 있는 것이 아니라 참가하는 데 있으며, 인생에 있어서 소중한 것은 성공하는 데 있는 것이 아니라 최선을 다하는 데 있다고 주장한 올림픽 선언에 잘 나타나 있다.

② 업적 지향

업적 지향은 스포츠의 규칙을 통한 사회 규범의 습득 이상으로 승리를 목적으로 하는 성공을 강조하는 것을 의미한다. 현대 스포츠의 업적 지향적 가치는 사회·경제적 가치와 연관이 있으며, 스포츠에서 타인보다 뛰어남을 의미하는 탁월성은 업적을 보상하는 도구가 되고 있다. 성공을 목적으로 이루어지는 개인의 스포츠 참가는 상대방과의 경쟁에서 탁월성을 나타냄으로써 궁극적으로는 승리를 노리려는 성취 지향적 성향을 나타내게 된다.

> **스포츠맨십, 페어플레이**
> 1. 스포츠맨십: 스포츠를 하는 사람들이 지켜야 하는 규칙과 태도를 의미하며, 스포츠의 바람직한 이상형을 언급한 윤리 강령이다. 스포츠맨십의 특징은 용기와 도전, 성실과 인내, 예의 등을 지녀야 한다는 것이다.
> 2. 페어플레이: 정정당당하고 깨끗하게 경기에 임함으로써 승리에 대한 집착보다는 상대방에 대한 배려를 앞세우는 것을 말한다. 이것을 강조하는 참가자의 가치 태도를 아마추어리즘이라 하며, 이를 놀이 성향이라고 한다.

3) 아마추어리즘과 프로페셔널리즘

스포츠에서 경쟁을 통하여 얻으려는 가치에는 각 개인마다 뚜렷한 차이가 나타난다. 그러나 참가자의 성향은 매우 복합적이며 사회·경제·문화를 포함하는 복잡하고 다양한 현상으로 나타나기 때문이 이를 일괄적으로 구분하기에는 어려움이 따르지만 일반적으로 스포츠 참가의 태도는 비전문화와 전문화 또는 아마추어와 프로의 성향으로 구분한다.

① 아마추어리즘

개인의 즐거움을 위해 스포츠 활동에 참가하는 가치 성향으로서 사회적 상호작용, 심신의 건전한 발달, 자기표현 등을 추구하려는 태도를 의미한다. 여기서 즐거움을 위하여 참가한다는 것은 내적·자기 목적적이며 자발적인 동기로 인해 나타나게 된다. 이와 같은 가치는 스포츠에 있어서 외적 보상보다는 행위 그 자체를 선호하는 내적 측면을 강조한다.

② 프로페셔널리즘

프로페셔널리즘은 경기에 참가함으로써 대중의 관심을 이끌어내려고 하거나 또 다른 이익을 추구하려는 태도를 의미한다. 즉, 상대방을 이기기 위하여 스포츠에 참가하는 태도는 활동의 과정에서 얻는 흥미나 만족에 관계없이 기능과 성과에 의하여 재화가 배분되는 일반 사회의 경제적 원리와 유사하다.

조직적이고 금전적인 면을 강조하는 스포츠의 참가는 흥미나 사회적 상호작용 또는 자기표현 같은 내적 성향을 약화시키고 재화나 외적 보상을 위한 승리의 욕구와 같은 전문 지향적 성향을 강화시키게 된다.

마. 스포츠를 통한 사회화를 통해 전이의 일반적 특성

스포츠 활동의 참가 경험을 통하여 스포츠 역할수행 능력이 일반화되고 이것이 일상생활 영역으로 전이되느냐에 관한 문제는 스포츠에 있어서 사회화를 이해하는 데 많은 도움이 된다. 체육활동이나 스포츠 활동 참여를 강조하는 사람들은 흔히 스포츠에 참여함으로써 민주시민 정신, 도덕적 인성, 적응, 기존 권위의 존중, 규율, 수양, 승리의 쟁취와 패자에 대한 너그러움 등과 같은 특성을 배울 수 있다고 주장한다.

하지만 스포츠 활동 같은 특수한 상황에서 학습된 태도나 행동은 가정생활이나 업무 같은 일상적 상황으로 항상 전이되는 것은 아니며 행동의 전이는 단지 환경이 유사할 때 일어나게 된다. 인간은 사회적 영향을 자동적으로 수용하지 않기 때문에 사회화 경험에는 다음과 같은 5가지 변인이 작용하게 된다.

1) 참여 정도

참여 정도, 즉 빈도, 강도, 지속성 등을 통해 사회화 경험에 차이가 나타나게 된다. 운동선수로서 지속적으로 스포츠에 참여하면서 주장 혹은 리더의 자리에 있는 사람과 체육수업으로만 스포츠에 참여하는 사람은 그 참여 정도의 차이가 전이의 차이를 가져오게 된다. 즉, 참가에 대한 마음가짐이나 목적 등이 다양하기 때문에 역할의 특수성이나 전이성은 참여 정도에 따라 다르게 영향을 받게 된다.

2) 참여의 자발성 여부

자발적으로 스포츠에 참여하는 경우가 비자발적인 경우보다 전이가 크게 일어나게 된다. 일반적으로 자유 의지에 의한 선택이 역할 학습에 더 큰 영향을 미치는 것으로 간주되나, 최근에는 강제적으로 스포츠 활동에 참여하는 경우에도 유익한 결과를 가져온다는 주장이 제기되기도 한다.

3) 사회화 관계의 본질성

참여의 사회적 관계가 수단인지 목적인지에 따라 사회적 관계가 상이하게 나타나게 된다. 수단적 관계는 감정의 교류나 교감이 제외된 상태에서 이루어지기 때문에 스포츠가 수단 그 자체가 된다. 하지만 스포츠 참가를 통하여 인간관계가 형성되었을 때 존경심이나 애착심 등의 감정 교류가 일어나게 된다면 인간관계의 본질인 목적성을 가지게 된다.

4) 사회화의 위신과 위력

사회화에 있어서 위신과 위력 그리고 영향력이 있는 사람은 그렇지 못한 사람보다 사회화에 보다 큰 영향을 미치게 된다. 같은 학급의 동료 학생보다는 직접적으로 운동 수행에 영향을 주는 코치나 지도자의 관심이 학생선수의 사회화에 더 큰 도움이 되는 것이 좋은 예의 하나이다.

5) 참가의 개인적·사회적 특성

참가자의 사회적 특성, 즉 그들의 사회계층, 인종, 출신성분, 민족성은 현재의 참가와 미래의 역할 전이에 영향을 미치게 된다. 특히, 유사한 개인적·사회적 특성을 지닌 집단에서는 역할 전이가 보다 쉽게 일어나게 되지만 이질적인 특성으로 구성된 집단에서는 역할 전이에 어려움을 겪게 된다.

3장. 스포츠 탈사회화와 재사회화

학습목표
- 스포츠로부터의 탈사회화 개념 및 유형을 이해한다.
- 스포츠로부터의 재사회화 개념 및 유형을 이해한다.

1. 스포츠로부터의 탈사회화

가. 탈사회화의 개념 및 유형

1) 탈사회화의 개념

스포츠로부터의 탈사회화란 스포츠 활동에 참가하여 활동을 지속하던 개인이 여러 가지 요인에 의하여 스포츠를 중도에 포기하거나 그만둠으로써 참여를 중지하게 되는 것을 의미한다. 즉, 스포츠 활동에 참여하는 개인이 스포츠 활동에서 경험하는 신체적·정신적 충격, 심한 부상, 폭력, 사고, 체력의 한계, 연령의 증가 등으로 인해 스포츠로부터 탈락, 중도 포기 및 선수생활을 마감하는 것을 말한다.

2) 탈사회화의 유형

일반인들의 경우 신체적 한계에 의해 다시는 스포츠에 참가할 수 없는 경우를 제외하고는 정확히 이들의 스포츠 탈사회화를 규정하는 것은 쉽지 않다. 하지만 운동선수에게 있어 탈사회화는 은퇴라는 명확한 현상으로 나타난다. 운동선수들의 은퇴는 크게 자발적 은퇴와 비자발적 은퇴로 나뉜다.

자발적 은퇴란 본인의 자발적 의사에 의해 결정되는 은퇴를 말하는데, 이는 운동선수의 교육수준, 현재와 미래의 재정적 상황, 새로운 직업에 대한 기회, 신체 능력의 저하 등에 의해 영향을 받게 된다.

일반적으로 교육수준이 높을수록, 현재와 미래의 재정적 상황이 좋지 않을수록, 새로운 직업에 대한 기회가 많이 주어질수록 본인 스스로 신체 능력이 현저히 저하되었다고 인식할 경우 은퇴를 결정할 가능성이 높아지게 된다.

비자발적 은퇴는 본인의 의사가 아닌 다른 요인에 의해 강제로 결정되는 은퇴를 의미하며, 큰 부상이나 팀으로부터의 방출 같은 의도치 않은 상황에서 본의 아니게 발생하게 된다. 이처럼 본의 아니게 은퇴해야 하는 경우로는 부상, 스포츠에서의 부진, 팀 내 입지 저하, 연령 증가 등을 들 수 있다. 운동선수의 부상은 선수 개인의 신체 능력의 저하로 인한 부진은 물론 팀 내 동료와의 경쟁에서 밀려나 자신의 자리를 빼앗기게 되는 원인이 되기도 한다.

나. 탈사회화의 원인

운동선수의 탈사회화는 개인·사회·제도 등의 다양한 요인으로 인해 일어나게 된다. 이러한 탈사회화가 일어나게 되는 원인을 좀 더 구체적으로 살펴보면 다음과 같다.

1) 운동기량의 부족 및 저하

스포츠 세계는 끊임없는 경쟁과 매 시합에서의 승패로 인해 선수로서의 입지가 달라지므로 가장 중요한 운동기량의 부족과 저하는 운동 중단의 요인이 된다. 스포츠 선수들은 운동기량이 다소 부족하여 운동을 더 이상 지속할 수 없다고 느끼면, 학생선수의 경우 학업활동에 전념하거나 성인 스포츠 선수의 경우에는 은퇴를 통해 새로운 진로를 모색한다.

2) 부상으로 인한 운동수행 제한

운동선수들에게 부상은 피하기 힘든 환경적 요소이다. 경기력 향상을 위해 중요한 신체 부위에 치명적이고 고질적인 부상을 당한다면 선수들은 더 이상 운동 참여를 지속할 수 없게 된다. 대부분의 부상은 치료와 재활에 의해 회복될 수 있지만, 부상으로 인해 심각한 정신적·신체적 피해에서 회복하기 어려운 선수들은 비자발적 은퇴를 통한 탈사회화 과정을 경험하게 된다.

3) 성공 가능성에 대한 불확실성과 미래에 대한 불안감

제한된 성공 가능성과 실력 부족으로 인한 성적 부진은 미래에 대한 확신을 어렵게 한다. 이러한 미래에 대한 불확신과 불안은 결국 운동을 중단하는 요인이 된다. 현재의 경기력이 아무리 뛰어나다고 해도 언젠가는 신체기능의 쇠퇴를 경험할 수밖에 없기 때문에 우수선수들도 자신의 성공 가능성에 대한 불확실성을 가지고 있으며, 경기력이 상대적으로 떨어지는 비우수선수의 경우에는 이와 같은 경향이 더욱 두드러지게 나타나 운동을 중단하는 선택을 하게 된다.

4) 지도자와의 갈등

선수들이 스포츠 집단에 속하게 되면 많은 시간을 지도자와 함께하게 되며, 지도자가 가지고 있는 가치관과 성격 등이 맞지 않으면 다양한 갈등을 야기할 수 있다. 이러한 갈등이 심각해지면 선

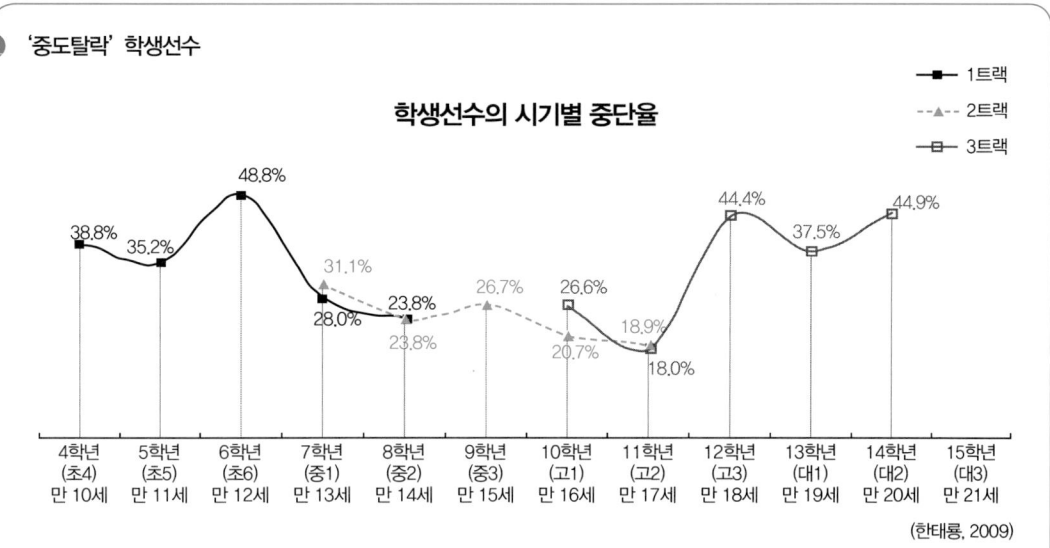

'중도탈락' 학생선수

'학생선수의 진로경로 연구'에 의하면 중단 선수의 수가 가장 많은 시기는 초등학교 6학년(48.8%)이며, 대학교 2학년(44.9%), 고등학교 3학년(44.4%) 순으로 나타났다. 또한 중도탈락 선수는 고등학교 시기(15~20%)보다 중학교 입학전·후(47% 이상) 및 대학 입학 시기(약 40%)에 더 큰 중단율을 나타낸다.

이와 같은 결과는 졸업 후 직업선수로서의 기회가 적다는 것을 의미하며, 이로 인해 중도탈락 학생선수들을 위한 대책 마련과 지원이 필요하다(국가인권위원회, 2009).

수들은 다른 집단에서 운동할 수 있는 기회를 모색하거나 운동을 중단하게 된다. 또한 지도자가 가지고 있는 과도하게 권위적인 태도, 지나친 엄격함, 과도한 경쟁의 요구, 기량에 대한 지나친 부정적 평가 등의 갈등 요인이 지속된다면 운동선수들은 보다 쉽게 운동을 중단할 수 있다.

5) 운동에 대한 싫증

오랜 기간 반복되는 훈련과 생활패턴, 선후배의 상하관계, 장거리 이동 등으로 인해 운동에 대해 싫증을 느끼게 되면 운동으로부터 탈출하고자 하는 욕구가 커져 중단의 원인이 된다. 신체 단련을 통해 경기력을 향상시키는 스포츠의 특성상 반복적인 훈련과 자기관리는 경기력 향상을 위해 필수적이다. 하지만 경우에 따라서는 반복적인 훈련과 생활패턴으로 인해 운동에 대한 거부감이 생길 수 있으며, 정신적으로 많은 스트레스를 받을 수 있다.

2. 스포츠로의 재사회화

운동선수들은 여러 요인에 의해 스포츠에서 이탈하게 된다. 이탈 후 개인은 새로운 분야에서 활동하게 되며 적응 과정에 많은 어려움이 따른다.

가. 스포츠로의 재사회화의 개념

스포츠로의 재사회화란 조직화된 경쟁스포츠에 참여한 개인이 스포츠로부터 탈사회화 과정을 거쳐 사회·심리적 적응을 경험하면서 새로운 직업이나 환경으로 변화하는 과정이라 할 수 있다. 자의와 타의에 관계없이 스포츠에서의 이탈은 여러 가지 요인이 있을 수 있으며 연령의 구분 없이 일어나게 된다. 이러한 변화에 대한 반응과 적응은 변화에 대한 기대감과 만족감을 갖게 되는 경우로부터 어려운 적응 문제들을 경험하게 되는 경우와 같이 폭넓게 일어나게 된다.

나. 스포츠로의 재사회화의 이해

1) 스포츠로의 재사회화에 영향을 미치는 요인

스포츠 탈사회화 이후 각 개인이 새로운 분야 활동으로 적응하기 위해서는 성, 연령, 계층, 교육 수준 같은 환경 변인과 스포츠 이외의 직업에서 노동력을 이용할 수 있는 취업 변인 그리고 스포츠가 개인의 자아정체감의 중심부에서 차지한 사회화의 정도, 역할에 대한 사전 계획, 스포츠 역할로부터의 탈사회화에 대한 가족이나 친구들과 같은 지원 체계의 영향을 받아 이루어진다.

스포츠로의 재사회화 과정에 영향을 미치는 5가지 요인은 구체적으로 다음과 같이 설명할 수 있다.

① 환경 변인: 성, 연령, 계층 및 교육 정도
② 취업 변인: 채용 가능한 잠재적 노동력 소유 여부에 의한 스포츠 이외의 취업 기회
③ 정서 변인: 스포츠가 개인의 자아정체 중심부에서 차지하는 정도
④ 역할 사회화 변인: 스포츠 이외의 선택 가능한 타 역할에 대한 사전계획이나 사회화의 정도
⑤ 인간관계 변인: 스포츠로부터 탈사회화에 대한 가족이나 친구로부터의 지원체계

2) 스포츠로의 재사회화 과정

운동 중단을 통해 스포츠 탈사회화 과정을 거친 후 다시 스포츠 영역에서의 재사회화 과정을 겪게 되는 운동선수는 일반적으로 운동선수와 관련된 유사 역할, 즉 감독, 코치, 트레이너 등과 같은 역할을 수행하게 된다. 하지만 이와 같은 재사회화 과정이 모든 은퇴선수에게 나타나는 것은 아니다. 스포츠로부터의 탈사회화 이후 스포츠와 관련된 현장으로 복귀할 수 있는 기회를 제공받지 못한 은퇴선수는 스포츠와 관련이 없는 다른 사회영역에서 새로운 삶을 개척하면서 스포츠로의 재사회화 과정을 경험하지 않는다.

VIII부
스포츠와 일탈

　우리는 일반적으로 스포츠를 통해 개인의 신체·심리·사회적 발전을 도모할 수 있다고 기대한다. 하지만 이러한 긍정적인 기대와는 달리 스포츠는 구조적으로 일탈의 징후를 내포하고 있다. 일탈행동을 판단할 경우 사회적 규범의 잣대를 들이대듯이 스포츠 현장에서의 일탈행동 또한 스포츠 참가자의 역할과 행동을 질서 있게 통제해주는 규범을 적용하게 된다.

　일반적으로 사회에서 일탈이나 범죄로 규정되는 행동일지라도 스포츠 환경에서는 사회적 규범의 엄격한 적용에서 벗어나 용인되는 경우가 흔히 있다. 또한 스포츠 일탈의 경우 유형과 원인이 매우 다양하기 때문에 이론적으로 설명하기 힘들고, 규범을 무비판적으로 받아들여 아무런 양심의 가책 없이 과잉동조하는 경우도 발생한다. 이러한 스포츠 현장에서 발생하는 다양한 일탈로 인해 스포츠는 그 존재 이유가 위협을 받기도 하고 새로운 도전에 직면하기도 하는 역동성을 지니게 된다.

　이 단원에서는 스포츠의 규범위반 행위로서 스포츠 일탈에 대하여 고찰하고자 한다. 먼저 스포츠 일탈의 개념 및 원인을 이해하고, 스포츠 일탈의 기능 및 이론에 대해 알아본다. 그리고 스포츠 일탈의 다양한 유형 및 발생 원인에 대해 알아보고, 과잉동조로서의 스포츠 일탈에 대해 자세히 알아보기로 한다.

1장 스포츠 일탈의 이해

학습목표
- 스포츠 일탈의 개념 및 원인을 이해한다.
- 스포츠 일탈의 기능에 대해 알아본다.
- 스포츠 일탈의 다양한 이론에 대해 알아본다.

1. 스포츠 일탈의 개념 및 원인

가. 스포츠 일탈의 개념

일탈(deviance)이란 본래의 목적이나 정해진 영역의 범위에서 벗어나거나 어긋난 행동을 의미한다. 일반적으로 일탈은 사람들의 생각이나 행동이 사회에서 용인 또는 수용될 수 있는 범위를 벗어나 발생하는 것으로 이해할 수 있다. 하지만 스포츠 환경에서 발생하는 일탈은 일반사회의 엄격한 기준과는 달리 상황의 특수성이 반영되는 경우가 많다. 일반적으로 스포츠 일탈은 스포츠 환경에서 발생하는 일탈 행위를 의미하는 것으로 폭력행위, 금지약물복용, 부정 및 금지행위, 과도한 참가, 관중폭력 등이 해당된다. 스포츠 일탈의 개념을 보다 잘 이해하기 위해서는 상반된 두 가지 관점인 절대론적 접근과 상대론적 접근에 대한 지식이 필요하다.

1) 절대론적 접근

절대론적 접근은 사회적 규범은 변하지 않는 절대적인 기준에 근거하고 있다고 가정하는 것이다. 가령 옳고 그름, 선과 악을 구분하기 위한 비교기준이 있는 것이 아니라 아무런 조건이나 제약

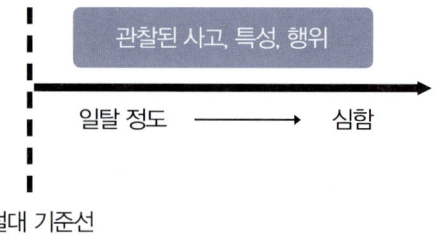

그림 8-1. 스포츠 일탈의 절대론적 접근

이 붙지 않는 이상적인 기준이 존재함을 가정한다. 절대론적 접근에 따르면 일탈적 행위의 여부는 특정한 사고나 특성 및 행위가 요구하는 절대적인 사회적 기준에 따르는 것이다. 이러한 기준을 벗어날 경우 일탈에 해당한다.

2) 상대론적 접근

상대론적 접근은 절대론적 접근과는 달리 사회 환경에서 발생하는 모든 현상의 원인을 고유한 상황에서 찾는다. 즉, 상황이 일어나는 환경에 따라 용인될 수 있는 사고, 특성, 행위의의 범위가 존재하며, 이 범위에서 벗어날 경우 일탈로 인정된다는 것이다. 상대론적 접근에 의하면 인간관계의 상호작용을 기반으로 일탈의 범위가 규정된다. 다시 말하자면, 일탈의 용인되는 범위의 경계는 사람들 간의 타협을 통해 이루어진다. 이러한 관점에서 상대론적 접근은 '구성주의적 접근'이라고도 불린다.

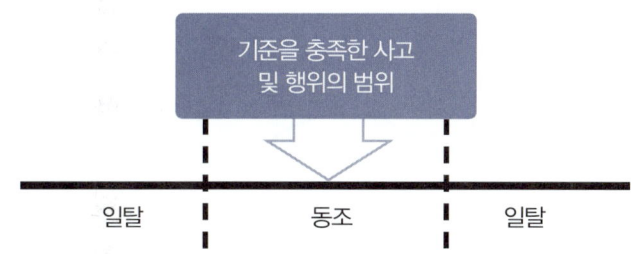

그림 8-2. 스포츠 일탈의 상대론적 접근

3) 스포츠 일탈의 당면 과제

앞에서도 잠시 언급했듯이, 스포츠 환경에서 발생하는 일탈은 일반 사회에서 적용되는 방식과는 조금 다른 특수한 면이 존재한다. 이러한 일탈의 개념 및 적용에 대한 차이로 인해 스포츠 일탈의 경우 환경의 특수성을 고려하는 경우가 흔하다. 스포츠 상황에서 일탈 관련 문제에 직면할 때 겪을 수 있는 어려움은 일반적으로 다음과 같다.

첫째, 스포츠에서의 일탈은 하나의 이론으로 설명될 수 없다. 스포츠 일탈의 유형과 원인은 매우 다양하고, 선수, 코치, 행정가, 관중 등 대상의 관점에 따라 일탈의 종류도 다양하기 때문에 단 한 가지 이론이나 설명으로 모든 종류의 스포츠 일탈을 설명하는 것은 불가능하다.

둘째, 일반적인 일탈과 스포츠 일탈은 상대성을 가지고 있다. 스포츠에서는 용인되는 행동이라 할지라도 사회에서는 규범에 벗어난 일탈행위로 인정될 수 있으며, 반대로 사회에서 허용된 행동이 스포츠에서는 일탈행위가 될 수도 있다. 예를 들어 스포츠에서 발생하는 격렬한 신체 접촉이 길거리에서 행해진다면 심각한 폭력행위로 인정될 수 있기 때문에 일반적인 일탈과 스포츠 일탈은

참고자료 및 읽을거리

과소동조와 과잉동조

상대론적인 관점에서 바라보면 일탈(deviance)은 사람들의 생각, 특성 또는 행동이 사회에서 용인될 수 있는 정상적 범위(그 범위가 작을 수도 있고 클 수도 있다)를 벗어난 상태를 말한다. 따라서 상대론적 접근에 따르면 〈그림 8-3〉에서 보듯이 양극단에 두 가지 종류의 일탈이 존재한다. 즉, 규범의 수용 정도에 따라 과소동조와 과잉동조로 구분할 수 있다.

과소동조(underconformity)는 규범을 무시하거나 거부하는 유형으로 스포츠경기에서 폭력이나 승부조작, 음주 등과 같이 규칙이나 규범을 위반하는 행위이며, 과잉동조(overconformity)는 규범을 무비판적으로 수용하는 태도로 집단에서 설정된 규칙이나 목표를 무조건적으로 따르는 행동을 포함한다.

그동안 스포츠 분야에서는 싸움이나 성폭행 등 명백한 부정적 결과를 초래하는 과소동조에 많은 관심을 가지고 이의 예방을 위한 노력들이 행하여졌으나, 과잉동조에는 별다른 관심과 연구가 행해지지 못하였다. 하지만 과잉동조 또한 정상보다 과도한 행동을 포함하며 극단적인 경우 파시즘(fascism)으로 나타날 수 있다는 점에서 그 심각성이 부각되고 있다. 예를 들어 부상이 심해 도저히 경기에 뛰지 못하는데도 불구하고 끝까지 참고 경기에 참여한다면 많은 사람들이 그 선수를 칭찬하게 된다. 그러면 나머지 선수들도 크게 다쳐도 부상을 숨기고 맹목적으로 경기에 참여할 확률이 높아진다. 과소동조와 과잉동조 모두 비정상적인 사고, 특성, 행위를 포함하기 때문에 각별한 주의와 관심을 기울일 필요가 있다

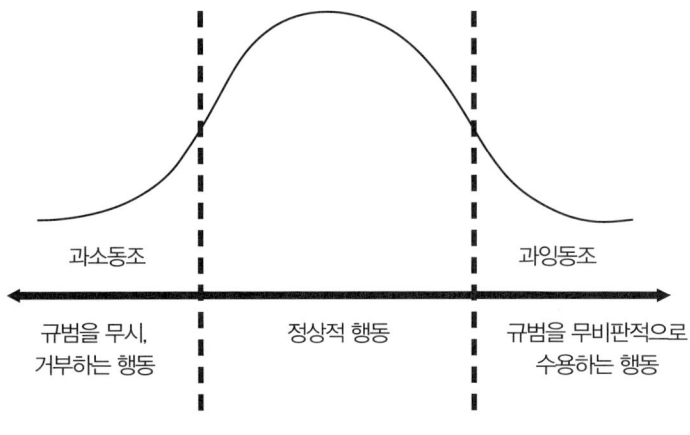

그림 8-3. 스포츠 일탈의 상대론적 접근

상대적인 차이가 존재한다.

셋째, 스포츠에서의 일탈은 규범의 거부는 물론 규범의 무비판적 수용도 해당된다. 운동선수는 때때로 스포츠에 지나치게 헌신하고, 고통을 감내하는 등 무비판적인 수용을 통하여 자신의 목표를 달성하고자 한다. 이러한 과정을 '과잉동조'라고 하며, 과잉동조는 헌신, 전념, 자기희생 등을 강요한다.

넷째, 스포츠에서 일탈행동을 파악하고 평가하는 것은 쉬운 작업이 아니다. 다시 말하여 스포츠

일탈을 예방하려는 노력에도 불구하고 일탈적 행위를 규제하기 위한 규범이 준비되거나 공유되지 못하기 때문이다. 예를 들어 운동선수들이 경기력 향상을 위하여 신체에 매우 해로운 약물을 투여한다 할지라도 조사기관이 그 약물을 인지하여 규제 기준을 마련하기 전까지 해당 약물의 복용은 위험성과 관계없이 불법이 아닌 것으로 간주된다. 또한 도핑방지위원회에서 복용금지 약물의 목록과 검사방법의 기준을 강화한다 하여도 다른 유형의 약물은 지속적으로 등장하게 된다.

나. 스포츠 일탈의 원인

스포츠 일탈의 원인으로는 다양한 이유가 제시되고 있는데, 양립 불가능한 가치 지향, 승리에 대한 강박 관념, 경쟁적 보상구조, 역할 갈등이라는 4가지에 대해 알아본다.

1) 양립 불가능한 가치 지향

스포츠는 규칙의 준수, 페어플레이 등의 행동규범을 지향하는 반면 필연적으로 경쟁을 통한 승리를 지향하게 된다. 규칙준수와 승리는 서로 상충되는 가치를 지니고 있기에 승리를 추구하는 정도가 높을수록 일탈행위를 하게 될 확률이 높아지게 된다. 물론 규칙을 준수하려는 페어플레이 정신이 높은 팀이 승리를 하는 경우도 많지만, 페어플레이와 승리는 상대적으로 다른 방향성을 추구하는 경향이 있다. 결국 두 가지 가치 중 어느 것에 더 비중을 두느냐에 따라 스포츠 일탈 정도가 결정된다.

2) 승리에 대한 강박 관념

동일한 환경 속에서 정정당당한 경쟁을 하는 것은 스포츠가 추구하는 가치 중 하나이다. 승리에 대한 압박이 심해질수록 승리를 위해 수단과 방법을 가리지 않는 일탈적 행동이 발생하게 된다. 예를 들어 학생선수들의 경우 승리지상주의에 휩싸여 학생의 본분인 학업은 뒤로한 채 비정상적이고 과도한 훈련시스템을 강요받게 되며, 이 과정에서 학습권 박탈, 폭력 같은 인권 침해에 노출되기도 한다. 승리에 대한 강박 관념은 승리를 쟁취하기 위한 속임수, 폭력, 반칙, 담합 등의 일탈행동을 필연적으로 유발하게 된다.

3) 경쟁적 보상구조

스포츠에서 경쟁은 노력에 대한 보상이라는 측면에서 긍정적이지만 일탈행동을 할 여지를 내포하고 있다. 경쟁에서 승리하는 것이 우선시되고, 스포츠에서 성공할 수 있는 유일한 기회로 포장되는 경우 일탈적 행동은 발생하게 된다. 다시 말하면 경쟁을 통한 보상이 크면 클수록 수단과 방법을 가리지 않고 승리를 쟁취하기 위해 스포츠에 참여하는 사람들이 많아지게 되며, 이 과정에서 부정선수가 동원되거나 금지된 약물의 복용, 심판 매수 같은 행위가 발생하기도 한다. 경쟁적 보상구조가 심해질수록 스포츠에서 규칙은 무시되기도 한다.

4) 역할 갈등

인간은 사회적 존재로서 개인의 다양한 역할을 지니고 있다. 이렇듯 다양한 개인이 모여 지위에 기대되는 규범을 충족시키고자 할 때 역할 갈등이 나타나며, 그 결과 일탈적 행동이 발생하게 된다. 예를 들어 감독은 선수 개개인의 건강과 선수로서의 생명을 고려해야 할 책임을 지닌 동시에 팀의 승리를 위해 선수 개인을 희생시켜야 할 역할 갈등을 경험하게 된다.

다. 과잉동조로서의 스포츠 일탈

스포츠 참가자들에게는 훈련 및 경기와 관련된 규범에 대하여 아무런 의문 없이 과잉동조 하는 사실이 종종 발견되곤 한다. 그들은 매우 격렬한 훈련을 자주하기 때문에 가족관계, 직무수행, 신체건강이 악화되지만, 자신들의 행위나 자신들 스포츠 문화의 규범에 전혀 의문을 갖지 않는 특징을 보인다. 이러한 과잉동조는 운동선수라면 누구나 갖추거나 추구해야 할 덕목인 스포츠윤리로 포장된 채 팀에 대한 헌신과 맹목적인 추종을 불러일으키게 된다.

1) 스포츠윤리와 일탈

운동선수는 팀의 승리와 동료들을 위하여 헌신하고 희생할 것을 강요당한다. 이러한 현상은 운동선수들이 경험하는 엘리트 스포츠문화의 규율(code)로 설명된다. 운동선수는 동료 선수들에게 자신들과 같은 문화에 속한 일원으로 인정받기를 기대하고, 존경받는 운동선수가 되기 위하여 극단적으로 엘리트 스포츠문화의 규율을 따르게 된다.

스포츠에서 규범에 대한 동조는 스포츠윤리(sport ethic)로 설명되는데, 스포츠윤리는 일탈과 밀접하게 연관되어 있다. 선수 개인의 건강을 손상시키는 상해가 발생하더라도 스포츠에서 기대되는 규범을 충족하는 과잉행동이 기대된다. 또한 운동선수는 스포츠 규범에 과잉동조 하는 과정에서 정체성을 확립하고 재확인하는 과정을 경험한다. 즉, 선수 자신이 팀과 동료 선수들을 위해 위험을 무릅쓰고 헌신할 때 외부인들은 이해할 수 없는 쾌감을 느끼며 동료 선수들은 자신을 특별한 계층의 사람으로 인정하고 존경하게 된다.

2) 스포츠윤리의 일반적 규범

과잉동조를 불러일으키는 스포츠윤리는 4가지 일반적 규범을 중심으로 구성된다.

첫째, 경기에 헌신한다. 경기에 헌신하는 태도를 요구하는 것은 스포츠경기에 모든 것을 집중하

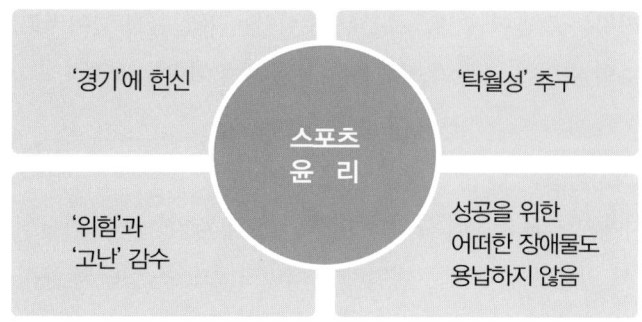

그림 8-4. 과잉동조의 4가지 중심규범

고 그들의 삶에서 스포츠를 우선순위에 둘 것을 강조하는 것이다. 이것은 동료 선수들의 기대에 부응하고, 팀을 위해 희생하며, 상대에게 굴복하지 않고 경기에 대한 변함없이 헌신의 자세를 보여주어야 함을 의미한다.

둘째, 탁월성을 추구한다. 선수들은 끊임없이 자신의 운동수행 능력을 향상시키고 승리를 쟁취하기 위한 노력을 기울여야 한다. 탁월성은 승리를 성취하고자 하는 노력 그 자체이며, 다른 선수들은 물론 선수 본인과의 경쟁을 통하여 기록을 갱신하는 행위는 탁월함의 궁극적인 목표가 된다. 탁월성은 정신적·신체적 한계를 극복하는 것뿐만 아니라, 어떠한 대가를 치르더라도 최고가 되기 위한 모든 노력을 기울이는 특별한 집단임을 상기시켜주는 역할을 수행한다.

셋째, 어떠한 위험과 고통도 감수한다. 이 규범은 경쟁하는 과정에서 발생하는 두려움이나 고통 등을 인내해야 한다는 것이다. 선수들이 위험이나 고통을 자연스러운 경기의 일부분으로 받아들여야 함을 강요한다. 이러한 위험문화는 선수 개인이 위험한 상황을 피하지 않고 고통을 인내하며 경기에 지속적으로 참여하게 하는 요인이 되며, 이를 감수하는 선수만이 진정한 운동선수의 표상으로 인정받게 된다.

넷째, 성공을 추구하는 데 있어 어떤 장애물도 용납하지 않는다. 스포츠에서 경쟁을 통해 승리를 성취하는 것은 목표를 향한 선수들의 꿈을 의미한다. 하지만 목표를 지향하는 의지를 지나치게 강조하다 보면, 어떠한 대가를 치르더라도 꿈을 이루어야 한다는 의무감으로부터 자유로울 수 없게 된다. 꿈을 향한 도전은 선수들이 역경과 고난을 극복해나가는 과정이며, 중도에 포기하지 않는 이상 꿈은 반드시 이루어질 것으로 기대된다.

일반적으로 동조의 발생 빈도와 정도는 선수 개인에 따라 다르게 나타난다. 스포츠 현장에서 강조되는 스포츠윤리로 인하여 과잉동조하기 쉬운 선수의 특성은 다음과 같다.

- 자아 존중감이 낮으며, 동료 선수들로부터 인정받고자 하는 욕구가 큰 선수

- 스포츠에서 승리하는 것만이 주변으로부터 존경받는 유일한 방법이라고 여기는 선수
- 탁월한 운동선수와 강인한 남성의 정체성을 동일하게 여기는 선수

3) 스포츠 조직과 과잉동조

엘리트 스포츠경기에서 스포츠윤리 규범에 대한 부분적 과잉동조는 집단의 특별한 연대감 형성에 기여한다. 사회에서 일탈로 간주되는 행위라 하더라도 스포츠 집단의 문화 속에서는 스포츠 윤리 규범과 이상에 대한 과잉동조가 정상적인 행위로 수용된다. 과잉동조는 스포츠 집단 문화를 특수한 것으로 여기고 외부세계와 단절시켜 외부인(outsiders)들은 스포츠 선수들이 누구이며 무엇을 하는지 이해할 수 없다고 느끼게 만든다.

스포츠 선수와 외부세계와의 분리는 스포츠 집단 문화의 폐쇄성을 강조한다. 엘리트 수준의 스포츠 선수는 소속 집단 문화에 의해 정체성을 강화하며, 집단의 특수성 및 독창성을 의식한다. 예를 들어 군대나 경찰 같은 소속감이 강한 조직은 소속 집단 내에서 발생하는 사건에 대해 설령 그것이 옳지 않은 것이라 하더라도 그것이 집단의 안전성을 위협하는 것이라 인지한다면, 상부기관에 알리지 않는 것을 중요하게 생각한다.

과잉동조는 스포츠경기에서 승리하거나 경제적 부를 축적하기 위한 욕망보다는 경기 자체에 헌신적으로 참가하고 팀의 승리에 기여하여 존경받는 스포츠 선수로서의 정체성을 형성하기 위한 욕망으로 풀이된다. 물론 운동선수에게 개인적인 승리와 경제적 보상도 중요하지만 이보다는 집단에서 인정받고 존경받으며 운동선수로서의 정체성을 유지하는 것이 더 중요하게 받아들여진다. 따라서 과잉동조는 스포츠 조직 문화의 구조적 근원으로부터 문제를 찾아낼 수 있으며 집단역학과 밀접한 관련이 있다. 결국 과잉동조는 엘리트 스포츠 조직 자체의 문화이며, 개인의 도덕적 특성과는 별다른 상관이 없다.

참고자료 및 읽을거리

과잉동조와 집단역학

운동선수는 집단성원으로 인정받거나 재확인 받고자 하는 욕망이 큼과 동시에 집단의 요구에 취약한 경향이 있다. 따라서 코치나 감독들은 이러한 사실을 이용하여 집단 중심의 운동부 문화를 만들게 된다. 지도자나 관리자들은 조직의 성공을 위해 개인을 희생하는 문화에 커다란 만족감을 느끼게 되고, 어린 선수들은 이러한 조직문화에 공헌하고 동료들로부터 인정을 받기 위해 끊임없이 과잉동조 하는 방법을 모색하게 된다.

만약 이러한 집단문화를 부정하고 자신의 건강이나 안녕을 추구한다면 집단으로부터 따돌림을 당하고 조직의 목표달성을 방해하는 사람으로 낙인찍히게 된다. 어린 나이의 운동선수들은 이러한 집단적 따돌림을 피하고 동료들의 존경을 받기 위해 자신도 모르게 집단이 추구하는 목적을 위해 무의식적으로 동조하게 되는 현상이 발생하게 된다.

2. 스포츠 일탈의 기능

대부분의 스포츠 일탈은 대중에게 부정적으로 받아들여지는 규범위반 행동이다. 일반 대중은 스포츠 일탈을 스포츠 체계 또는 사회에 부정적인 결과를 초래하는 행위로 간주하는 경향이 있다. 그러나 스포츠 일탈은 스포츠와 사회질서를 위협하고 긴장과 혼란을 야기하는 부정적인 기능만 하는 것은 아니다. 스포츠 일탈을 통하여 자발적인 사회변동을 촉발시키는 순기능 역시 존재한다. 따라서 스포츠 일탈의 사회적 영향을 이해하기 위해서는 역기능과 순기능을 다각적인 측면에서 함께 이해할 필요가 있다.

가. 스포츠 일탈의 역기능

첫째, 스포츠 일탈은 스포츠가 추구하는 공정성 및 질서체계를 훼손한다. 스포츠에서 경쟁은 동등한 수준의 환경에서 정정당당하게 신체적 기량을 겨루는 데 그 가치가 있다. 그러나 승리를 쟁취하기 위한 과도한 욕심에 정해진 규칙을 무시하고 금지된 약물을 복용하거나 심판을 매수하는 스포츠 일탈행위는 스포츠의 공정성을 훼손하고 스포츠의 가치를 퇴색시킨다. 또한 스포츠 규범은 스포츠 체계 질서 유지를 위한 사회적으로 합의된 것으로 스포츠 참가자가 마땅히 지녀야 할 역할과 행동을 규정하는 것이다. 하지만 스포츠 일탈은 경기 중 규칙을 위반하는 행위를 증가시키고, 긴장과 갈등을 심화시켜 스포츠 환경을 예측 불가능하게 만든다. 이와 같은 스포츠 규범의 위반 같은 스포츠 일탈은 스포츠 체계의 질서를 위협한다.

둘째, 스포츠 일탈은 부정적인 사회적 영향을 미친다. 스포츠는 사회가 공유하는 규범과 역할을 학습하기 위한 효과적인 수단으로서, 긍정적인 사회화 기능을 학습할 수 있는 제도로 인정된다. 그러나 스포츠에서 발생하는 일탈행동은 스포츠 참가자, 특히 청소년들에게 부정적인 영향을 미치기도 한다. 대중은 스포츠 참가를 통하여 사회 규범과 사회에서 기대되는 역할을 습득하는데 스포츠 일탈은 개인에게 부정적 가치를 심어주고 사회구성원으로서 기대되는 역할에서 벗어나는 행동유형을 전달하기도 한다. 특히 스포츠스타를 역할 모델로 삼는 청소년의 경우 스포츠스타의 일탈행동을 보고 본받을 위험성이 있다.

나. 스포츠 일탈의 순기능

첫째, 규범이 존재한다는 사실을 인식시켜주기 때문에 규범에 순응하고 일탈행동을 방지시켜준다. 스포츠 선수가 약물을 복용하는 행위는 공정한 경기를 저해하는 일탈행동이다. 사람들은 이러한 일탈행동이 규범을 위반하는 것이며, 사회질서를 위협하는 행위임을 학습하게 된다. 따라서 스스로 일탈행동을 하지 않도록 경계하는 자세를 취하게 된다.

둘째, 스포츠를 통해 분출되는 부분적인 일탈은 사회적 불만을 완화할 수 있는 사회적 안전판의 기능을 수행한다. 모든 사회구성원들에게는 사회규범의 준수와 질서유지가 요구된다. 하지만 규범을 지나치게 강조할 경우 사회구성원들의 불만을 표출할 수 있는 기회가 제한되며, 그 결과 욕구불만과 공격성이 증가하여 사회질서가 붕괴될 위험이 있다. 규범을 벗어나 일탈하고자 하는 욕구를 스포츠를 통하여 표출하는 것은 갈등해소의 기능과 더불어 사회제도의 안전성을 유지하기 위한 효과적인 수단이 된다.

셋째, 스포츠 일탈은 창의성을 발휘할 수 있는 창구가 될 수 있다. 예를 들어, 현재는 일탈적인 행위가 시간이 지남에 따라 사람들에게 받아들여지고 바람직한 행위로 인식되어 새로운 스포츠 종목이나 환경을 구축할 수 있다. 즉, 일탈은 기존의 상식에 얽매여 새로운 형식과 제도를 수용할 수 없는 사람들에게 고정관념을 깨고 새로운 발상을 할 수 있는 기회를 제공해준다.

다. 스포츠 일탈의 주요 이론

1) 머튼(Merton)의 아노미 이론

머튼(1957)의 아노미(anomie) 이론은 스포츠에서 일탈 현상이 발생하는 원인과 과정을 가장 잘 설명해주는 이론적 관점이다. 머튼의 아노미 이론은 구조 기능론적 관점에서 사회적 상황을 중심으로 규범 위반과 같은 일탈 현상을 설명하고 일반적인 이론을 구체화하고자 하였다. 구조기능론적 관점에서는 사회구성원 간 규범적 합의를 기준으로 일탈을 규정하므로 일탈에 대한 주요 초점은 사회적 규정(social definition)보다 규범위반(rule violation)에 두고 있다.

아노미란 무규범 상태를 의미하는 사회학적 용어로 사회적 규범이 결핍된 상태를 뜻하는 것이 아니라, 너무도 다양한 규범이 존재하고 각각의 규범이 모든 구성원에게 동일한 구속력을 행사하지 못하며 서로 다른 처지에 의해 모순과 갈등이 발생하는 상태를 의미한다. 즉, 아노미란 목표와 수단의 괴리로 인해 파생된다. 스포츠 일탈에서 아노미란 선수로서의 윤리적 태도와 경쟁에서의 승리 등 양립 불가능한 가치를 동시에 추구하고자 할 때 발생하는 갈등 현상을 의미한다.

스포츠 현장에서 궁극적인 목표는 경쟁을 통한 승리의 쟁취이다. 승리를 쟁취하기 위한 과정에서 선수의 노력, 규칙 준수 등은 목표달성을 위한 수단으로 이해할 수 있다. 목표와 수단은 동일하게 나타나기도 하지만 서로 다른 가치를 추구할 때 갈등이 발생한다. 머튼은 목표와 수단의 불일치에 의해 발생하는 갈등을 개인이 해소하는 방법에 따라 동조(conformity), 혁신(innovation), 의례주의(ritualism), 도피주의(retreatism), 반역(rebellion)의 5가지의 일탈 행동모형을 구분하였다.

2) 머튼의 5가지 행동 양식

① 동조

동조란 개인의 생각이나 행동을 집단이 기대하는 대로 바꾸는 것을 말한다. 스포츠 일탈에서 동조란 스포츠 조직에서 문화적으로 규정된 성공과 성공을 향한 수단과 방법을 수용하는 행위를 뜻한다. 다시 말하여 스포츠에서 발생하는 목표와 수단의 괴리 사이에서 집단의 기대에 부응하기 위하여 개인의 태도와 견해에 변화를 미치는 행동을 말한다. 스포츠 일탈에서 동조는 전략적인 시간끌기 작전, 경기규칙이 허용하는 범위 내에서의 파울 등의 행위로 심각하게 간주되지는 않지만 스포츠의 체계와 규범을 침해하는 비윤리적 행위로서 일탈행위라 할 수 있다.

② 혁신

혁신은 일탈행동의 가장 대표적인 형태로 합법적인 방법을 통해 목표에 도달할 수 없기 때문에 규범을 위반하는 불법적인 수단과 방법을 동원해서라도 성공하려는 것을 의미한다. 스포츠경기에서 불법적인 방법을 동원해서라도 꼭 승리하고자 하는 상태를 말하며, 불법 스카우트, 뇌물수수, 금지된 약물의 복용, 경기장 폭력, 승부조작 등은 스포츠 일탈에서 대표적인 혁신의 예로 볼 수 있다. 혁신은 승리를 쟁취하기 위해서는 비록 그 수단이 불법적인 것이라 할지라도 개의치 않기 때문에 심각한 사회문제로 확산될 가능성이 커서 일탈행동의 가장 전형적인 형태라 할 수 있다.

③ 의례주의

의례주의는 승인된 목표의 수용에는 반대하지만, 목표에 도달하기 위한 방법 및 수단은 별다른 거부 없이 수용하는 행위이다. 즉, 우승이라는 도달하기 힘든 목표에 집착하지 않고, 참여에 의의를 두고 최선을 다하지 않는 행동이 의례주의의 대표적인 행동유형이라 할 수 있다. 이들의 경우 스포츠 정신이 추구하는 최선의 노력을 다하지 않고 경쟁을 통한 승패에도 별다른 집착을 보이지 않는다. 엄밀히 말하면 의례주의는 규범을 위반한 불법행동은 아니지만, 집단에서 요구되는 기대역할을 제대로 수행하지 않고 목표행동을 스스로 포기했다는 점에서 일탈로 간주될 수 있다.

④ 도피주의

도피주의는 승리를 위한 목표 설정과 이를 달성하기 위한 수단이나 방법을 모두 거부하면서 스트레스를 벗어버리는 행동유형을 말한다. 예를 들어, 운동을 처음 시작할 때 겪는 혐오감이나 공포로 인해 그 운동 자체를 중단하거나 포기해버리는 경우가 해당된다. 특히 스포츠가 지니고 있는 경쟁성이나 폭력성, 투쟁성 등으로 인해 스포츠 자체를 싫어하는 경우에 두드러지며, 규범을 어기는 정도는 약하지만 기대역할을 포기한다는 점에서 일탈로 간주할 수 있다.

⑤ 반역

반역은 집단이 추구하는 목표와 수단을 모두 거부하고 자신만의 수단이나 방법을 동원하여 새로운 목표를 달성하고자 하는 행동 형태이다. 따라서 반역은 적극적인 사회의 변혁을 추구하는 운동이나 방향에 해당된다. 반역주의자는 도피주의자와는 달리 새로운 목표와 수단을 강조하며 적극적으로 사회 변화를 주창하는 세력이 해당된다. 스포츠에서 반역적 적응모형은 주로 현재의 시스템을 거부하고 새로운 시스템을 옹호하는 사회운동의 형태로 나타나기 때문에 스포츠 자체의 구조적인 변화를 주장한다.

2장 스포츠 일탈의 유형

> **학습목표**
> - 스포츠 일탈의 다양한 유형에 대해 알아본다.
> - 스포츠 일탈의 발생 원인을 이해한다.
> - 과잉동조로서의 스포츠 일탈을 이해한다.

1. 폭력행위

가. 폭력의 유형

스포츠 일탈행동에서 폭력은 스포츠경기에서 상대 선수와 경쟁하는 과정 중 정당하지 못한 방법으로 물리적으로 신체를 공격하는 행위 등을 말한다. 스포츠경기에서 단순히 승리를 지향하기 위한 수단으로 폭력이 사용되기도 하지만, 폭력의 정도에 따라 범죄적 성향의 폭력도 존재한다. 스포츠 선수들 사이에서 발생하는 폭력의 대표적인 유형은 격렬한 신체접촉, 경계폭력, 유사 범죄폭력, 범죄폭력의 4가지로 구분할 수 있다.

1) 격렬한 신체접촉(brutal body contact)

스포츠경기에서 흔히 발생하는 충돌, 가격, 태클, 방해, 부딪힘 등의 신체적 활동을 포함하며 선수들에게는 경쟁하는 과정에서 필연적으로 발생하는 경기의 일부분으로 받아들여진다. 심지어 감독이나 코치들은 승리를 쟁취하기 위하여 선수들에게 전략적으로 이러한 형태의 폭력을 사용할 것을 장려하기도 한다. 이와 같은 수준의 폭력은 범죄 같은 규범을 위반하는 행위로 구분되지는 않으나 과도한 신체접촉은 심각한 부상을 유발할 위험성을 내포하고 있다.

2) 경계폭력(borderline violence)

엄밀한 기준에서 정해진 규칙에는 위반되지만 스포츠의 예절 및 규범에는 부합되며 전략적으로 사용되는 폭력을 의미한다. 일반적으로 경계폭력은 스포츠 현장에서 빈번하게 발생하고 있으며, 공식적인 제재나 과도한 벌금이 부과되지 않아 선수들 또는 감독 및 코치들에게는 전략적으로 활용되는 폭력의 형태이다.

야구에서 타자에게 위협을 가하기 위해 던지는 빈볼성 투구나 수비를 방해하기 위한 심한 태클, 농구나 손이나 팔을 사용하여 상대의 진로를 방해하는 행위, 아이스하키나 미식축구 같은 격렬한 접촉스포츠에서 상대 선수에게 물리적 위협을 가하는 행위 등이 대표적인 경계폭력에 해당된다. 경계폭력은 격렬한 신체접촉에 비해 폭력의 정도가 강함에도 불구하고 일반적으로 공식적인 규제와 벌금을 심하게 부과하지 않는다.

3) 유사 범죄폭력(quasi-criminal violence)

스포츠에서 정해진 규범을 거부하고 선수들 사이에서 규정된 비공식적 규범 등을 위반하는 행위를 의미한다. 유사 범죄폭력은 스포츠 규칙과 제도의 허용범위를 벗어나며, 심지어 공공의 법과 사회질서를 위협하는 행위로 비열한 플레이, 비신사적인 경기 운영, 상대 선수에게 신체적 위협을 가하여 선수 개인의 건강에 심각한 손상을 미치는 행위, 규범을 무시한 파울 등이 대표적인 예이다. 이러한 유형의 폭력에 대해서는 벌금을 부과하고 일정 기간 스포츠경기에 참가하지 못하도록 징계가 내려지며, 선수들조차 이런 형태의 폭력을 비난한다. 따라서 유사 범죄폭력은 경기의 비공식적 규범을 부정하고 선수답지 못한 행동으로 여겨진다.

4) 범죄폭력(criminal violence)

스포츠에서는 물론 사회에서도 수용되지 못하는 행위이며, 명백히 법을 위반하는 범죄행위를 의미한다. 범죄폭력은 경기 중 발생한 폭력으로 인해 상대 선수가 심각한 신체적 부상을 당하거나 생명에 위협이 있을 정도의 부상을 유발한다. 이와 같은 형태의 폭력은 선수, 감독 및 코치, 대중 모두가 그 위험성을 공감한다. 스포츠 현장에서 범죄폭력은 다른 폭력에 비해 발생빈도는 낮은 편이지만, 폭력이 초래하는 위험성이 너무 크기 때문에 법적인 처벌을 해야 한다는 의견이 증가하고 있는 추세이다.

나. 과잉동조로서의 스포츠폭력

폭력(violence)이란 신체적·정신적 손상을 유발할 수 있는 잠재성을 지닌 물리적인 공격행위의 사용을 말한다. 우리는 흔히 폭력은 사회의 규칙과 제도를 위반하기 때문에 용인될 수 없는 행위라고 생각하지만 대부분의 사회나 집단에서 폭력이 용인되고 장려되는 경우도 존재한다. 특히 스포츠의 경쟁 과정에서 의도적이거나 전략적인 목적으로 폭력이 많이 사용되고 있음을 알 수 있다.

신문이나 텔레비전 같은 대중매체는 판매나 시청률 제고를 위하여 폭력 같은 자극적인 기사를 많이 보도하며 폭력적인 영상을 반복적으로 노출한다. 선수들은 스포츠에서 폭력행위가 초래할 수

> **참고자료 및 읽을거리**
>
> **과잉동조와 폭력의 관계**
>
> 팀에 과잉동조로 인해 발생하는 일탈적 폭력은 높은 수준의 경기에 참여하는 선수들 사이에 생성되는 불안감과 밀접한 관계가 있다. 선수들의 자신의 경기력을 끊임없이 검증받고 향상되기를 원하는데, 코치나 동료로부터 자신의 경기력에 대한 확신을 통해 자신이 정체성을 확립하고 팀에서 자신의 지위를 보장받게 된다. 만약 조직에 헌신하지 않는 경우 자신의 정체성 및 지위를 보장받지 못하는 불안감을 느끼게 된다.
>
> 따라서 선수들은 폭력을 사용하면서까지 조직의 목표에 헌신하는 모습을 보임으로써 동료들로부터 지지를 얻으며 자존감을 획득한다. 만약 자신들이 처한 상황이나 개인의 성향을 반영하여 경기에 소극적으로 참여한다면 조직의 동료들로부터 팀에 헌신하지 않고 목표를 달성하는 데 소극적이라고 인식된다. 따라서 많은 선수들이 자신의 의지와는 상관없이 폭력을 사용하는 데 적극적으로 참여하여 팀에 대한 헌신을 나타내는 수단으로 삼는다.

있는 위험성에 대해 걱정하지만, 큰 부상이나 나쁜 결과를 유발할 수 있는 심각한 폭력행위를 제외한다면 경쟁에서 승리하기 위해 폭력을 사용하는 것에 어느 정도 정당성을 부여한다. 심지어 선수 자신은 폭력을 싫어한다 할지라도 자신이 속한 팀이나 조직의 목적을 달성하기 위해 폭력에 가담하기도 한다.

다. 상업화와 스포츠폭력

스포츠에서 상업화는 경기의 홍보와 수입증대를 위하여 대중매체와의 결합을 가속화시켰으며 스포츠 프로그램을 더욱 실감나게 제작하여 대중의 인기를 얻는 데 치중하게 되었다. 대중매체나 홍보 관계자들은 스포츠에서 발생하는 폭력 및 폭력에 대한 도덕적 비난이 대중의 관심을 환기시키며, 이는 곧 수익을 창출한다는 것을 인식하게 되었다. 일부 사회학자들은 대중매체와 스포츠의 결합으로 인하여 스포츠의 폭력적인 성향이 짙어지게 되었다고 주장하기도 한다. 특정 선수들은 경기 중 폭력을 사용하기도 하며, 이러한 폭력적인 성향으로 인해 스포츠 조직 내에서 상대적으로 높은 지위를 보장받고 금전적 보상을 얻기도 한다.

스포츠는 기본적으로 신체적 기량에 따라 승패를 겨루는 제도화된 활동으로 상대 선수에 비하여 신체적 기량이 뛰어나고 고도의 운동수행능력을 갖추어야 인정을 받을 수 있지만, 대중의 인기를 얻기 위하여 영웅적인 용어나 이미지를 사용하기도 한다. 스포츠에서 발현되는 복수, 보복, 증오, 적개심, 위협, 공격, 폭력, 지배, 파괴 등과 같은 이미지는 드라마에서 사용되는 허구적 이미지와 같이 대중의 관심을 유발하고 상업적인 목적에도 부합한다. 미국의 인기 스포츠인 미식축구, 농구, 야구, 아이스하키 등에서도 해당 스포츠 종목을 홍보하기 위하여 폭력적인 이미지를 사용하기도 한다.

대중매체는 대중의 흥미를 유발할 수 있는 요소들을 끊임없이 찾고 있는데, 스포츠에서 발생하는 폭력이 바로 이를 충족한다고 할 수 있겠다. 예를 들어, 최근 많은 인기를 얻고 있는 종합격투기는 폭력적 성향으로 인하여 대중매체의 주목을 끌고 있는 대표적인 스포츠이다. 또한 스포츠에서 폭력은 비단 종합격투기나 프로레슬링에서뿐만 아니라 미식축구나 아이스하키 등 신체접촉이 빈번하게 발생하는 스포츠에서도 경기의 박진감과 흥미를 돋우는 중요한 요소로 인식되고 있다.

라. 남성성과 스포츠폭력

스포츠에서 폭력은 선수들의 부상을 유발하는 폭력의 부정적 측면보다는 승리를 쟁취하기 위한 열정으로 포장된다. 선수들은 스포츠 폭력을 경기 중 발생하는 필연적인 부분으로 간주하기도 하며, 강인한 남성임을 증명하는 수단으로 인식한다. 물론 스포츠에서 발생하는 폭력은 남성에게 국한된 것은 아니지만 대부분 남성을 중심으로 발생한다. 그것은 스포츠에서 승리하는 것이 남성성을 증명하는 유효한 방법으로 인정되기 때문이다. 스포츠에 소극적으로 참여할 때는 여성의 나약한 이미지로부터 자유로울 수 없으며, 승리를 쟁취하기 위한 폭력 같은 행위에 적극적으로 가담할 때 남성이라는 사회적 이미지를 확고히 할 수 있다고 생각한다.

때로는 스포츠에서 운동수행능력을 평가하는 데 있어 신체적 기술과 폭력의 사용이 반영되는 측면이 있다. 일부 남성들은 격렬한 신체접촉 같은 폭력을 사용하는 것이 진정한 남자로서 인정받는 방법이라고 여기게 된다. 이것을 성별의 관점에서 바라보면 폭력적 성향은 남성성의 기본 토대가 된다고 할 수 있다. 만약 남성이 폭력적인 환경을 극복하지 못한다면 이것은 곧 강인한 남성의 세계로 편입될 수 없음을 의미하게 된다.

남성성과 스포츠 폭력의 결합은 스포츠 조직 문화와 구조 속에서 더욱 강화된다. 특히 격렬한 신체적 접촉이 허용되는 스포츠에서는 고통이나 부상을 유발하는 폭력이 하나의 전략으로 이용된다. 남성의 경우 폭력은 승리를 쟁취하기 위한 전략적 방법으로 매우 중요하기 때문에 상대 선수를 공격하고 위협하는 것을 자연스럽게 체득하게 된다. 따라서 많은 선수들이 규칙을 위반하거나 위험을 감수하기까지 폭력적 행동에 가담하게 된다.

반면 신체적 접촉이 거의 없는 비접촉스포츠에서는 이와 반대로 폭력이 거의 발생하지 않는다. 예를 들어 테니스나 배드민턴 같은 비접촉스포츠에서는 간혹 경기의 흐름을 끊기 위한 신경전이 발생하지만 폭력을 가하거나 신체적 다툼을 하는 등 상대방을 위협하는 행위는 거의 발생하지 않는다. 즉, 스포츠에서 폭력은 접촉스포츠에서 주로 발생하며, 이것은 남성들의 특정 문화인 남성성과 관련이 있다는 것을 알 수 있다.

2. 약물복용

가. 약물복용의 개념과 이해

약물복용이란 운동수행능력을 향상시켜 좋은 성적을 거두기 위하여 심장흥분제, 근육강화제 같은 화학적 합성물 혹은 천연물질을 사용하여 선수의 육체적·심리적 기능을 인위적으로 향상시키는 것을 의미한다. 이러한 약물복용은 일시적으로 경기력을 향상시켜줄 수는 있으나 장기적으로는 생리적 기능의 감퇴, 도덕적·심리적·사회적 문제 등을 야기할 위험을 내포하고 있다.

이와 같이 약물복용의 부정적인 영향에 대한 연구 결과가 많아지면서 인간 본래의 신체적 기량을 겨루는 스포츠에서 약물의 힘을 이용하는 것은 공정하지 못하다는 비판적 시각이 대두되기 시작하였다. 따라서 스포츠에서 복용금지 약물에 대한 감독과 관리의 필요성이 제기되었으며, 금지된 약물을 복용하는 것은 스포츠의 규범을 침해하는 행위로 법적인 제재를 가하게 되었다.

최근 선수들의 약물복용은 개인의 도덕성 결여나 불완전한 사회화로 인한 것이 아닌 해당 선수가 속한 스포츠 조직의 문화에서 기인한다는 주장이 설득력을 얻고 있다. 따라서 약물복용은 스포츠에 열성적이며 헌신적으로 참여하는 선수들에게서 빈번히 발생한다. 즉, 스포츠 윤리 규범을 무비판적으로 수용하는 선수들이 주로 약물복용을 하는 것으로 이해할 수 있다. 이러한 사실은 약물복용이 과잉동조의 한 유형이라는 것을 의미한다. 예를 들어 골절 같은 심각한 수준의 상해에도 불구하고 진통제 주사를 맞고 경기에 참여하거나, 체지방을 줄이고 근육을 늘리기 위하여 약물을 투여하는 행위 등은 과잉동조의 유형이라 할 수 있다.

> **참고자료 및 읽을거리**
>
> **도핑방지규정**
>
> 도핑(doping)이란 선수가 운동경기에서 자신의 기량 및 성적을 향상시킬 목적으로 약물을 복용하거나 특수한 이학적 조치를 받는 것을 말한다. 오래전부터 운동선수들은 자신의 경기력을 향상시킬 목적으로 약물을 복용하였으며, 최근 들어 선수들의 높은 기량을 원하는 스포츠 관계자들의 상업적 목적에 편승하여 금지약물 복용이 지속되고 있음을 알 수 있다. 금지약물 복용에 따른 찬성과 반대 논란이 존재하지만, 여전히 많은 사람들은 스포츠는 그 자체가 공정한 경기여야 하기 때문에 금지약물의 사용은 절대 허용하지 말아야 한다고 주장하고 있다.
>
> 따라서 세계도핑방지기구(WADA)는 스포츠를 공정하게 유지하기 위하여 선수의 경기력을 향상시키는 효력을 가지고 있거나 건강에 위협이 될 수 있다고 판단되는 약물이나 방법을 선정하여 매년 9월에 공표하고 있다. 이는 스포츠의 공식적인 금지약물 목록이 되며 다음 해 1월 1일부터 그 효력이 발생하게 된다. 세계도핑방지기구는 공식적인 금지약물 목록에서 지정된 약물을 복용하거나, 사용 행위를 은폐하거나, 부정거래를 하는 모든 행위뿐만 아니라 그러한 행위를 하려는 시도까지 모두 포함하여 도핑방지규정 위반으로 규제하고 있다. 그러한 행위를 시도하는 것까지 도핑방지규정 위반으로 정의하고 있다.

나. 약물검사 찬성 주장

첫째, 약물검사는 선수들의 건강을 보호한다. 약물검사는 승리에 대한 지나친 욕심으로 인하여 금지된 약물 복용 같은 잘못된 선택을 방지하며, 선수의 신체적·정신적 건강의 피해를 예방하는 데 기여한다. 1988년에서 2000년 사이 유럽에서는 약 20명의 사이클선수들이 지구력강화제인 에리트로포이에틴(erythropoietin) 남용으로 인하여 소중한 생명을 잃는 사건이 발생하였다.

둘째, 약물검사는 스포츠의 공정성을 확보한다. 스포츠의 공정성은 선수들이 동일한 조건에서 신체적 기량을 겨룰 수 있는 환경이 보장될 때 확보될 수 있다. 따라서 약물검사 자체가 경기 성과에 직접적인 영향을 미치지는 않지만 선수들의 노력과 훈련의 결과를 그대로 반영시키기 위해 약물검사는 필요하다. 또한 스포츠선수를 역할 모델로 삼는 청소년이나 아동들의 금지약물 사용을 사전에 예방하기도 한다.

셋째, 금지약물 복용은 불법적이기 때문에 정규법에서도 금지하고 있다. 스포츠에서는 물론 사회 전체에서도 약물의 불법적 사용은 개인을 넘어 공공의 이익을 위협하는 범죄 사건이다. 약물검사는 불법 행위를 감시하고 단속하기 위한 법 효력의 일부이며, 이것을 위반하였을 경우 다른 사람들의 금지된 약물복용과 같은 잠재적 위험까지도 예방할 수 있을 만큼 강력하고 공정하게 처리되어야 한다.

넷째, 약물검사는 유전공학의 사용을 감소시키기 위해 필요하다. 스포츠는 신체적 기능의 한계에 도전하는 가치 있는 활동이다. 성취를 통한 가치의 획득 같은 스포츠의 순수성을 보장한다는 측면에서 약물검사는 필요하다. 만약 스포츠에서 무분별한 약물복용을 통제하지 못한다면 신체조직 성장에 유전자 조작 같은 미래 기술이 인위적으로 개입하게 될 가능성이 있으며, 스포츠가 슈퍼맨을 양산하는 유전공학기술 경쟁의 장으로 변질될 위험이 있다.

다. 약물검사 반대 주장

첫째, 선수들이나 약물제조업자는 약물검사의 한계를 뛰어넘는다. 약물의 종류와 복용방법이 다양해짐에 따라 현실적으로 이것을 완벽하게 통제할 수 있는 방법이 존재하지 않는다. 약물 복용의 위험성을 증명하고 금지된 약물 복용을 식별할 수 있는 검사가 개발되는 시점에서 선수들은 최근에 개발되어 알려지지 않은 약물을 찾아다니게 될 것이다.

둘째, 약물검사는 개인의 사생활을 침해한다. 스포츠의 공정성을 근거로 선수들에게 약물검사에 응할 것을 요구하는 것은 개인의 사생활 권리를 침해할 뿐 아니라 본래의 취지 이외에 개인의 의학적 정보를 노출시키는 선례를 남기게 된다. 최근 개인의 사생활의 보호가 강화되는 시점에서 약물검사는 개인의 사생활과 관련된 많은 논란을 일으킬 가능성이 있다.

셋째, 약물검사 비용이 비싸기 때문에 자원을 낭비하게 된다. 약물검사는 그 절차와 과정이 복잡하여 많은 비용이 소요되는 단점이 있다. 이것은 약물검사에 소비되는 자원만큼 건강 증진을 위한 교육, 약물복용 예방 캠페인 등 다른 프로그램을 위한 재정적 지원이 감소하는 것을 의미한다. 예를 들어, 미국반도핑기구(United States Anti-Doping Agency: USADA)와 WADA가 올림픽에 참가하는 선수를 대상으로 실시하는 검사는 선수 1인당 300달러 이상이 소요된다.

넷째, 약물검사는 자연적인 물체는 적발하지 못한다. 현재의 의학 수준에서는 투약 후 신체에서 생산된 물질처럼 변하는 불법약물을 식별하기는 불가능하다. 더욱이 약초나 식물 성분으로 만들어진 약물 등은 서양 의학으로 판단하기 어려운 특성이 있다.

다섯째, 약물검사는 유전공학 기술의 진보를 야기한다. 운동수행 능력을 향상시키기 위한 욕구는 유전공학 기술 발전을 향한 동기부여로서 작용한다. 유전공학 기술을 통한 유전자 변형, 신체조직의 변화 등은 스테로이드 같은 다른 약물을 대체할 수도 있다. 또한 유전자 조작 등과 같은 새로운 유형의 도핑은 탐지하기가 어려울 뿐 아니라 검사비용도 선수 1인당 최소 1,000달러 이상에 육박할 것으로 짐작된다.

3. 부정 및 범죄행위

가. 부정행위

1) 부정행위의 의미

스포츠에서 발생하는 부정행위는 경기 규칙이나 규정 또는 스포츠 가치를 위협하는 올바르지 못한 행위를 의미한다. 스포츠에서 승리를 쟁취하는 것은 매우 중요한 목표이기 때문에 선수나 감독 및 코치는 경쟁에서 뒤처지지 않기 위하여 수단과 방법을 가리지 않으며, 심지어 그것이 부정적인 수단이라 할지라도 적극적으로 활용할 유혹을 받게 된다. 이러한 부정행위로는 의도적인 규칙 위반, 승부조작, 심판매수, 불법 스포츠 용품의 사용 등 규정을 벗어난 행위 등이 있다.

스포츠에서 부정행위가 발생하는 원인은 승리에 대한 보상이 클수록 또는 경기규칙이 지나치게 엄격하거나 경기결과가 불투명할 때 더욱 빈번하게 발생한다. 특히 운동선수에 의한 직접적인 부정행위도 문제가 있지만 감독 및 코치, 관리자 심지어 심판에 의해서도 부정행위가 발생한다는 측면에서 그 문제의 심각성을 찾아볼 수 있다.

2) 부정행위의 형태

스포츠에서 부정행위는 매우 다양하나 제도적 부정행위(institutional cheating)와 일탈적 부정행위(deviant cheating)의 두 가지 유형으로 구분하여 접근할 수 있다.

첫째, 제도적 부정행위는 스포츠경기의 경쟁상황을 유리하게 이끌기 위한 속임수 행위를 말한

표 8-1. 부정행위의 형태

부정행위 형태	특징	예시
제도적 부정행위	전략적 차원에서 용인되고 조장되는 속임수 행위	• 농구에서 팔꿈치 사용 • 축구의 거친 태클 및 옷 잡기 • 과도한 할리우드 액션
일탈적 부정행위	사회에서 용인되지 않는 심각한 부정행위 사용	• 불법 용구 사용 • 약물투여 • 담합에 의한 승부조작

다. 이러한 유형의 부정행위는 계획적이고 이성적인 행동으로 경쟁상황을 전술적으로 전환시키기 위한 제도화된 형태를 지닌다. 일반적으로 제도적 부정행위는 경쟁에서 승리하기 위해 전략적 차원에서 용인되기도 한다. 따라서 감독 및 코치는 제도적 부정행위를 지지하거나 조장하고 또는 모른 척 눈감아주기도 한다.

둘째, 일탈적 부정행위는 규칙이나 규정을 위반한 행위로서 제도적 부정행위와는 달리 사회적으로 비난을 받거나 엄격한 기준에 의해 즉각적인 제재를 받는 행위이다. 이러한 일탈적 부정행위는 악의적 의도를 지니거나 감정적인 행동을 표출하는 것으로 스포츠 질서유지와 본질적 가치를 위협하기 때문에 비난의 대상이 된다.

3) 부정행위의 발생조건 및 결과

스포츠에서 부정행위가 발생하는 이유는 상대와 경쟁하는 과정에서 승리를 쟁취하기 위한 유리한 고지를 선점하려 하기 때문이다. 맹목적인 승리를 추구하는 과정에서 부정행위는 전술적 차원에서 용인되고 조장된다. 또한 일반적으로 부정행위는 다음과 같은 상황에서 자주 발생하는 것으로 알려져 있다.

- 승리에 대한 보상이 클 경우
- 적용되는 경기 규칙이나 규정이 과도한 수준일 경우
- 산업기술이 경기의 중요한 요소가 되는 경우(자동차경주)
- 경쟁의 결과가 불확실한 경우
- 하류계층 출신 경기자의 비율이 많을 경우

스포츠에서 발생하는 부정행위는 그 자체의 속성으로 인해 공정한 경쟁을 저해하고 스포츠의 가치와 규범을 위배하는 결과를 초래한다. 하지만 감독 및 코치, 심판, 관중이 그러한 부정행위를 묵인하고 지지함으로써 지속적으로 발생하고 있다. 결국 부정행위는 스포츠의 본질을 퇴색시키고 존립 자체를 위협하는 결과를 초래할 수 있다는 점에서 매우 위험한 행동이라 할 수 있다.

나. 범죄행위

1) 범죄행위의 의미

범죄행위란 법률에 의해 금지되어 있는 행위를 말하며, 공식적 제재가 가해지는 일탈행위라 할 수 있다. 스포츠에서 범죄행위는 경기 규칙, 질서유지를 위한 규정, 규범 등을 위반하는 행위로 지나치게 파괴적이고 위협적이어서 공식적인 제재를 가해 통제해야 하는 행위를 말하며, 스포츠경기장 안에서는 물론이며 경기장 밖 일상생활의 범위를 포함한다. 특히 스포츠 선수의 범죄는 사회적 파장을 야기한다는 측면에서 중요하게 인식된다.

범죄행위는 법률을 위반한 사실에 대해 제재와 처벌이 가해지며, 처벌은 범죄행위의 수준에 따라 단순 벌금형에서 형사처벌까지 다르게 나타난다. 일반적으로 스포츠 관련 범죄행위는 폭행, 상해, 절도, 살인, 강도, 강간, 방화 같은 심각한 가해행위인 중범죄(felonies)와 교통위반이나 풍속사범 등과 같이 비교적 가해행위가 덜 심각한 경범죄(misdemeanors)로 나누어진다.

2) 운동선수와 범죄행위

운동선수의 범죄행동은 일반적으로 정화이론(catharsis theory)과 사회학습이론(social learning theory)에 의해 설명될 수 있다. 각각의 두 이론은 폭력적 범죄행위와 깊은 관계가 있으며, 범죄행위에 개입하는 과정이나 표출현상에 따라 구분된다. 정화이론은 좌절감, 욕구불만, 공격성, 난폭성 등과 같은 감정을 범죄행동으로 표출함으로써 자신 내부에 축적된 감정을 정화시킨다는 입장이며, 스포츠 참여로 인해 범죄행위를 줄일 수 있다고 주장한다.

사회학습이론은 범죄행동을 선천적인 것이 아니라, 사회생활 과정에서 후천적으로 학습되는 행동으로 규정하는 것이다. 즉, 개인의 사회화 과정을 중요시한다. 사회학습이론은 정화이론과는 반대로 오히려 운동선수가 경기장 내에서 공격적인 행동을 학습하여 경기장 밖에서도 범죄행위를 일으킬 경향이 있다고 본다. 즉, 스포츠 참여로 인해 범죄행위를 학습한다고 주장한다.

4. 과도한 참가

가. 과도한 참가의 의미와 이해

일탈은 사회적으로 용인되는 범위 밖의 사고, 특성, 행위로 규정된다. 따라서 일탈이라는 단어 그 자체로 문제가 있는 부정적인 의미로 사용된다. 그러나 스포츠에서 일탈은 사회영역과 적용되는 규범이 다르기 때문에 스포츠에서 적용되는 규범을 바탕으로 이해할 필요가 있다. 따라서 스포츠 일탈은 참여를 제약하는 부정적인 행위를 말하는 것과 동시에 지나치게 참가하는 경우를 포함하기도 한다.

> **참고자료 및 읽을거리**
>
> **과도한 운동의 폐단**
>
> 직장인 김철수 씨는 40대 초반의 나이이며 운동마니아로 알려져 있다. 퇴근을 하면서부터 곧바로 달리기를 시작해 취침 전까지 거의 쉬지 않고 운동을 지속한다. 심지어 직장에 출근하기 전에도 1시간가량 달리기로 몸을 풀 정도로 운동을 무척 좋아한다. 3년 전부터는 마라톤 동호회에 가입하여 최근까지 크고 작은 마라톤대회에 부지런히 참석해왔다. 주말에도 같이 시간을 보내자는 가족들의 성화에도 불구하고 달리기에 대부분의 시간을 투자하고 있다.
>
> 하루라도 달리기를 하지 못하는 날이면 몸이 찌뿌듯하고 마음이 편치 않다. 그러던 김철수 씨는 얼마 전부터 무릎이 아파 일상생활을 하기도 힘들어 병원을 방문하였다. 진단 결과 무릎관절이 손상되어 당장 운동을 그만두고 상당 기간 치료에 전념해야 한다는 진단을 받았다. 하지만 이러한 의사의 진단에도 불구하고 달리기가 주는 쾌감으로 인해 조금씩 달리다가 현재는 걷기조차 힘들어 직장도 휴직하고 있는 상태이다.
>
> 우리는 흔히 운동에 심하게 열중하는 사람들을 보고 운동에 미쳤다고 표현한다. 하지만 운동에 미쳤다는 말은 부정적이기보다 운동을 열심히 한다는 주변인의 존경이나 인정의 의미로 통용되기도 한다. 하지만 이처럼 과동한 운동은 필연적으로 부상으로 이어지게 마련이다. 건강을 위해 시작한 운동이 결과적으로 몸을 해치게 되는 것이다. 일반적으로 사람들은 운동에 참여하는 기간이 길어지고 몰입도가 높아지면서 기존 운동의 양이나 강도로는 만족하기 힘들어 점차 그 정도를 높여간다. 운동을 하지 못하면 기분이 나빠지고 몸 또한 상태가 나빠진다. 결국 자신의 본업을 등한시하고 운동에만 몰두하고 가족과의 관계 또한 멀어지게 된다. 이러한 과도한 운동은 마라톤 · 근력운동 · 등산 등 다양한 스포츠에서 나타난다.

예를 들어, 자신의 일상생활에 지장이 있을 정도로 스포츠에 적극적으로 참여하는 것을 일탈적 행위로 규정하는데, 개인의 심리적 측면에서 제기되는 운동중독과 같이 스포츠에 과도하게 참가하는 일탈적 행동으로 이해할 수 있다. 이와 같은 과도한 참가는 개인의 자발적 의지가 작용하는 것이지만 정상적인 사회생활을 할 수 없을 정도로 지장을 미치기 때문에 일탈로 규정될 수 있다.

스포츠에 과도하게 참가하는 것은 과잉동조의 한 개념으로 부정적인 일탈과는 달리 사회 규칙이나 규정을 위반하지 않기 때문에 긍정적 일탈(positive deviance)이라고도 한다. 즉, 스포츠에 참가하는 과정에서 스포츠 규칙과 개인의 가치체계를 지나치게 따르는 것을 말한다. 긍정적 일탈이란 부정적 일탈과는 달리 사회규범을 위반하는 행동이나 상황을 의미하기보다는 오히려 규칙에 심하게 동조하기 때문에 발생한다. 예를 들어 생활체육 참여자들이 마라톤에 참가하는 과정에서 과도하게 심취한 나머지 엘리트 선수들도 소화하기 힘든 마라톤 풀코스에 도전하여 다른 생활을 정상적으로 영위하지 못하는 경우가 포함된다. 이러한 사람들은 대부분의 시간을 마라톤에 투자한다.

나. 과도한 참가의 사회적 문제

스포츠에서 규범을 수용하는 수준에 따라 일탈은 과잉동조와 과소동조로 구분된다. 상대적 관점에서 과잉동조는 규범을 무조건적으로 수용하는 등 지나친 참가를 의미하며, 과소동조는 규범을 무시하거나 거부하는 등 정상에 미치지 못하는 행위로 이해할 수 있다. 일반적으로 과잉동조는 과소동조보다 사회적 문제를 야기할 위험성이 더 크다. 과소동조의 경우 집단의 목표에 반하는 반사회적인 행동을 하기 때문에 처벌과 징계를 통하여 단시간 내에 개선이 가능하지만, 과잉동조의 경우는 긍정적 일탈이라는 의미에서도 알 수 있듯이 운동에 아주 열심히 참여하는 경우에 발생하기 때문에 문제의 심각성을 인식하기가 쉽지 않다.

엘리트 스포츠 문화에서 과소동조자들은 집단 구성원들에게도 비난을 받기 때문에 통제하기 쉽지만, 과잉동조의 경우 집단 구성원이나 주변 관계자들로부터 칭찬이나 존경을 받기 때문에 관리하기가 어렵다. 대중매체들도 선수들의 과잉동조 행위를 역할모델로 칭송하고 미화한다. 따라서 과잉동조를 중단하는 것은 자신의 존재가치를 약화시키고 집단에서 낙오되는 결과를 초래한다.

과도한 참가는 개인의 자발적 의지에 의해 발생하지만 비정상적인 훈련이나 경쟁상황을 무비판적으로 수용하고 동조하는 경향으로 발전될 위험이 있다. 결국 과도한 참가는 정상적인 일상생활을 불가능하게 하며, 심지어 범죄행위를 조장하게 되는 등 스포츠의 본래 가치와 의의를 변질시킨다. 예를 들어 여성 체조선수들이 감독 및 코치, 동료와 상호작용하는 과정에서 경기에 대한 몰입, 집착 등으로 인하여 섭식장애를 유발하는 상황은 과도한 참가가 지니는 사회적 문제라 할 수 있을 것이다.

5. 관중폭력

가. 관중폭력의 이해

스포츠를 관람하는 사람들이 경기에 대한 과도한 몰입이나 집착 등으로 인해 공격적 성향을 표출하는 행동을 '관중폭력'이라 한다. 스포츠경기에서 폭력 행동에 대한 미디어 기사나 각종 보고서를 통하여 유럽의 축구와 미국 대학 미식축구에서 발생하는 관중폭력 사례를 흔히 접할 수 있다. 역사적으로 관중폭력은 1900년과 1940년 사이에 가장 빈번하게 발생하였다. 경기 중에 병이나 다른 물건들을 선수들과 심판들에게 던지는 게 일상이었으며, 화가 난 관중에 의해 경기가 중단되는 사례도 흔히 볼 수 있었다.

일반적으로 관중폭력은 스포츠의 성격에 따라 다르게 나타나는 경향이 있다. 접촉스포츠를 관람하는 경우 관중은 말을 많이 하게 되고 감정적인 상태를 유지하게 된다. 따라서 폭력을 행사할 확률이 높아진다. 반면 비접촉스포츠의 경우 관중의 폭력적인 성향은 거의 표출되지 않는다. 일반적으로 비접촉스포츠에 참여하는 관중은 감정이 복받치더라도 거의 폭력을 행사하지 않는다. 1933년 테니스 시합에서 관중이 선수를 폭행한 사건이 있었는데, 이는 비접촉스포츠에서 발생한 유일한 폭력 사건으로 기록되고 있다. 이 사건의 원인은 유명 스포츠 선수에 대한 스토킹이 폭력으로 나타났기 때문에 순수하게 스포츠 자체에 대한 관중폭력으로 이해하기는 적합하지 않은 사건이라 할 수 있다.

관중폭력은 스포츠에 적극적으로 참여하고 광적으로 응원하는 관중의 집합행동으로 이해할 수 있다. 집합행동은 참여자의 자발적인 참여를 바탕으로 일시적이고 비구조적으로 발생하는 특성을 지니고 있다. 블루머(Blumer)는 집합행동에 참여하는 관중의 행위와 목적을 기준으로 우연적 군중, 인습적 군중, 표출적 군중, 행동적 군중의 4가지 유형으로 구분하고 있다.

- 우연적 군중(casual crowds) – 마치 상점에 진열된 상품들을 보면서 걸어가는 군중과 같이 규제화된 행동이 없는 단순한 군중으로 단합된 행동을 하기 어렵다.
- 인습적 군중(conventional crowds) – 스포츠경기, 영화, 공연 등을 관람하기 위한 공통의 관심이나 목적을 지닌 군중으로, 사회문화적으로 일정하게 규제화된 행동이 존재한다.
- 표출적 군중(expressive crowds) – 축제나 종교집회에 모인 군중과 같이 신체적 행동을 표출하는 특성이 있다.
- 행동적 군중(acting crowds) – 폭도들과 같이 군중의 각성 수준이나 흥분이 높아지고 집단적으로 공격성이 폭발하여 사람이나 재산에 대한 피해를 유발하는 형태의 관중이다.

이와 같이 집합행동을 분류한 군중에 따라 스포츠에서의 관중폭력은 인습적 또는 표출적 군중 수준으로 이해 가능한 것을 알 수 있다. 집합행동의 한 유형인 관중폭력은 다음과 같은 이론으로 설명할 수 있다.

1) 전염이론

전염이론(contagion theory)이란 인간은 혼자 있을 때는 이성적인 사고가 가능한 합리적인 존재라 할지라도 집단에서는 타인으로부터 영향을 받아 비이성적으로 변한다는 것이다. 즉, 개인의 사고나 감정이 군중 속에서 영향을 받아 개인적 정체성을 상실하게 된다는 것이다. 전염이론은 병원균이 사람을 매개로 하여 전체에게 전파되듯이, 한 개인을 시작으로 타인에게 영향을 미쳐 폭력이 전체 집단에 전파되어 관중폭력이 발생하게 됨을 가정한다.

스포츠에 참여하는 관중은 경기장 내에 있는 다른 사람들과 주변의 음악 소리 및 함성 등 주변 분위기에 휩싸여 쉽게 동화되는 경향이 있다. 즉, 개인의 행동은 다른 사람으로부터 영향을 받은 결과이며 이와 같은 자극은 연쇄적으로 발생한다. 한 사람이 흥분하기 시작하면 주변 사람들 대부분은 통제력을 잃고 주변에 동화되며, 자의식을 상실하고 익명성에 안주하여 폭력적 군중으로 변하게 된다.

2) 수렴이론

수렴이론(convergence theory)은 집합적 상황에서 개인의 사고 및 행동이 일시적으로 전인되는 전염이론과는 달리 일상생활에서 숨겨져왔던 본연의 실제 자아가 사회적 익명성의 상황에서 감정적 행동으로 표출된다는 사실에 중점을 두고 있다. 이는 군중 속의 개인이 행하는 비이성적인 사고와 행위가 특별한 것이 아니라, 개인들이 가지고 있던 반사회적 생각이나 기질이 군중이라는 익명성 속에서 나타난다는 이론이다. 즉, 평소에는 이성에 의해 통제되던 개인행동이 군중이라는 대상과 결합되어 폭력성을 드러내게 된다.

3) 규범생성이론

규범생성이론(emergent norm theory)은 개인의 특성과 군중과의 차이에 따른 이질성을 인정하는 것으로 군중과 개인은 별개이기 때문에 동일한 대상으로 바라보지 않는 것이다. 이것은 군중행동의 전염성과 모방성을 인정하면서도 군중 속에 존재하는 개인의 독특한 성격과 개인들이 이성적인 판단과 사고를 할 수 있다는 사실에 주목하는 것이다. 다시 말하여 규범생성이론은 군집상태에 의한 개인 인격의 변화나 동질성을 강조한 전염이론이나 수렴이론과는 달리, 개인의 특수성과 장소 고유의 규범이 생성됨에 따라 동조압력에 의한 집합행동이 발생하는 것을 강조한다.

4) 부가가치이론

부가가치이론(value added theory)은 집합행동의 발생원인 및 결정요인을 장소와 시간 및 양식 등으로 설명하려는 것으로 일정한 형태의 조건이나 계기의 순서에 따라 단계적인 조합을 이루어야 집합행동이 발생할 수 있음을 보여준다. 즉, 어떤 집합행동이 일어나기 위해서는 어떠한 요인이나 조건들이 순차적으로 조합을 이루어야 함을 의미한다. 예를 들어, 어떤 물건이 순서에 따라 단계적인 부가가치 과정을 거쳐 최종 완성되는 원리와 같다.

나. 관중폭력의 사회적 요인

스포츠에서 관중폭력은 단일한 원인으로 설명할 수 없는 복잡한 사회현상으로 이해할 수 있다. 관중폭력의 원인은 크게 스포츠경기 인식, 관중의 역동성과 상황, 경기의 전반적 맥락의 3가지로 구분할 수 있다.

1) 스포츠경기 자체에 대한 인식

관중의 폭력적 성향은 스포츠경기 그 자체로부터 발생한다. 스포츠경기를 관람하는 과정에서 선수들의 행동을 폭력적으로 인식하다면 경기 중이나 경기 후 폭력적인 행동에 가담할 가능성이 증가한다. 관중이 스포츠 참여 과정에서 느끼는 폭력에 대한 인식은 스포츠를 홍보하는 방식과도 밀접한 관련이 있다. 스포츠를 폭력적인 이미지로 과대 포장하여 선전한다면 관중은 경기 자체를 폭력적으로 인식하여 폭력적인 행동양상을 보이게 된다.

2) 관중의 역동성과 상황

스포츠경기 중 발생하는 다양한 상황들은 관중의 행동패턴에 영향을 미친다. 특히 자신이 선호하는 팀의 승리를 기원하는 등 유사한 목적을 지닌 집합으로서의 관중 행동은 주변 상황과 군중의 감정에 의해 영향을 받는다. 또한 열기가 높은 스포츠 현장에서 발생하는 관중폭력 같은 집단행동은 사회학자들이 말하는 감정적 전염(emotional contagion)을 통해 설명할 수 있다. 감정적 전염이란 사회적 규범에 의해 대중이 자발적으로 순응하게 만드는 상황을 말한다.

관중의 역동성과 상황은 다음과 같은 세부요소를 포함한다.

- 관중 규모 – 관중 규모는 인원의 많고 적음을 뜻하는 것으로, 스포츠 관중의 행동을 분석하기 위한 중요한 특성 중 하나이다. 많은 수의 관중 속에서는 비교적 개인의 익명성이 보장되어 폭력 같은 일탈적 행동이 발생하고 자신의 개인적 정체성을 상실하는 몰개성화되는 경향이 두드러진다.
- 관중 패턴 – 관중 패턴이란 관중이 좌석에서 일어나거나 앉아서 경기를 관람하는 것을 의미한다. 좌석에서 일어나 스포츠경기를 관람하는 경우 격렬한 감정에 즉각적으로 반응하는 것으로 나타났으며, 앉아 있는 관중은 상대적으로 수동적이고 규범을 준수하는 경향이 강한 것으로 나타났다.
- 관중 밀도 – 관중 밀도는 개인과 개인 간의 물리적 거리에 의한 공간의 크기를 의미한다. 관중이 밀집된 비좁은 공간은 불쾌한 감정이나 공격 욕구를 유발한다. 특히 경기장 안이나 밖으로 순식간에 이동하려는 관중이 밀도가 높아지는 순간 관중은 혼란이나 심각한 사고에 처할 위험성이 있다.
- 관중 소음 – 관중 소음은 스포츠경기를 응원하는 과정에서 응원가를 부르거나 고함을 지르는 등 목소리를 높여 외치는 행위로 인한 현상을 뜻한다. 관중은 응원 등의 행위를 통하여 스포츠경기에 몰입하게 되며, 구호를 외치는 등의 방법을 통하여 선수와 또는 관중 상호 간 의사소통을 한다.
- 관중 구성 – 관중 구성은 자신의 기준에 부합하는 타인과 집단을 이루어 스포츠경기를 관람하거나 기존에 소속된 집단이 없더라도 추구하는 가치가 일치하는 집단을 따라 행동하는 집합양상을 뜻한다. 스포츠 관중의 경우 대부분 여러 형태의 소집단으로 구성되어 있다.

3) 경기의 전반적 맥락

스포츠경기를 관람하는 관중의 폭력적 행동을 설명할 때에는 당시의 역사적·사회적·정치적·경제적 배경 등을 충분히 고려하여야 한다. 스포츠는 사회가 추구하는 이념과 분리하여 존재할 수 없다. 관중은 스포츠에 참여할 때 지역사회, 국가의 역사, 이슈, 쟁점, 문화 등을 함께 수용한다. 즉, 스포츠경기를 관람할 때 발생하는 수천 명의 관중의 각각의 행동은 경기장을 넘어 다양한 사회요인들에 근거를 두고 있다는 것이다.

사회에 만연한 긴장과 갈등은 스포츠경기를 통하여 발현될 수 있다. 예를 들어 한·일 축구경기 같은 국가 대항전 스포츠경기는 양 국가가 지닌 역사적 배경이 관중의 감정에 투영되며, 경기의 성사배경과 시간적 특성을 고려한 사회적 분위기가 경기장의 열기를 결정한다. 만약 한·일 관계가 정치적으로 민감하여 사이가 좋지 못할 때 양국 간에 축구경기가 열릴 경우, 축구경기에 정치적 분위기가 투영되어 평소보다 관중이 감정적이고 흥분할 가능성이 크다.

> **참고자료 및 읽을거리**
>
> **관중폭력과 훌리건**
>
> 축구는 인종이나 민족, 지역주의 결합되어 공격적인 성향이 높은 스포츠 중 하나이다. 축구경기의 특성이 빠른 공수전환과 과격한 신체접촉 행동은 선수뿐 아니라 관중석의 군중까지 흥분시킨다. 따라서 혹자는 예전의 집단적인 싸움이나 전투가 스포츠적인 형태를 띠면서 축구로 변환했다고 주장하기도 한다. 시간이 지나면서 축구 또한 폭력성에 대한 규제가 증가하면서 그 정도가 줄어들긴 하였지만 여전히 다른 종목에 비해 폭력이 발생하는 빈도가 높다고 할 수 있다.
>
> 축구장 폭력에서 가장 유명한 단어는 아마 훌리건(Hooligan)일 것이다. 훌리건은 축구경기와 관련한 관중의 폭력을 가리키며, 이로 인해 인명 피해 및 사회 갈등 유발 등 커다란 사회문제가 되기도 한다. 훌리건의 어원은 확실치 않지만, 영국의 깡패집단이나 그 집단의 리더 이름에서 비롯됐다는 것이 가장 설득력을 얻고 있다. 훌리건은 주로 축구를 통해 자신의 사회적 울분을 해소하던 소외집단에서 기인하였지만, 최근에는 그 대상이 사회 전체로 확대되고 있는 추세이다.
>
> 1960년대 TV 축구중계의 시작으로 축구에 대한 대중의 관심이 폭발적으로 증가하면서 훌리건 또한 사회적인 문제와 갈등을 축구장에서 해소하려는 움직임이 나타났으며, 이로 인해 폭력을 사용하는 일이 빈번해졌다. 이러한 훌리건은 그 행동양상이 점점 더 과격해져 마침내 1980년대 영국 축구의 최대의 참극으로 기록된 헤이셀과 셰필드의 비극을 만들어냈다. 당시 시대상황을 반영하여 빈부 격차 심화에 반발한 실업자와 빈민층이 축구장에서 폭력을 행사함으로써 단순한 경기장 폭력이 아닌 사회문제로 그 이슈가 확대되기도 하였다.

다. 관중폭력의 통제전략

관중의 폭력적 행동으로 인한 피해가 증가하고 스포츠의 질서를 유린하는 위험성이 증가함에 따라 관중폭력은 심각한 사회적 문제로 대두되기 시작하였다. 따라서 많은 스포츠 종목에서 이러한 폭력을 방지하기 위한 다양한 제도적 장치가 만들어져 실행되고 있다. 스포츠에서 관중의 폭력적 행동을 예방하기 위해서는 관중석 구조의 재배치, 공권력의 투입 같은 직접적인 통제 방법이 요구되며, 근본적으로 경기장 규칙 제도의 보완, 처벌 규정 마련 같은 종합적이고 지속적인 전략적 접근이 필요하다. 한태룡 외(2010)는 관중의 폭력 통제전략을 크게 물리적 환경 정리와 제도적 장치 보완으로 나누어 설명하고 있다.

먼저 물리적 환경 정리에는 관중석과 경기장의 분리, 선수석의 보호막 설치, 응원단의 분리 배치, 출입구 구분 배정, 관중석의 블록별 이동식 차단벽 설치, 계단에 접이식 간이 좌석 설치, 주류 반입금지 정책의 강화 등을 들 수 있다. 관중폭력이 빈번하게 발생하는 종목에 대해 관중석과 경기장을 분리하는 차단벽을 설치하여 선수석을 보호하는 등 관중 사이에 발생할 수 있는 충돌을 완화시킬 수 있는 실질적 노력을 기울여야 할 것이다.

한편 제도적 장치 보완으로는 음주자의 강제 퇴장, 경기장 청원경찰제도 도입 및 사법권 부여, 지정좌석제의 탄력적 운영, 경기 시작 전 관중 안전교육 실시, 가족석 설치 운영 및 할인제도 운영 등의 방법이 사용될 수 있다. 스포츠에서 관중폭력을 통제하는 가장 보편적인 방법은 경찰을 배치하는 것과 같이 공권력을 투입하는 것이다. 또한 주류 반입을 금지하고 적발 시 강제 퇴장 등 강력하게 처벌할 수 있는 정책을 강화하여 관중폭력을 통제하고 예방하기 위한 제도적 시스템을 구비해야 할 것이다.

표 8-2. 통제전략의 항목(한태룡 외, 2010)

통제전략의 항목	통제 세부 항목
물리적 환경 정리	관중석과 경기장의 분리, 선수석의 보호막 설치
	응원단의 분리 배치, 출입구 구분 배정
	관중석의 블록별 이동식 차단벽 설치
	계단에 접이식 간이 좌석 설치
	주류반입금지 정책 강화
제도적 장치 보완	음주자의 강제 퇴장
	경기장 청원경찰제도 도입 및 사법권 부여
	지정좌석제의 탄력적 운영
	경기 시작 전 관중 안전교육 실시
	가족석 설치 운영 및 할인제도 운영

IX부
미래 사회와 스포츠

　근대 스포츠의 태동 이후 스포츠는 형태뿐만 아니라 본질적인 특성에서도 많은 변화를 경험하였다. 앞으로도 스포츠 변화 추세는 지속될 것으로 보이며, 현재 스포츠가 가지고 있는 특성 및 요인 등을 통해 미래 스포츠의 모습과 변화를 추측해볼 수 있을 것이다. 미래 스포츠는 테크놀로지의 발전, 통신 및 전자 매체의 발전, 조직화 및 합리화, 상업화 및 소비 성향의 변화, 다양한 문화적 배경의 융합을 통해 그 모습이 변화해갈 것으로 예측된다.
　미래 스포츠는 지금보다 훨씬 더 진보한 과학기술에 의해 스포츠의 경험을 풍요롭게 할 것으로 전망된다. 또한 스포츠와 정보/지식 기반 기술의 융합을 통해 대중의 요구를 충족시켜줄 것이며, 탈근대문화의 영향으로 자연친화적 스포츠에 대한 참여가 활성화되고 스포츠 참여 계층이 다양화될 것으로 보인다.
　한편, 스포츠의 세계화 현상은 미래 스포츠에도 많은 영향을 미칠 것으로 보인다. 시·공간의 압축으로 표현할 수 있는 세계화 현상은 스포츠의 파급력 및 영향력을 확대시키는 역할을 하고 있으며, 제국주의, 민족주의, 종교, 테크놀로지의 발달이라는 세계화 현상의 주요 동인에 의해 가속화되고 있다.

1장 스포츠의 변화와 미래

 학습목표
- 미래 스포츠의 변화에 영향을 미치는 요인에 대해 이해한다.
- 미래 스포츠의 변화 양상을 살펴보고, 이를 통해 미래 스포츠의 모습을 전망할 수 있다.

1. 미래 스포츠의 변화 요인

　미래 스포츠의 변화에 영향을 미치는 요인은 몇 개로 특정할 수 없을 정도로 다양하다. 하지만 사회 구성물로서 스포츠는 주로 사회 환경 변화에 영향을 받기 때문에 사회 환경이 변화하는 양상을 살펴봄으로써 스포츠의 미래 방향성에 대해 예측해볼 수 있을 것이다. 스포츠는 테크놀로지의 발전, 통신 및 전자 매체의 발달, 조직화 및 합리화, 상업화 및 소비 성향의 변화, 인구 구성의 변화 등에 영향을 받고 있으며, 미래 스포츠는 이러한 변화에 의해 새로운 모습을 갖게 될 것으로 보인다.

가. 테크놀로지의 발전

1) 테크놀로지 발전과 스포츠

　테크놀로지는 문제를 해결하거나 경험의 폭을 확대시키기 위해 과학적 지식을 응용하여 현실에 적용시키는 것을 의미한다. 스포츠에서 테크놀로지는 스포츠 참여자들의 운동수행을 보조하거나 운동기술을 증진시켜주는 역할을 하며, 스포츠에서 보다 다양한 경험을 할 수 있게 해준다. 운동선수들은 테크놀로지가 접목된 스포츠 용품 및 기구, 설비, 경기장 등을 통해 더욱 효과적으로 운동에 참여하고 기술수준을 향상시킬 수 있으며, 일반 생활체육 참가자들도 스포츠 테크놀로지를 통해 운동 중 자신의 건강 상태를 실시간으로 체크하거나 운동 경험의 데이터화를 통해 운동수행의 질을 높일 수 있다.

2) 테크놀로지와 스포츠의 이슈와 쟁점

　스포츠 분야에서 테크놀로지와 관련된 주요 쟁점은 어떻게 이것을 통제하고 관리할 것인가이다. 현대 과학기술이 발전함에 따라 스포츠에 적용되는 테크놀로지의 발전은 앞으로도 지속되겠지만, 과도한 테크놀로지의 적용은 스포츠의 본질적 가치를 훼손할 수 있기 때문이다. 스포츠가 인

참고자료

스포츠와 과학기술의 융·복합(김헌일, 2013)

영역	내용
생체기술 (bio technology)	생체과학에 관한 것으로 생체역학적인 정보, 운동 재활, 질병 예방 및 운동치료 등에 활용 가능
정보기술 (information technology)	컴퓨터 및 센서, 유·무선 네트워크 등의 시스템에 스포츠가 융·복합한 것으로 스포츠인터넷게임, 소셜네트워크를 활용한 스포츠 산업분야에서 활용 가능
나노기술 (nano technology)	나노기술을 활용해 스포츠 용품 및 장비에 활용 가능한 신소재를 개발하는 것과 관련된 것
우주기술 (space technology)	항공우주과학 기술과 관련하여 항공스포츠나 첨단 우주 과학기술의 스포츠산업적 활용이 가능한 기술
문화기술 (culture technology)	엔터테인먼트와 융합한 스포테인먼트나 촬영 및 영상기법, 스포츠 공연예술 등과 관련한 것

간의 신체활동이라는 본질적 가치보다 테크놀로지에 더 많이 의존하면 그것은 더 이상 스포츠로서 존재하기 어려워진다. 그렇기 때문에 최근에는 '기술 도핑(technical doping)'이라는 개념을 통해 테크놀로지가 스포츠의 본질을 훼손시키는 현상을 경계하고 있으며, 스포츠에 적용되는 테크놀로지를 적절히 활용하고 관리할 필요가 있음을 강조하고 있다. 이러한 사례는 수영에서 발생한 전신수영복 논란에서 찾아볼 수 있다. 2000년대 초반에 등장한 전신수영복은 물의 저항을 최소화시키고 근육의 피로도 감소에 긍정적인 영향을 주는 최신 수영복이다. 특히, 2008년 유명 수영복회사에서 개발된 전신수영복은 수영기록을 획기적으로 단축시켜줄 수 있는 것으로 알려졌으며, 실제로도 해당 전신수영복을 입은 선수들은 2년 남짓의 짧은 기간에 총 70개 이상의 세계신기록을 양산하였다. 이로 인해 대부분의 수영선수들이 해당 수영복을 착용하고 시합에 출전하기를 원하였지만, 세계수영연맹(FINA)은 개인의 운동수행 능력보다는 과학기술에 의해 경기결과가 결정되는 것을 비판하면서 2009년 세계선수권대회부터는 해당 전신수영복의 착용을 금지시켰다.

나. 통신 및 전자 매체

1) 통신 및 전자 매체의 발전과 스포츠

현대 스포츠의 변화를 설명할 수 있는 키워드 중 하나는 통신 및 전자 매체로 대변되는 미디어의 발달이다. 텔레비전, 신문, 인터넷 같은 미디어는 대중에게 미래의 스포츠에 대해 예측할 수 있는 다양한 시청각적 정보를 제공해준다. 그렇기 때문에 미디어 제작자들은 미래 스포츠의 모습에 막강한 영향력을 미칠 것으로 보인다. 미디어 제작자들의 선택 혹은 의도에 따라 스포츠가 발전할 수도 있고 실패할 수도 있으며, 미디어를 통해 특정한 이데올로기를 전파할 수도 있다. 만약 텔레비전이 야구 한 종목만 중계한다면, 가까운 미래에 다른 종목들의 인기가 급격히 떨어지는 것을 볼 수 있을 것이다. 이와 비슷한 관점에서 다양한 미디어를 통해 스포츠를 더욱 자주 접하고 스포츠를 통한 경험의 폭이 더욱 확대되면 더욱 긍정적으로 스포츠를 바라볼 수 있게 될 것이다.

2) 통신 및 전자 매체의 발전에 따른 스포츠 경험의 변화

통신 및 전자 매체의 발전은 스포츠를 통한 대중의 경험도 변화시키고 있다. 인터넷 등의 정보통신기술이 발달하면서 언제 어디서나 인터넷 혹은 모바일을 통해 스포츠 관련 정보를 검색하거나 지식을 습득할 수 있게 되었다. 따라서 스포츠는 대중에게 더욱 친숙한 문화로 자리 잡게 되었으며, 앞으로는 통신 및 전자 매체 발달을 통해 대중이 경험하는 스포츠의 질이 더욱 높아질 수 있을 것으로 기대된다. 이와 관련된 예로는 최근 많은 사람들이 등산이나 자전거 활동 시 스마트폰의 GPS 기능을 활용하여 길을 찾거나, 자신의 운동과 관련된 정보를 기록하는 등의 모습을 들 수 있다.

그림 9-1. 스마트폰의 GPS 기능을 통한 등산 경로 탐색

다. 조직화 및 합리화

탈산업사회에서 현대 스포츠는 점차 조직화되고 합리화되는 경향을 보이고 있다. 모든 스포츠는 즐거움의 요소를 포함하고 있지만 스포츠가 조직화되고 합리적으로 변하면서 관객, 기획자, 코치들은 스포츠가 가지고 있는 즐거움 요소를 크게 고려하지 않는 모습을 보인다. 스포츠 조직이 바라는 것은 참여자나 선수들이 즐거움을 느끼는 경기가 아니라 극적인 재미요소가 많은 경기이다.

미래의 스포츠에서는 기술이나 경기력을 합리적으로 평가하기 위해 육체활동을 조직화하는 경향이 심화될 것이다. 이러한 경향이 심화되면 자신의 즐거움보다는 다른 사람들이 정해놓은 합리적 평가 기준을 넘기 위해 노력할 것이며, 선수 자신의 새로운 경험과 스스로의 한계 극복을 위한 노력은 이루어지기 힘들 것이다.

라. 상업화 및 소비 성향의 변화

1) 상업화와 스포츠

자본주의 경제체제에서 대중은 상업주의 문화에 길들여져 있으며, 자신들을 시민이라기보다 소비자로 인식하고 있다. 이러한 사회적 분위기에서 스포츠에도 상업주의가 많은 영향을 미치면서 시민은 스포츠 내적인 요인보다 금전적 관계, 상품 등과 같은 스포츠 외적인 측면에 더 많은 관심을 가지게 되었다. 스포츠 참여가 상품의 구매와 직접적으로 연결되는 경우가 많아졌다. 운동을 하기 위해 참여자들은 운동화, 운동복 등을 구매해야 하며, 운동시설을 사용하기 위해서도 일정한 비용을 지불해야 하는 경우가 대부분이다. 스포츠가 과도한 상업주의와 소비주의로 물든다면 경제적 자원의 소유에 따른 심각한 계층 현상이 발생할 것이며, 스포츠 참여의 목적도 즐거움이 아니라 참여 장소나 장비 및 의류 등을 통한 보여주기가 될 것이다.

2) 스포츠와 소비주의 현상

스포츠에서 나타나는 소비주의 현상은 등산 참여자들의 장비, 옷 등을 보면 쉽게 이해할 수 있다. 등산 참여자들은 자신들이 입거나 가지고 다니는 등산 용품을 통해 자신을 차별화시키고자 하며, 차별화의 한 방법으로 등산용품을 구매하기 위해 과도하게 많은 비용을 투자한다. 미디어와 상업스포츠 조직은 등산 참여자들이 가지고 있는 소비주의적 성격을 통해 더 많은 수익을 창출하고자 하며 소비를 부추기는 경향이 있다.

마. 다양한 문화적 배경의 융합

스포츠는 남녀노소나 인종 구분 없이 모두 참여가 가능하지만, 각 인종·국가·계층이 가지고 있는 문화적 배경에 따라 참여하는 경기의 모습은 다르게 나타난다. 그렇기 때문에 한 국가 혹은

그림 9-2. 고가의 등산장비

지역에 다양한 인종이 공존하게 될 때는 기존의 종목이 전혀 다른 모습의 스포츠로 변형되기도 한다. 예를 들어, 캐나다인들은 북미 원주민들의 성스럽고 전통적인 게임인 하키를 자신들의 스타일로 변형시켜 캐나다 하키를 만들었다. 미국인들도 영국에서 유행하던 럭비를 자신들만의 미식축구로 재탄생시켰다.

미래에는 세계화의 경향이 가속화됨에 따라 다양한 인종과 문화가 공존하는 사회가 형성될 것이다. 그리고 서로 다른 문화적 배경을 가지고 있는 스포츠를 각 사회의 문화 속에 적절히 융합시켜 기존의 스포츠 모습을 변형시키거나 전혀 다른 새로운 모습의 스포츠를 탄생시킬 것이다.

2. 미래 스포츠의 변화와 전망

미래 스포츠의 모습은 스포츠가 가지고 있는 상징적·구조적·물질적 특성으로 구분하여 전망해볼 수 있다. 우선, 미래 스포츠의 모습은 스포츠가 가지고 있는 관념, 상징, 가치, 규칙, 규율 등의 규범적 특성 같은 상징적 측면에서 변화된 모습을 보일 것이다. 그리고 구조적 차원에서 스포츠는 제도, 조직, 관계 등과 같은 사회 구성체 간의 상호관계 변화를 경험할 것이며, 가장 두드러진 특징으로 스포츠의 세계화 현상이 더욱 가속화될 것으로 보인다. 마지막으로 물질적 측면은 물질적·경제적·과학기술적 영역을 의미하며, 후기 산업사회로의 변화과정 속에서 스포츠의 영역은 더욱 확장될 것이다.

가. 후기 산업사회와 스포츠

후기 산업사회의 스포츠의 모습은 과학기술, 정보사회, 서비스사회, 지식사회 등의 키워드로 설명할 수 있을 것이다. 후기 산업사회는 정보에 바탕을 둔 지식기술이 기계기술과 함께 발달하는 사회를 의미하며, 이 시기의 스포츠 모습은 과학기술과 정보통신기술이 발달하고 이를 통해 스포츠의 영역이 확장될 것이라는 전망이 일반적이다.

1) 기술 스포츠: 과학기술의 발전과 스포츠의 변화

지금까지 스포츠의 발전과정을 살펴보면 과학기술과 스포츠의 결합은 결코 새로운 일이 아니지만, 미래의 스포츠는 이와 같은 경향이 더욱 두드러지게 나타나게 될 것이다. 과학기술은 운동수행이 더욱 정밀하게 이루어질 수 있도록 하며, 대중이 스포츠를 통해 경험할 수 있는 재미를 극대화시킬 것으로 예상된다. 또한 과학기술과의 결합을 통해 생활 속에서 스포츠를 더욱 풍요롭게 할 것이다.

운동선수들은 스포츠과학의 현장 적용을 통해 더욱 효과적인 운동수행을 위한 기회를 제공받을

그림 9-3. 골프 가상현실 스포츠 게임

수 있으며, 생활스포츠에 접목되는 과학기술을 통해 스포츠가 가지고 있는 다양한 가치를 더욱 확대시킬 수 있다. 최근에 많은 사람들이 참여하고 있는 가상현실 스포츠 게임은 스포츠에 대한 관심을 증폭시키는 역할을 하고 있으며, 새로운 스포츠 분야의 한 영역으로 각광받고 있다. 미래에는 가상현실을 통한 스포츠 참여가 더욱 활성화될 것이며, 기술 발전을 통해 더욱 정밀화될 것으로 기대된다.

과학기술의 발전을 통해 변화하는 미래 스포츠의 모습은 다음과 같은 3가지 특징으로 정리된다.

첫째, 기술 발전을 통해 다양한 스포츠 종목들이 개발될 것이다.

둘째, 스포츠와 과학기술의 융합을 통해 진보된 스포츠 용·기구들이 개발될 것이다.

셋째, 정보통신기술의 발달은 관중의 흥미를 유발할 수 있는 다양한 기술들을 탄생시켜 관중이 경험하는 관람의 질을 향상시켜줄 것이다.

2) 정보화 시대와 스포츠: 스포츠 정보에 대한 요구 증가와 스포츠과학의 발전

후기 산업사회는 정보가 중요시되는 사회로, 이에 대한 요구가 급증할 것으로 보인다. 같은 맥락에서 스포츠 분야도 정보기반의 사회적 환경과 맞물려 정보 서비스에 대한 요구가 더욱 증가할 것으로 전망된다. 정보화 시대와 스포츠에 대한 특징적인 변화는 다음의 4가지로 구분하여 제시할 수 있다.

첫째, 교육을 통해 스포츠 지식을 습득하고자 하는 대중의 교육 프로그램 참여 수요가 증가할 것이다.

둘째, 스포츠 정보에 대한 요구가 증가할 것이며, 미디어는 이를 충족시키기 위해 보다 양질의 스포츠 정보를 제공하기 위해 노력할 것이다. 또한 스포츠 정보에 대한 대중의 다양한 요구를 충족시켜주기 위해 정보 제공자와 수용자 간의 지속적인 의사소통이 이루어질 수 있는 시스템이 구축될 것이다.

셋째, 경쟁스포츠에서 스포츠과학의 중요성은 더욱 강조될 것이다. 스포츠와 과학의 융합을 통해 선수들은 더 나은 경기력을 갖게 될 것이며, 효과적인 훈련 환경에서 운동에 참여할 수 있게 될 것으로 전망된다.

넷째, 컴퓨터 시스템의 활용을 통해 스포츠 정보 및 지식을 보다 정교하게 다룰 수 있을 것이며, 이를 통한 다양한 전략 및 경기기술이 개발될 것이다.

나. 탈근대문화와 스포츠

현대의 문화에서 벗어나고자 하는 탈근대성이 존재하게 될 미래의 스포츠는 지금까지의 스포츠보다 더욱 자연친화적인 성격을 갖게 될 것이며, 참여자의 요구를 충족시킬 수 있는 다양한 스포츠 종목들이 생겨날 것이다.

1) 자연스포츠: 자연친화적 스포츠에 대한 관심 증가

현대문화의 특성 중 하나는 자연을 지배의 대상으로 바라보는 관점이 팽배해 있다는 점이다. 하지만 탈근대문화는 자연을 지배 대상으로 보지 않으며 공존해야 할 대상으로 인식한다. 이와 같은 맥락에서 스포츠 영역에서도 자연과의 공존을 통한 지속 가능성이 주된 화두로 떠오를 것이다.

Eitzen과 Sage는 "자연스포츠의 목적은 참가하고, 즐기고, 인간으로서의 존재를 느끼는 데 있다. 대부분의 미래학자들은 자연스포츠가 앞으로 계속 성장해갈 것으로 전망하고 있다."고 설명하면서 미래의 스포츠에서 자연스포츠에 대한 관심이 증가할 것이라는 점을 강조하였다. 미래의 스포츠에서는 자연과 인간의 상호관계 속에서 자연친화적인 스포츠 참여가 더욱 가속화될 것이며, 환경오염과 탄소 배출이 최소화된 에코 레저스포츠가 등장할 것으로 전망된다. 예를 들어 카누, 하이킹, 오리엔티어링, 산악자전거, 등반, 스킨스쿠버다이빙 등과 같은 자연친화적 스포츠 활동이 인기를 얻을 것이다.

또한 지금까지 지속되어왔던 전통적인 스포츠에 대한 대안으로서 동양 스포츠에 대한 관심이 증가할 것으로 보인다. 특히, 자연과의 친화와 융화를 강조하고 있는 동양 무도에 대한 관심이 증가할 것이며 동양에서뿐만 아니라 서양에서도 태권도, 유도, 검도, 가라테 및 우슈 같은 동양 무도에 참가를 원하는 수요가 증가할 것이다.

2) 스포츠 참여 계층의 다양화: 여성과 노인 계층의 스포츠 참여 확대

미래사회에서는 유사성과 동질성보다는 이질성과 다양성이 존중될 것이다. 따라서 다양한 사회 집단의 스포츠가 증가할 것으로 보이며, 특히 성과 연령에 따라 구분되어 있는 두 집단의 스포츠 참여에 대한 관심이 증가할 것으로 전망된다.

첫째, 여성들의 스포츠 참여가 급증할 것이다. 그동안 남성의 고유 영역으로 간주되어왔던 스포츠 영역에서 여성들이 차지하는 비중이 확연히 증가할 것으로 보인다. 스포츠에서 여성들의 지위 향상은 21세기에 진입하면서 지속되어왔지만, 향후 미래에는 이와 같은 경향이 더욱 확대되고 가속화될 것이다. 특히, 여성들의 스포츠 참여가 소극적으로 이루어지고 있는 일부 지역의 경우, 여성들의 권리 신장과 사회 참여 기회 증대와 맞물려 스포츠 분야에서 여성들의 지위가 상승할 것이다. 그리고 이로 인해 다소 남성 중심적이었던 스포츠 프로그램 및 시스템은 점차 사라질 것으로 전망된다.

둘째, 노년기 스포츠 참여에 대한 중요성이 강조될 것이며, 노년층의 스포츠 참여가 증가할 것이다. 스포츠는 전통적으로 젊은 사람들의 전유물이라는 인식이 강했으나, 앞으로의 사회가 초고령화 사회가 될 것으로 전망됨에 따라 노년층 스포츠 활동의 중요성이 강조되고 있다. 평균수명이 지속적으로 늘어나고, 은퇴시기가 앞당겨지면서 보다 건강한 노년생활을 향유하기 위한 여가생활 중 하나로 스포츠의 인기는 더욱 높아질 것이며, 이와 관련된 스포츠산업의 규모도 더욱 커질 것으로 보인다.

다. 세계화와 스포츠

세계화란 일반적으로 국제관계의 증진을 통한 상호 관련성이 증진되는 현상을 의미한다. 스포츠 영역에서도 세계화 추세는 계속되고 있으며, 미래의 스포츠는 이러한 현상의 가속화로 인해 스포츠를 매개로 하는 전 지구화(globalization) 현상의 영향을 받을 것이다. 물론 정보통신기술의 발달로 지금까지도 많은 부분에서 세계화가 진행되어왔다고 할 수 있지만, 앞으로도 세계화 현상은 지속될 것으로 보인다. 따라서 미래의 스포츠는 전 지구적 확산에 의해 하나의 스포츠문화권을 형성하게 될 것이며, 세계화 경향 속에서 각 문화의 다양성이 공존하는 형태를 보이게 될 것이다.

1) 스포츠의 전 지구적 확산

스포츠는 세계화 현상을 통해 다른 지역으로 확산되고 있다. 대표적인 미국 프로스포츠라고 할 수 있는 미식축구(NHL), 프로농구(NBA), 프로야구(MLB) 등을 대부분의 지역 및 국가에서 시청할 수 있으며, 유럽에서 가장 큰 인기가 있는 축구의 경우에는 세계화 현상에 힘입어 현재 미국에서 관련 시장규모를 확대해나가고 있다. 또한 태권도, 가라테, 우슈 등과 같은 동양의 스포츠는 서구 국가들에 전파되어 세계적인 스포츠 종목 중 하나로 인정받고 있다.

또한 스포츠 메가 이벤트는 스포츠의 전 지구적 확산에 크게 기여한다. 미디어가 발전함에 따라 많은 사람들이 스포츠 메가 이벤트를 시청하게 되고, 이에 따라 스포츠 메가 이벤트에 등장하는 다양한 스포츠 종목들에 대한 관심이 늘어나고 있다.

한편, '미국화(Americanization)'는 미국 중심 스포츠의 전 지구적 확산을 설명할 수 있는 개념이다. 상대적으로 경제적 자본의 우위를 점하고 있는 미국 스포츠는 전 세계에 전파되고 있으며, 이를 통해 지구촌의 스포츠문화를 동질화시키는 미국화가 전개되고 있다. 미국화를 통한 스포츠의 전 세계적 확산은 스포츠를 많은 국가에 전파시켰다는 긍정적인 측면을 가지고 있지만, 한편으로 이로 인해 야기된 문화식민지 현상은 비판적으로 바라볼 필요가 있다.

2) 문화의 다양성 공존과 세계화

세계화가 지속되면서 스포츠문화는 전 세계적으로 동질화·표준화되는 경향을 보이고 있다. 그리고 이와 함께 각 문화의 정체성을 표출하여 하나의 독립된 문화로 인정받으려는 문화민족주의가 등장하고 있다. 스포츠에서 문화민족주의는 세계화의 영향으로 국가 정체성의 개념이 약화되면서 이에 대한 반대급부로 발생하게 되며, 미래의 스포츠에서도 이러한 모습이 지속적으로 나타날 것으로 예측된다. 예를 들어, 국가 대항 스포츠경기에서 자국을 열정적으로 응원하는 모습에서 스포츠에서 나타나는 문화민족주의적 성격을 엿볼 수 있다. 국가 대항 스포츠경기 관람은 단순한 스포츠경기 관람을 넘어서 자신들의 국가 정체성을 확인할 수 있는 기회가 되는 것이다. 이때 스포츠경기는 문화민족주의의 발현을 가능하게 하는 장(場)으로서의 역할을 수행한다. 결론적으로 스포츠에서 발생하는 세계화 현상은 문화를 동질화시키는 역할을 수행함과 동시에 지역 및 국가적 차원의 개별성·다양성·정체성을 형성하고 재확인하는 복잡한 과정이라고 할 수 있다.

2장 스포츠와 세계화

> **학습목표**
> - 세계화의 개념을 이해한다
> - 스포츠에서 나타나는 세계화 현상을 설명할 수 있다.
> - 스포츠 세계화 현상이 가지는 의미를 이해한다.
> - 스포츠 세계화의 주요 동인과 결과를 설명할 수 있다.

1. 스포츠 세계화의 의미

가. 세계화의 이해

1) 세계화의 정의

세계화는 인류가 탄생하면서부터 오랜 기간 동안에 걸쳐 나타나고 있는 현상이지만, 본격적으로 세계화 현상이 가속화된 것은 1989년 소련 및 동구 사회주의권이 몰락하면서부터이다. 소련 및 동구 사회주의권의 몰락은 국가 간의 이데올로기적 대립을 완화시키는 결정적인 사건이었으며, 이후의 급증한 국가 간 교류를 통해 세계화가 급속히 확산되었다.

기든스(Giddens)는 세계화를 '지구적 차원의 사회적 관계의 강화'로 설명하였다. 그리고 세계화를 통해 다양한 측면에서 전 세계는 '단일사회'를 형성하게 되었으며, 우리가 살아가는 공간에서 멀리 떨어져 일어나는 활동과 사건들이 우리의 삶에 더 많은 영향을 미치게 되었다고 주장하고 있다.

한편, 개념 사용에 있어 국제화(internationalization)는 세계화(globalization)와 유사한 용례

표 9-1. 국제화 vs. 세계화(이종영 외, 2012)

국제화(internationalization)	세계화(globalization)
• 국가 사이의 정치, 경제, 사회, 문화적 접촉 및 교류가 양적으로 증대되는 현상 • 국가 주권을 바탕으로 국가 간의 관계 심화 • 예시: 1946~1955년까지 영국 프로축구리그에서 대부분 비슷한 문화권 출신의 선수들의 이주로 이루어진 단순히 국적이 다양해진 현상	• 국가 간의 경계가 허물어지는 현상으로, 인간사회 조직의 시간적·공간적 범위가 근본적으로 변화하는 현상 • 주권국가 차원을 넘어서 전 세계가 하나의 단일 공동체로 전환되는 과정 • 예시: 현재 영국 축구리그에서 남미, 아프리카, 아시아 등 다양한 문화를 가진 선수들이 뛰고 있는 현상

를 가지고 있지만, 각 개념이 가지고 있는 의미는 약간의 차이를 보이고 있다. 요컨대 국제화는 국가 간 교류의 양적 증대 현상을 나타낸 개념인 반면, 세계화는 국가 간의 경계가 허물어져 국가 간에 존재하는 시·공간의 개념이 근본적으로 변화하는 현상이다.

2) 세계화의 특징

세계화가 진행되면서 나타나는 특징들을 살펴봄으로써 세계화에 대해 보다 명확하게 이해할 수 있다. 세계화는 다음과 같은 4가지 특징을 가지고 있다.

첫째, 세계화의 진행은 시·공간적인 제약을 약화시킨다. 이는 우리가 마트에 가서 칠레산 와인을 구매하고, 네덜란드에서 만들어진 치즈 등을 접할 수 있으며, 또한 TV를 통해 전 세계의 소식을 실시간으로 볼 수 있는 것처럼 시·공간을 넘어서 다양한 국제적 교류가 증진되고 있다는 것을 의미한다.

둘째, 세계화는 전통적인 영토의 개념을 약화시킨다. 이는 다른 국가들과의 교류 증가로 인해 기존의 전통적 영토의 개념이 탈영토화되어 나타난다는 것을 의미한다.

세 번째는 세계화의 과정에서 나타나는 UN, WTO, FIFA 등과 같은 범세계적 비정부조직이 국가의 경계를 넘어서 전 세계 사회의 다양한 부분에 영향을 주고 있다.

마지막으로 사람들이 세계화를 바라보는 의식적인 측면의 변화이다. 이는 세계화가 가속화됨에 따라 그동안 경험했던 지리적 제약에서 어느 정도 벗어날 수 있다는 것을 의미한다.

나. 스포츠 세계화 현상의 특징

우리는 월드컵을 일컬어 '전 세계인들의 축제'라고 부른다. 이는 스포츠가 전개되고 있는 세계화 현상에서 중요한 역할을 하고 있다는 것을 말해준다. 이러한 관점에서 스포츠의 세계화 현상이 가지고 있는 3가지 특징을 다음과 같이 제시할 수 있다.

1) 국가 경계의 약화

과거에는 자국의 스포츠 팀을 응원하는 것이 일반적이었지만, 미디어 기술의 발달로 인하여 다른 국가의 특정 팀 경기를 시청하며 응원하는 형태가 나타나게 되었으며 이를 통해 국제 스포츠에서 국가의 경계가 점차 무의미해지고 있다는 사실을 알 수 있다. 예를 들어, 영국 프리미어리그(EPL)의 맨체스터 유나이티드 팀(Manchester United)의 경우 영국뿐만 아니라 다른 유럽 국가를 비롯한 중국 및 동남아시아 국가에서도 광범위한 인기를 얻고 있다. 우리나라에서도 박지성 선수가 맨체스터 유나이티드에서 활약하던 당시에는 국민 팀이라고 불릴 정도로 대단한 인기를 얻은 사례가 있다.

2) 시간과 공간의 압축

세계화 현상의 주요 특징 중 하나인 '시간과 공간의 압축'은 스포츠에서도 적용되고 있다. 이는 TV, 인터넷 등과 같은 정보통신 매체의 기술 발달이 스포츠 영역에 직접적인 영향을 미치면서 나타난 현상이라고 할 수 있으며, 이를 통해 스포츠 분야에서 시간과 공간에 대한 의미가 새롭게 부여되고 있다. 스포츠 현상이 발생하는 공간적 거리의 의미가 상대적으로 약화된다는 것은 스포츠 현상이 발생하는 실제 장소가 어디인지보다 그 장소가 가지고 있는 상대적 위치, 즉 스포츠 현상이 수용자들에게 도달할 수 있는 가능성을 가진 장소인지가 더 중요해졌다는 것을 의미한다. 예를 들어, 아무리 가까운 곳에서 경기가 열리고 있어도 그 경기를 관람하거나 시청할 수 없다면 해당 스포츠가 가지고 있는 의미는 약화될 것이다. 반대로 아무리 멀리서 경기가 열리고 있더라도 중계를 통해 그 경기를 관람할 수 있다면 해당 경기는 수용자에게 있어 더 큰 의미를 가질 수 있을 것이다.

3) 스포츠의 불평등

스포츠의 세계화가 진행됨에 따라 국가 간의 관계는 위계적으로 나타난다. 탈냉전시대의 도래로 세계화 현상에서 나타나는 국가 간의 위계적 질서는 약화되었다고 평가하는 의견도 존재하지만, 스포츠 분야의 세계화 현상에 있어서는 주로 서구문화 중심의 스포츠가 다른 국가들에 전파되고 있다는 점에서 아직도 국가 간의 불균형적인 관계가 지속되고 있다고 할 수 있다.

2. 스포츠 세계화의 원인과 결과

가. 스포츠 세계화의 원인

스포츠에서 세계화 현상은 매우 복잡하고 다양하게 나타나기 때문에 어느 한 원인에 의해 전개되었다고 말하기는 힘들다. 하지만 일반적으로 제국주의, 민족주의, 종교, 테크놀로지의 발달 등 복합적인 현상에 의해 세계화 현상이 시작되고 지속되고 있다는 점은 많은 연구자들의 공통된 주장이다. 이러한 각각의 요인들이 스포츠 세계화에 미치는 영향을 살펴봄으로써 스포츠에서 일어나고 있는 세계화 현상에 대해 이해할 수 있다.

1) 제국주의

대부분의 스포츠는 서구사회로부터 다른 지역 및 국가로 전파되었다. 근대 이후 식민지를 건설하려는 서구 열강들이 식민지 대상 국가의 국민을 동화시키기 위한 목적으로 스포츠를 사용하였으며, 이는 근대 스포츠가 특정 지역과 국가를 넘어서 다른 국가로 전파된 중요한 계기가 되었다. 부와 권력을 가지고 있는 국가들이 상대적으로 개발이 이루어지지 않은 저개발 국가에 문화를 전파

> **참고자료**
>
> **커먼 웰스 게임**
>
> 커먼 웰스 게임(common wealth game)은 영연방국가들이 참가하는 스포츠 메가 이벤트로, 2014년 스코틀랜드 글래스고(Glasgow)에서 20회 경기가 개최되었다. 2014년에 열린 이 대회에는 71개국의 4,950명이 참가하였으며 18종목에 걸쳐 경기가 진행되었다. 커먼 웰스 게임은 올림픽이 열리지 않는 기간 사이에 4년을 주기로 개최되며, 영국연방국가들의 화합과 발전을 도모하는 것을 목적으로 한다(2014 글래스고 커먼 웰스 게임 홈페이지).
>
> | 정식 종목
(18종목) | 육상, 배드민턴, 복싱, 사이클, 다이빙, 체조, 하키, 유도, 론볼, 넷볼, 럭비(7인제), 사격, 스쿼시, 수영, 탁구, 철인3종, 역도, 레슬링 |
> |---|---|

하는 현상을 '제국주의'라고 하며, 이와 같은 현상은 19세기 후반과 20세기 초 서구 열강들이 식민지 확보에 경쟁적으로 참여하면서 두드러지게 나타났다.

스포츠에 나타나는 제국주의 현상은 영국연방국가(common wealth nation)들이 주로 참여하는 스포츠 종목을 통해 설명할 수 있다. 영국연방국가는 영국의 식민지배를 받았던 국가들을 지칭하는데, 대부분의 영연방국가에서 인기 있는 스포츠 종목은 영국에서 유행하던 스포츠 종목과 유사하게 나타난다. 영국연방국가들의 메가 스포츠 이벤트인 커먼 웰스 게임(common wealth game)을 살펴보면, 다른 지역 및 국가에서는 상대적으로 인기가 없는 럭비, 넷볼 등의 스포츠 종목이 정식 종목으로 채택되어 많은 인기를 누리고 있다는 것을 알 수 있다. 이는 영국이 20세기 초 식민지배를 통해 전파한 스포츠 종목으로 영국의 식민지배를 받았던 국가에서는 가장 인기 있는 스포츠 중 하나이다.

2) 민족주의

민족주의는 스포츠의 세계화 현상을 가속화시켰다. 스포츠는 공식적으로 국가 간의 경쟁이 허용된 영역으로 이를 통해 국가의 정체성을 확립하는 한편, 국가주의적 공동체를 대외적으로 알릴 수 있는 기회로 활용할 수 있다. 대부분의 스포츠 메가 이벤트를 비롯한 많은 국제경기들은 국가별 대항전으로 이루어지며, 명확하게 아군과 적군을 구별할 수 있게 한다. 그렇기 때문에 대중은 스포츠경기를 통해 하나의 국가라는 공동체의식을 강화할 수 있는 기회를 얻게 되는 측면이 있다. 세계화 현상의 하나로 대형화된 스포츠경기는 국가주의적 공동체를 결속시킴과 동시에 그들의 정체성을 더욱 공고하게 해주는 역할을 한다.

스포츠에서 민족주의의 발현은 20세기 초 제국주의시대에 더욱 두드러지게 나타났다. 이 시기의 스포츠경기는 식민통치를 하고 있는 집단과 식민지배를 받고 있는 집단이 공식적으로 경쟁할 수 있는 기회였으며, 피지배집단은 스포츠경기로 자신들의 정체성을 강화하고, 이를 통해 민족적 자존감을 회복하고자 노력하였다. 우리나라에서도 이와 같은 사례를 볼 수 있는데, 일제강점기에 열렸던 한·일 교류경기, 마라톤경기 등에서 우수한 성적을 거둔 우리나라 선수들은 일본 제국주의에 맞서 싸운 영웅으로 대중에게 인식되었다. 특히, 베를린올림픽 마라톤에서 우승을 차지했음에도 불구하고 시상대에서 고개를 들지 못했던 손기정 선수의 사례는 민족적 자긍심이 스포츠에 나타난 사례라고 할 수 있다. 또한 그 당시 동아일보가 손기정 선수 사진에서 일장기를 삭제한 사건은 스포츠 영웅이 가지고 있는 민족주의적 상징성을 보여준 것이라고 할 수 있다.

그림 9-4. 손기정 선수의 올림픽 마라톤 우승과 일장기 삭제[출처: 동아일보(2011.12.16.)]

3) 종교

종교도 스포츠 확산에 기여한 측면이 있다. 19세기 기독교는 아프리카와 아시아 등의 국가에서 선교를 위해 스포츠를 적극적으로 활용하였다. 선교를 하기 위해서는 우선적으로 새로운 종교에 대한 이질감을 완화시켜주는 것이 필요했는데, 스포츠는 종교에 대한 거부감을 해소시켜줄 수 있는 효과적인 도구로 활용되었다. 우리나라의 경우에도 조선 후기인 20세기 초반 외국 문물이 유입되기 시작하면서 미국을 중심으로 스포츠를 통한 선교활동이 이루어졌다. 우리나라가 외국으로부터 받아들인 대부분의 근대 스포츠는 이 시기를 통해 유입되기 시작하였으며, 그중 기독교 단체인 YMCA는 선교활동의 일환으로 스포츠 팀을 창설하고 경기대회를 지원하는 등의 노력을 기울였다.

4) 테크놀로지의 발달

스포츠의 세계화에 결정적인 첨병 역할을 한 것은 바로 테크놀로지의 발달이다. 테크놀로지의 발달은 미디어, 교통, 통신 등을 통해 스포츠를 세계화시켰으며, 국제적으로 스포츠가 가지고 있는 영향력을 향상시킨 측면이 있다.

교통이 발달하면서 지역 간 혹은 국가 간의 스포츠경기대회 개최가 가능해졌으며, 나아가서는 많은 국가들이 참가하는 스포츠 메가 이벤트가 개최될 수 있었다. 또한 정보통신기술로 대변되는 미디어기술의 발달은 전 세계 어디서든 스포츠경기를 관람할 수 있게 해주었으며, 스포츠의 확산과 인기 상승의 원동력이 되었다. 만약 발전된 테크놀로지가 스포츠와 결합되지 않았다면 스포츠의 세계화는 더디게 진행되어 현재 우리 사회에서 스포츠가 가지고 있는 것과 같은 파급력과 지위를 갖지 못했을 것이다.

나. 스포츠 세계화의 결과
1) 신자유주의의 확대

자본주의사회는 18세기 후기 산업혁명이 시작된 이래 현재까지 다양한 형태의 변화를 겪어왔다. 애덤 스미스에 의해 주장된 초기 자본주의는 '보이지 않는 손'을 강조하며 정부가 시장에 개입하지 않는 자유방임주의를 주장하였다. 이후 1929년 세계 대공황 이후 정부의 개입을 통해 시장을 조정하는 수정자본주의가 등장하였고, 수정자본주의는 대공황으로 명명되는 전 세계적 경제위기를 극복하는 데 큰 기여를 하였다. 그러나 이후 수정자본주의가 지속되면서 나타난 정부의 과도한 규제는 실업자의 증가와 인플레이션의 가속화 등 경제적 효율성에 대한 문제를 야기하였다. 이를 비판하며 '경제적 규제 완화', '자유시장', '민영화' 등을 내세우며 등장한 정치적 이념을 '신자유주의'라고 하며, 이러한 주장은 미국의 레이건 정부와 영국의 대처 정부가 집권하면서 본격적인 주목을 받기 시작하였다.

스포츠의 경우 신자유주의는 스포츠의 상업화와 밀접한 관계를 맺고 있다. 오늘날의 스포츠는 우수한 스포츠를 영입하기 위한 노력이 증가하고 있는데, 신자유주의적 세계화는 전 세계의 우수한 선수들을 영입하는 데 더욱더 많은 돈을 지불하며 시장의 확대를 가져왔다. 그 결과 세계의 우수한 선수들은 NBA, NHL, MLB, 영국의 프리미어리그 등 주요 몇몇 리그로 영입되면서 큰 인기를 끌고 있다.

하지만 신자유주의적 세계화는 스포츠시장의 빈익빈 부익부라는 양극화 문제를 심화시키고 있다. 우수한 선수들이 집중된 팀 또는 리그의 경우 관중 수를 비롯하여 중계권료, 스폰서십 등으로 엄청한 수익을 얻는 반면 이러한 경쟁에서 뒤처진 팀 또는 리그의 경우 경제적인 문제를 겪으며 선수 영입과 리그 운영의 악순환이 계속되면서 관중의 외면을 받고 있는 문제가 발생하고 있다.

2) 스포츠 노동이주

오늘날 세계화 속에서 국제사회는 각종 사회, 문화, 경제 등의 교류를 활발히 진행하고 있으며, 이에 따라 자본과 노동의 이동이 다양한 형태로 나타나고 있다. 이와 같은 맥락에서 스포츠 분야에서도 노동이주 현상을 발견할 수 있다. 일반적으로 노동력은 수요와 공급의 메커니즘에 따라 발생하는데, 프로스포츠의 경우 다른 국가로부터 우수한 선수를 영입할 때 노동이주가 발생한다. 예를 들어 축구, 농구, 야구 등의 스포츠는 다양한 국적과 배경을 가진 선수들의 영입이라는 형태로 노동이주가 진행되고 있으며, 이와 같은 경향에 힘입어 거의 모든 프로스포츠에서 국제적 노동이주의 사례는 증가하고 있다.

프로스포츠에서 나타나는 노동이주는 3가지 특징으로 설명할 수 있다. 첫째, 스포츠시장의 규모가 확대됨에 따라 노동이동은 전 세계적으로 이루어지고 있다. 두 번째로는 국제적인 노동이주를 하는 선수들은 상대적으로 많은 경제적 보상을 확보할 수 있는 미국이나 유럽으로 이동하는 경향성을 보인다. 셋째, 비교적 최근 들어 나타난 현상으로, 선진국으로 이동하는 전통적인 스포츠 노동이주의 형태와는 반대로 선진국가에서 후발 발전국가로 의도적으로 이동하고 있는 사례가 증가하고 있다는 점이다.

이러한 스포츠 노동이주의 유형은 〈표 9-2〉와 같이 목적에 따라 개척자(pioneers), 용병(mercenaries), 유목민(nomads), 정착민(settlers), 귀향민(returnees)의 5가지로 구분할 수 있다.

표 9-2. 스포츠 노동이주의 유형(Magee & Sugden, 2002)

종류	특징
개척자(pioneers)	- 금전적인 보상이 최고의 가치가 아님 - 이주 국가와 친밀한 관계 형성
용병(mercenaries)	- 경제적 보상이 최고의 이주 결정 요인임 - 더 나은 경제적 보상을 위해 다시 이주할 수 있음
유목민(nomads)	- 종목의 특성으로 인해 국가 간 이동 발생 - 개인의 취향에 의해 선택하는 경우도 흔히 발생
정착민(settlers)	- 경제적 보상 외에 다른 요인에 의해 정착 - 보다 나은 사회적 환경이나 교육환경에서 거주
귀향민(returnees)	- 해외로 이주하였다가 국내로 다시 귀향 - 해외경험을 바탕으로 자국으로 복귀

3) 글로컬라이제이션

세계화는 동질화되고 표준화된 문화를 확산시키는 동시에 지역 및 국가의 특성을 강화시키는 역할을 하기도 하는데, 이를 '글로컬라이제이션(glocalization)'이라는 개념으로 설명할 수 있다. 글로컬라이제이션은 글로벌(global)과 지역(local)의 합성어로 세계화와 동시에 지역화가 진행되는 것을 의미한다.

전 세계적인 시장을 가지고 있는 초국적 기업은 상품과 브랜드의 동질성을 강조하는 한편, 지역 맞춤형 전략을 통해 판매를 촉진하기도 하는데, 이러한 전략은 지역적 특성에 맞춰 다양한 모습으로 나타난다. 예를 들면, 다수의 국가에서 매장을 운영하고 있는 맥도날드의 경우 각 국가의 현지

사정에 맞게 메뉴를 선정하고 개발하는데, 가령, 소고기를 먹지 않는 인도의 경우 소고기 대신 양고기와 닭고기로 만든 음식을 판매하고 있다.

스포츠의 경우 초국가 기업인 아디다스는 뉴질랜드시장을 공략하기 위해 뉴질랜드 럭비 대표팀인 올 블랙스 럭비팀(All Blacks rugby team)의 경기 전 의식으로 잘 알려진 마오리족의 하카(haka)댄스를 광고에 등장시켰으며, 나이키의 경우 브랜드 마케팅의 전략목표를 글로벌 관점에서 접근하는 동시에 그 나라의 문화적 취향과 특성을 반영한 광고를 제작하는 등과 같은 글로컬(glocal) 전략을 사용하고 있다.

참고문헌

[1부]

김우성·박진경·이종영·이한규·조성식(2003). 스포츠사회학. 국민체육진흥공단 체육과학연구원.
문화체육관광부(2014). 2013 체육백서.
스포츠서울(2014.12.24). 미국 마이너리그 올 시즌 66번째 약물복용 적발 제재.
양재근·김우성(2003). 스포츠와 사회환경. 서울: 레인보우북스.
연합뉴스(2013.3.15) 김연아 쇼트프로그램 기술점수.
이종영·이정우·이근모·권민혁·조성식·임수원·원영신·고은하·서희진·양소예·남상우·김우성·권순용
　　　(2012). 스포츠와 사회이론. 서울: 레인보우북스.
이종영(2005). 스포츠사회학의 연구동향. 학국체육학회보, 82, 33~36.
이창섭·남상우(2013). 스포츠사회학. 대전: 궁미디어.
임번장(2010). 스포츠사회학 개론. 서울: 레인보우북스.
임수원·이정래·박창범(2009). Sociology of Sport Journal 25년간 게재논문의 내용분석. 한국스포츠사회학회지,
　　　22(1), 111~130.
정청희·김병준(1999). 스포츠심리학의 이해. 서울: 도서출판 금광.
한태룡·박보현·한승백·탁민혁(2010). 스포츠사회학. 서울: 레인보우북스.
Coakley, J. (2009). Sport in Society : Issues and Controversies(10th ed.). McGraw-Hill.
Guttman, A. (1978). From Ritual to Record : the Nature of Mordern Sports. Columbia University Press.
IOC(2014). Factsheet Women in the Olympic Movement. IOC 홈페이지.
Mcintosh, P. C. (1963). Sport in Society. London: C. A. Watts & Co. Ltd.
Mills, C. W. (2000). The Sociological Imagination. Oxford University Press.
Stone, G. P. (1974). American Sports : Play and Display. Brown Little.

[2부]

김석수(2010). 미국의 세계화 전략; 월드베이스볼클래식(WBC)대회를 중심으로. 글로벌정치연구, 3(1), 141~166.
문화체육관광부(2014). 2013 체육백서.
정희준·이광용(2000). 세계화 과정 속의 한국 프로스포츠: 그 현실과 미래에 대한 사회학적 접근. 한국체육학회지,
　　　39(1), 242~253.
김선종(1996). 스포츠와 정치 그리고 공산주의. 서울: 대한미디어.
양재근·김우성(2008). 스포츠와 사회환경. 서울: 레인보우북스.
원영신(2012). 플러스 스포츠사회학. 서울: 대경북스.
윤득현(2009). 올림픽의 정치. 서울: 레인보우북스.
이상구·강효민·한광령(2007). 스포츠사회학. 서울: 대경북스.
이창섭·남상우(2013). 스포츠사회학. 대전: 충남대학교출판문화원.
임번장(2010). 스포츠사회학개론. 서울: 레인보우북스.
정동성(1998). 스포츠와 정치. 서울: 사람과사람.
정준영(2003). 열광하는 스포츠 은폐된 이데올로기. 서울: 책세상.
최길례(2014). 스포츠의 사회학적 이해. 서울: 금광.
최성욱(2006). 스포츠를 읽어라. 서울: 스포츠인코퍼레이션.

한태룡(2005). 스포츠 사회학. 서울: 레인보우북스.
한태룡 · 박보현 · 한승백 · 탁민혁(2010). 스포츠사회학. 서울: 레인보우북스.
Andrew, D. L. & Ritzer, G. (2007). The Grobal in the Sporting Glocal. Global Networks, 7(2), 135~153.
Chappelet, J. & Kubler-Mabbott, B. (2008). The International Olympic Committee and the Olympic system. London:Routledge.
Coalter, F. (2008). A wider social role for sport: Who's keeping the score?. London: Routledge.
Houlihan, B. (2005). Public Sector Sport Policy: Developing a Framework for Analysis. International Review for the Sociology of Sport, 40(2), 163–185.
Kristine, T. (2007). The Olympic Games: A Social Science Perspective. Oxfordshire: CABI.
Maguire, J. (1994). Sport, Identity Politics, and Globalization: Diminishing Contrasts and Increasing Varieties. Sociology of Sport Journal, 11(4), 398~427.
Matthew, N. & Russell, H. (2008). Sport and Social Capital. London: Routledge.

[3부]

문화체육관광부(2013). 2013 체육백서.
박보현(2008). 스포츠 메가 이벤트의 정치사회적 담론: 1988 서울올림픽과 2002 한일월드컵을 중심으로. 미간행 박사 학위논문: 서울대학교.
삼성경제연구원(2002). Issue paper: 월드컵 이후 경제사회 과제.
서광조 · 조미래 · 장재홍 · 김인중 · 박민현 · 이광민(1985). 스포츠레저 용품산업의 현황과 육성방안. 산업연구원.
서울올림픽조직위원회(1989). 88 서울 올림픽 공식 보고서. 국민체육진흥공단 홈페이지.
설수영 · 김예기(2011). 스포츠 경제학. 서울: 오래.
스포츠 경향(2008.7.8.). 니하오! 베이징축제준비 끝.
한국경제(2008.7.29.). 베이징 올림픽-소수민족 갈등 빈부격차는 발등의 불.
시사저널(2014.4.30). 홈런보다 쩐의 전쟁 더 짜릿하다.
양재근 · 김우성(2003). 스포츠와 사회환경. 서울: 레인보우북스.
임번장(2010). 스포츠사회학 개론. 서울: 레인보우북스.
임태성(1995). 서울올림픽이 한국의 스포츠문화 변동에 미친 영향. 한국체육학회지, 34(2), 62~75.
재정경제부(2002). 2002 경제백서.
전호문 · 김용만 · 박세혁(2007). 스포츠 마케팅. 서울: 학현사.
체육과학연구원(2004). 국제경기대회의 경제사회적 효과분석.
한진욱(2010). 메가 스포츠 이벤트 마케팅과 경제적 파급효과. 오리콤 브랜드 저널, 50, 4~8.
한태룡 · 박보현 · 한승백 · 탁민혁(2010). 스포츠사회학. 서울: 레인보우북스.
Coakley, J. (2009). Sport in Society: Issues and Controversies(10th ed.). McGraw-Hill.
Forbes (2014.6.2). Sale Of Los Angeles Clippers For $2 Billion Illustrates The Multiple Madness Of Balmer.
Forbes (2014.7.16). The World's 50 Most Valuable Sports Teams.
IOC (2014). Olympic Marketing Fact File. IOC homepage.

[4부]

강신복 · 신기철(2003). 청소년의 건전한 육성을 위한 학교체육 정상화에 관한 담론. 서울대학교 사대논총, 67, 1~17.
강신욱(2003). 학교운동부의 운동과 학업 수행 및 운영 실태조사. 한국체육학회지, 43(3), 97~109.

참고문헌

경기도교육청(2014). 학생선수 학습보장 제도 운영계획.
경향신문(2012.9.9.). 성적이 급상승한 비결? 매일 아침 달리기 운동.
고은하·이한규·김용승·장덕선(2005). 운동선수 구타실태조사 및 근절방안. 체육과학연구원
교육과학기술부(2009). 초중등학교 교육과정 총론: 2009 개정 교육과정.
교육과학기술부(2011). 체육과 교육과정.
교육과학기술부(2012). 2012년 학교스포츠클럽 육성 계획.
교육부(2014). 2014 학교체육 주요업무계획.
교육인적자원부 (2006). 2006년도 학교체육 기본방향.
권민정(2012). 한국형 학교스포츠클럽의 교육적 역할 및 향후과제. 한국스포츠교육학회지, 19(4), 45~65.
권성호·권순용·막일혁·조욱연·오윤경(2014). 2014 선수 (성)폭력 실태조사. 대한체육회
권순용(2009). 학생선수의 학습능력 제고방안. 국민체육진흥공단.
권순용(2010). 학교체육지도자의 필요성과 역할에 대한 기대. 2010 학교체육진흥세미나 자료집.
권순용·한태룡(2011). 스포츠인권향상을 위한 중장기 전략수립. 대한체육회.
김택천(2007). 학교체육의 당면과제와 해결방안. 학교체육 당면과제 해결을 위한 토론회 자료집
류태호(2006). 학생선수도 공부하고 싶다. 국회의원 안민석 2006년 국정감사 정책 자료집.
류태호(2005). 학원스포츠의 과제와 전망. 한국스포츠교육학회지, 12(2), 91~108.
류태호·이주욱(2004). 운동선수의 학교생활과 문화. 한국체육학회지, 43(4), 2471~282.
문화체육관광부(2013). 2013 체육백서.
서울시교육청(2012). 학교스포츠클럽 운영 길라잡이.
서울시교육청(2014). 2014학년도 학교체육 업무 매뉴얼.
양재근·김우성(2003). 스포츠와 사회환경. 서울: 레인보우북스.
연합뉴스(2012.2.7). 울산 온산 중 체육활동으로 학교폭력 완화.
울산광역시(2014). 건강한 학생 앞서가는 울산 학교체육: 2014년도 학교체육 활성화 기본계획.
이명선·김상범·변혜정·이성은(2008). 2008년도 국가인권위원회 인권상황 실태조사. 국가인권위원회.
이종영·연기영·최정일·손석정·신용호·최미나·정일호·김택천·이종각(2012). 학교체육진흥법 하위 법령 제정 관련 연구. 교육과학기술부
이창섭·남상우(2013). 스포츠사회학: 세 번째 이야기. 대전: 궁미디어.
임번장(2010). 스포츠사회학 개론. 서울: 레인보우북스.
조욱상·김재원(2012). 학교체육이 학생들의 지능과 학업성취도에 미치는 영향: 메타 분석. 한국스포츠교육학회지, 19(2), 177~196.
통계청·여성가족부(2014). 2014 청소년 통계
한태룡·박보현·한승백·탁민혁(2010). 스포츠사회학. 서울: 레인보우북스.
한태룡·박영옥·김정효·이병준(2008). 학생선수의 학업활동 실태조사 및 최저학력제 도입타당성 연구. 체육과학연구원.
한태룡·송명규·서희진·정영린·남상우(2010). 여학생 체육활동 참여 실태분석 및 활성화 방안. 체육과학연구원.
허현미·김선희(2007). 학교스포츠클럽 운영의 발전방안에 관한 연구. 교육인적자원부.
Coakley, J. (2009). Sport in Society: Issues and Controversies(10th ed.). McGraw-Hill.
Cocke, A. (2002). Brain May Also Pump up from Workout. Society for Neuroscience Annual Meeting.
Grissom, J. B. (2005). Physical Fitness And Academic Achievement. Journal of Exercise Physiology, 8(1), 11~25.
KBS뉴스(2014.8.12). '비리 만연' 아마야구, 촌지 따라 주전 된다?
Kramer, A. F., Colcombe, S. J., Ericson, K., Belopolsky, A. (2002). Effects of Aerobic Fitness Training on Human Cortical Function. Journal of Molecular Neuroscience, 19(2), 227~231.

[5부]

경향신문(2013.12.9). 보도 안 하고 외모만 강조… 여성선수 '성차별' 보도 심각.
국민체육진흥공단(2009). 스포츠 사회학. 서울: 대한미디어.
김원제(2005). 미디어스포츠사회학. 서울: 커뮤니케이션북스.
노예영·김기한(2014). 국제스포츠 이벤트 방송이 시청률에 미치는 영향: SBS의 2010 FIFA 월드컵 중계방송 분석을 중심으로. 미디어 경제와 문화, 12(4), 45~83.
문화체육관광부(2013). 2013 체육백서.
백정현(2012). 런던 올림픽 개박 초읽기, 방송국 준비됐나?. 신문과 방송, 31~35.
송해룡·김종필·김태형(2008). 글로벌 미디어 시장과 스포츠 비즈니스. 서울: 레인보우북스.
양재근·김우성(2003). 스포츠와 사회환경. 서울: 레인보우북스.
원영신·함은주(2010). 미디어 스포츠 플러스. 서울: 대경북스.
윤득헌(2008). 스포츠와 미디어. 서울: 레인보우북스.
윤성옥·김영수(2012). 런던올림픽 기간 중 중계방송 등의 편성현황 분석. 방송통신위원회.
이강우(1997). 한국사회의 스포츠이데올로기에 관한 연구: 군사정권기의 미디어스포츠를 중심으로. 한국체육학회지, 36(2), 43~58.
이익주(2009). 한국스포츠사회학 분야에서의 미디어/스포츠 연구: 개념정립과 연구 분류. 한국스포츠사회학회지, 22(4), 45~60.
이창섭·남상우(2013). 스포츠사회학: 세 번째 이야기. 대전: 궁미디어.
이호영·윤성옥(2009). 베이징 올림픽 중계방송 편성에 관한 분석: 성별, 국가주의, 중복/편중 편성 현황을 중심으로. 한국방송학보, 23(1), 279~314.
임번장(2010). 스포츠사회학 개론. 서울: 레인보우북스.
임수원·이정래·권기남·구희곤·이혁기·김영식(2010). 스포츠 문화의 이해. 대구: 경북대학교 출판부.
정영남(2008). 미디어스포츠. 서울: 대한미디어.
정용찬·김윤화(2013). 2013년 방송매체 이용행태 조사. 방송통신위원회.
최동철(2001). 미디어 스포츠의 사회통합 기능에 관한 연구. 미간행 박사학위논문: 강원대학교.
한국여성정책연구원(2011). 올림픽과 여성: 김연아의 언니들을 찾아서. 한국여성정책연구원 보도자료.
한국인터넷진흥원(2014). 2014 한국인터넷 백서. 미래창조과학부.
한태룡·박보현·한승백·탁민혁(2010). 스포츠사회학. 서울: 레인보우북스.
Coakley, J. (2009). Sport in Society: Issues and Controversies(10th ed.). McGraw-Hill.

[6부]

구창모(1985). 사회계층에 따른 스포츠 선호도에 관한 연구. 미간행석사학위 논문: 서울대학교 대학원.
김우성·박진경·이종영·이한규·조성식(2003). 스포츠사회학. 국민체육진흥공단 체육과학연구원.
김채윤(1995). 사회계층이란 무엇인가. 서울: 민음사.
문화체육관광부(2013). 2013 체육백서.
문화체육관광부(2012). 국민생활체육참여 실태조사 2012.
서희진(2010). 소외계층의 사회통합에 기여하는 스포츠의 역할. 한국 스포츠과학자 통합 학술대회 자료집.
양재근·김우성(2003). 스포츠와 사회환경. 서울: 무지개출판사.
이상구(1996). 사회계층별 스포츠 참여에 관한 연구. 국민대학교 스포츠과학연구소 논총, 45, 41~47.
이종영·이정우·이근모·권민혁·조성식·임수원·원영신·고은하·서희진·양소예·남상우·김우성·권순용(2012). 스포츠와 사회이론. 서울: 무지개출판사.
이창섭·남상우(2013). 스포츠사회학: 세 번째 이야기. 대전: 궁미디어.

임번장(1997). 사회체육개론. 서울: 서울대학교 출판부.
임번장(2010). 스포츠사회학 개론. 서울: 레인보우북스.
임수원·이정래·권기남·구희곤·이혁기·김영식(2010). 스포츠 문화의 이해. 대구: 경북대학교 출판부.
장인철·한준영(2014). 사회계층에 다른 스포츠 참여의 변화: 참여정도와 참여형태를 중심으로. 한국스포츠사회학회지, 27(3), 67~87.
차광석(2013). 우리나라 체육인 복지제도의 현황과 은퇴선수 복지향상을 위한 방안. 2013 한국올림픽성화회 스포츠 현안 세미나 자료집.
한태룡·박보현·한승백·탁민혁(2010). 스포츠사회학. 서울: 레인보우북스.
Bonnewits, P. (2000). 문경자 역. 부르디외 사회학 입문. 서울: 동문선.
Coakley, J. (2009). Sport in Society: Issues and Controversies(10th ed.). McGraw-Hill.
Coalter, F. (2007). Wider Social Role for Sport: Who's Keeping the Score?. NY: Routledgy.
Veblen, T. (1983). 정수용 역. 유한계급론, 서울: 동녘.

[7부]

강창곤(2003). 비우수 선수의 탈사회화 과정. 한국체육학회지, 42(4), 151~161.
국가인권위원회(2009). 중도탈락: 학생선수 인권상황 실태조사. 서울: 국가인권위원회.
권순용·구창모 역(2011). 현대 스포츠 사회학. 서울: 대한미디어.
대한체육회 은퇴선수지원센터(2014). 은퇴선수진로지원사업 방향. 홈페이지http://sports-in.sports.or.kr/.
대한체육회(2014). 은퇴선수생활실태조사. 홈페이지http://sports-in.sports.or.kr/.
문화체육관광부(2013). 2013 체육백서.
박성계(1998). 스포츠 사회화: 스포츠의 행동적 참여와 스포츠 지향에 관한 연구. 한국체육학회 학술발표논문집, 36, 129~134.
양재근·김우성 (2003). 스포츠와 사회환경.
이창섭·남상우(2013). 스포츠사회학: 세 번째 이야기. 대전: 궁미디어.
임번장(2010). 스포츠사회학 개론. 서울: 레인보우북스.
임수원·이정래·권기남·구희곤·이혁기·김영식(2010). 스포츠 문화의 이해. 대구: 경북대학교 출판부.
전이경·원영신·이재희(2004). 올림픽 메달리스트들의 탈사회화와 재사회화에 관한 연구. 한국체육학회지, 43(1), 141~151.
한태룡·고병규·송명규·서희진·홍성찬·류태호·정상익(2009). 학생선수의 진로경로연구: 연구보고서 2009-09. 서울: 국민체육진흥공단 체육과학연구원.
한태룡·박보현·한승백·탁민혁(2010). 스포츠사회학. 서울: 레인보우북스.
Bart Vanreusel (1998). Body and Sport Experience in Capitalist Society: 활동적인 청소년은 활동적인 성인이 된다?: 스포츠로의 사회화를 중심으로. 국제 스포츠과학 학술대회, 1, 215~225.
Bonnewits, P. (2000). 문경자 역. 부르디외 사회학 입문. 서울: 동문선.
Coakley, J. (2009). Sport in Society: Issues and Controversies(10th ed.). NY: McGraw-Hill.
Veblen, T. (1983). 정수용 역. 유한계급론, 서울: 동녘.

[8부]

구창모(2012). 스포츠의 일탈적 과잉동조에 관한 연구. 한국스포츠사회학회지, 25(4), 1~19.
구창모(2013). 대학 엘리트 운동선수의 일탈적 과잉동조 원인 연구. 한국스포츠사회학회지, 26(2), 1~18.
김성문·장진우·윤상문(2008). 생활체육 참가가 스포츠몰입 및 운동중독에 미치는 영향. 한국사회체육학회지, 32,

585~593.
오일영 · 최재성(2004). 현대스포츠사회학. 서울: 대한미디어.
원영신(2012). 플러스 스포츠사회학. 서울: 대경북스.
이상구 · 강효민 · 한광령(2007). 스포츠사회학. 서울: 대경북스.
이정래(2003). 미적표현을 요구하는 여자운동선수들의 긍정적 일탈에 대한 질적분석. 한국체육학회지, 42(1), 51~62.
이종영 · 김응준 · 고정희 · 김승권 · 김종규 · 이남주 · 안준호(2013). 국가대표선수 과잉동조척도의 사회측정학적 특성과 타당화. 한국체육학회지, 52(1), 135~147.
이창섭 · 남상우(2013). 스포츠사회학. 대전: 궁미디어.
이창섭 · 남상우(2013). 스포츠사회학. 대전: 충남대학교출판문화원.
임번장(2010). 스포츠사회학개론. 서울: 레인보우북스.
한국도핑방지위원회(2013). 2013 도핑방지가이드. 서울: 한국도핑방지위원회.
한태룡(2005). 스포츠 사회학. 서울: 레인보우북스.
한태룡 · 박보현 · 한승백 · 탁민혁(2010). 스포츠사회학. 서울: 레인보우북스.
Coakley, J. (2009). Sport in Society: Issues and Controversies(10th ed.). McGraw-Hill.
Heckert, A. & Heckert, D. M. (2002). New Typology of Deviance: Integrating Normative and Reactivist Definitions of Deviance. Deviant Behavior, 23, 449~479.
Hughes, R. & Coakley, J. (1991). Positive Deviance Among Athletes: The Implications of Overconformity to the Sport Ethic. Sociology of Sport Journal, 8, 307~325.
Shipherd, A, M. (2010). Overconformity to the Sport Ethic Among Adolescent Athletes and Injury. Master's thesis. Florida State University.
Waldron, J. J. & Kowalski, C. L. (2009). Crossing the Line: Rites of Passage, Team Aspects, and Ambiguity of Hazing. Research Quarterly for Exercise and Sport, 80(2), 291~302.

[9부]

권순용(2006). 박세리, 골프, 그리고 민족주의:IMF 체제하에서의 부자연스러운 접합. 196(1), 101~116.
권순용, 조욱연(2012). 국제스포츠 거버넌스와 전지구화. 서울:레인보우 북스.
김방출, 권순용(2007). 스포츠 민족주의 재인식:전지구화, 스포츠, 기업 민족주의. 체육과학연구, 18(1), 75~85.
김현일(2013). 스포츠 산업 융복합 클러스터 조성의 필요와 기본 개념 구상. 한국엔터테인먼트산업학회논문지, 7(1), 40~49.
문화체육관광부(2013). 2013 체육백서.
설수영, 김예기(2011). 스포츠 경제학. 서울: 오래.
양재근, 김우성 (2003). 스포츠와 사회환경.
이정래(2013). 고가 등산복 소비의 사회문화적 함의. 한국체육학회, 52(5), 191~205.
이종영, 이정우, 이근모, 권민혁, 조성식, 임수원, 원영신, 고은하, 서희진, 양소예, 남상우, 김우성, 권순용(2012). 스포츠와 사회이론. 서울:레인보우북스.
이종영, 조성식, 박진경, 김우성(2003). 스포츠사회학. 서울: 체육과학연구원.
이창섭, 남상우(2013). 스포츠사회학: 세번째 이야기. 대전: 궁미디어.
임번장(2010). 스포츠사회학 개론. 서울: 레인보우북스.
임수원, 이정래, 권기남, 구희곤, 이혁기, 김영식(2010). 스포츠 문화의 이해. 대구: 경북대학교 출판부.
정영남(2008). 미디어스포츠. 서울: 대한미디어.
최병두(2007). 신자유주의 간략한 역사. 서울: 한울.
한태룡, 박보현, 한승백, 탁민혁(2010). 스포츠사회학. 서울: 레인보우북스.

Andrews, D. L., Silk, M. L. (2012). Sport and Neoliberalism. Philadelphia: Temple University Press.
Braaten, S. (1981). Models of Society and Man. Oslo, Norway: Universitetsforlaget.
Coakley, J. (2009). Sport in Society: Issues and Controversies(10th ed.). McGraw-Hill.
Giddens, A. (1990). The Consequences of Modernity: Self and Society in the Late Modern Age. Cal: Stanford University Press.
Magee, J. & Sugden, J. (2002). The World at Their Feet: Professional Football and International Labor migration. Journal of Sport and Social Issues, 26(4), 421~437.
Maguire, J. (1999). Global Sport: Identities, Societies, Civilizations. Cambridge: Polity Press.
Waters, M. (1995). Globalization. NY: Routledge.

찾아보기

[ㄱ]

간접 효과 ······ 91
갈등문화주입이론 ······ 189
갈등이론 ······ 29, 158
갈등주의 ······ 30, 149, 156
감정적 전염 ······ 228
강화 ······ 179, 230, 249
개인이동 ······ 170
개인적 단계 ······ 188~189
개인적 특성 ······ 160~161, 179
거대자본 ······ 66~67, 81
게임 ······ 11, 14, 45, 128
경계폭력 ······ 215~216
경쟁성 ······ 12~14, 34, 38
경제 위기 ······ 87
경제적 계층 ······ 163~165
계급재생산 ······ 171
계층 현상 ······ 148, 152, 154, 156~158, 237
고래성(역사성) ······ 151~152
고용창출 ······ 85, 87, 95, 237
공식적 단계 ······ 188
과소동조 ······ 206, 224~225
과잉동조 ······ 203, 206, 216
과잉동조의 4가지 중심규범 ······ 209
관료화(bureaucratization) ······ 17, 41
관중폭력 ······ 204, 225~230
관찰학습 ······ 179~180
구별 짓기 ······ 162
구조기능주의 이론 ······ 28
국가 브랜드 ······ 85
국민체육진흥법 ······ 45
국수주의 ······ 38, 143
국위선양 ······ 50
국제화 ······ 85~86, 123, 243
귀속성 ······ 152
규범생성이론 ······ 227
규범집단 ······ 181
근대 스포츠 ······ 10, 16, 245, 247

[ㄴ]

글로컬라이제이션 ······ 249
기능주의 ······ 28~29, 149
기록 추구(records) ······ 16, 18~19
기술 도핑 ······ 235
기술 스포츠 ······ 238

[ㄴ]

나노기술 ······ 235
남북관계 ······ 56, 61
남북한 공동입장 ······ 60
남성성 ······ 142, 218
내적/외적 동기 ······ 10
뉴미디어 ······ 71, 121, 128

[ㄷ]

다국적 기업 ······ 81~82
대중매체(매스미디어: mass media) ······ 21, 115, 120
도시화 ······ 65, 67, 71
도피 기능 ······ 121~122
도피주의 ······ 212~214
도핑방지규정 ······ 219
독재적 코칭 ······ 117
독점적 요소 ······ 76~77
동일화 ······ 39~40

[ㄹ]

라이선싱(licensing) 사업 ······ 70, 89
라이트(Wright) ······ 150
랠리포인트제(rally point scoring system) ······ 138

[ㅁ]

막스 베버(Max Weber) ······ 150
매치플레이(match play) ······ 138
매킨토시 ······ 11
문화기술 ······ 235
물질만능주의 ······ 79, 142
미국반도핑기구 ······ 221
미국화 ······ 242

[ㅁ]

미디어(media) ·· 22, 120
미래 스포츠 ·· 233, 238
민족주의 ··· 52, 246

[ㅂ]

배타적 방송 권리 ··· 124
보건교과 ··· 99~100
보수부어 ··· 162
보편적 시청권 ··· 126
부가가치이론 ·· 227
부정행위 ·· 116, 221
불확실성 ························· 12~14, 73, 188, 198
브랜드화 ··· 82
비공식적 단계 ·· 188~189
비생산성 ··· 12, 14
비인간적 훈련 ··· 117
비접촉스포츠 ·· 218, 225
비조직적 스포츠 참가 ······························· 187~188
비판이론 ·· 30

[ㅅ]

사이버 스포츠산업 ·· 123
사회간접자본(SOC) 시설 ··························· 70, 86
사회결집력 ··· 87
사회성 ·· 19, 151, 157
사회이동 ·· 167, 173
사회적 결속 ·· 79, 183
사회적 규정 ··· 212
사회적 상승이동 ······················· 157, 170~172
사회제도 ························ 19, 21, 151, 167, 212
사회집합체 ·· 154~155
사회학습이론 ·································· 178~180, 223
사회학적 상상력 ··· 25, 31
사회화 과정 ··························· 48, 114, 165, 223
사회화 상황 ··· 179
산업화 ··· 42, 64, 132
상대론적 접근 ·· 204~206
상업주의 ·································· 28, 53, 56, 64
상징 ································· 39, 68~70, 116, 238
상징적 상호작용론 ···································· 29~30
생애기회 ··· 155~156
생체기술 ·· 235
서열화 ·································· 149, 159~162

성폭력 ································ 100, 102, 109, 117
세계도핑방지기구 ·· 219
세계화 ··································· 238, 241~249
세대 간 이동 ·· 169
세대 내 이동 ·· 169
세속주의(secularism) ··································· 16
소비주의 ·· 142, 237
수량화(quantification) ································ 16~18
수렴이론 ··· 227
수직이동 ··· 167~169
수평이동 ··· 167~169
스카우트 체계 ··· 160
스펙터클 ··· 15
스포츠 관광 사업 ··· 70
스포츠 노동이주 ······································ 248, 249
스포츠 메가 이벤트 ···························· 25, 47, 241
스포츠 생산자 ··· 186
스포츠 용품 산업 ··· 69
스포츠 일탈 ·· 203~208
스포츠 재사회화 ·· 175
스포츠 저널리즘 ······························ 120, 133~134
스포츠 정체감 ··· 183
스포츠 커뮤니케이션 ································ 71, 123
스포츠 탈사회화 ······························ 175, 197, 200
스포츠로의 사회화 ·························· 175, 177~178, 182
스포츠를 통한 사회화 ····························· 175, 182
스포츠맨십 ··· 193~194
스포츠윤리 ··· 208~210
스포츠의 사회화 ······································ 21, 175
스포츠중계권 ·· 123
스포츠폭력 ··· 216~218
승리지상주의 ·································· 115, 137, 141
시민의식 ··· 84~86, 96
시장경제 체제 ·· 66
신자유주의 ··· 248
신체소외 ··· 27, 29
신체적 가치 ··· 94~95

[ㅇ]

아나공 ··· 99~100
아노미 이론 ·· 212
아마추어리즘 ·· 55, 195
약물검사 ··· 220~221

259

찾아보기

약물복용 · 56, 116, 204, 219
양적 연구방법 · 23
업적 지향 · 193~194
엘리트주의 문화 · 144
엠바고(embargo) · 134
역할 학습 · 179, 187, 196
역할이론 · 175, 180
연대의식 · 114
예상 단계 · 188
옐로 저널리즘 · 135
올림피아(Olympia) · 51
올림피즘(Olympism) · 51~52, 55
외부효과 · 77, 87
우연적 군중 · 226
우주기술 · 235
웹(Web) · 190
유한계급론 · 151
의례주의 · 212~213
이데올로기 · 37, 142
인쇄미디어(print media) · 120, 122, 126~127
인습적 군중 · 226
인지적 참가 · 186
일탈 행동모형 · 212
일탈적 부정행위 · 221~222

[ㅈ]

자발적 은퇴와 비자발적 은퇴 · 197
자연스포츠 · 240
전문화(specialization) · 17, 193
전미 대학스포츠연맹(NCAA) · 107
전염이론 · 226~227
전인교육 · 95, 112
전자미디어(electronic media) · 120~122, 126
절대론적 접근 · 204~205
접촉스포츠 · 216, 218, 225
정과체육 · 95~96, 98~99, 184
정보 기능 · 121~122
정보기술 · 235
정신적 가치 · 94~95
정의적 기능 · 121~122
정의적 참가 · 186~187
정화이론 · 223
제국주의 · 42, 245~247

제도적 부정행위 · 221~222
제도화 · 10, 148, 151
조작 · 39~40, 46, 79
조직화 · 10, 35, 192, 200, 234, 236
주기적 참가 · 187
주요 타자 · 179, 184
준거집단 · 184
준거집단이론 · 175, 178, 181
지위의 분화 · 159
직업화 · 72
직접 효과 · 91
질적 연구방법 · 23, 25
집단 항의 · 54
집단역학 · 210
집단이동 · 170

[ㅊ]

참가 지향 · 193~194
체제 선전 · 50, 53

[ㅋ]

카를 마르크스(Karl Marx) · 30, 150
카스트제도 · 154~155
커먼 웰스 게임 · 246
코칭 · 117, 179
쿠베르탱(Pierre de Coubertin) · 51, 194
쿨 매체(cool media) · 130~131
클럽스포츠 · 97

[ㅌ]

탁월성 · 11~14, 194, 209
탈근대문화 · 240
통합적 기능 · 121~122

[ㅍ]

파생시장 · 76~77
파시즘 · 206
페어플레이 · 194
평등성(equality) · 16
평생체육 · 114
폭력 · 102
표출적 군중 · 226
프로스포츠의 순기능 · 78

프로스포츠의 역기능	79
프로페셔널리즘	195
프로화	141

[ㅎ]

학교체육	94
학생건강체력평가제(PAPS)	105
학습권	100
학습이론	175
학원스포츠	97
합리화(rationalization)	17
핫 매체(hot media)	130
행동적 군중	226
행동적 참가	186
허구성	12
훌리건	229
희소성	76

[숫자 및 영어]

2002 한·일 월드컵	90
3S	46
88 서울올림픽	90
Title IX(양성교육평등법)	105

저자소개

권순용
서울대학교 사범대학 체육교육과 교수

조욱연
국민대학교 체육학부 교수